S | FISCHER

JÖRG SCHINDLER

PANIK MACHE

Wie wir vor lauter Angst unser Leben verpassen

FISCHER

Originalausgabe
Erschienen bei FISCHER Taschenbuch
Frankfurt am Main, September

© 2016 S. Fischer Verlag GmbH, Hedderichstr. 114,
D-60596 Frankfurt am Main

Satz: Pinkuin Satz und Datentechnik, Berlin
Druck und Bindung: CPI books GmbH, Leck
Printed in Germany
ISBN 978-3-596-03416-1

Für Doro

Inhalt

Teil IV: Die Terrorisierung der Gesellschaft

Teil V: Die entfesselte Angst

Alarmzustand

Der Verstand glaubt stets,
dass wahr sei,
was er fürchtet.

Ovid

Es war im Advent, wenige Wochen nach den Terroranschlägen von Paris. Ich war auf dem Weg zum Büro und musste dafür an den Absperrgittern vor der französischen Botschaft in Berlin vorbei, die von einem Meer aus Blumen und Kerzen gesäumt wurden. Ich hatte das Ende des Blumenteppichs beinahe erreicht, als mir im Augenwinkel eine Frau auffiel, die sich mitten im Gewusel am Brandenburger Tor fast zeitlupenartig auf die Absperrung zu bewegte. Sie hatte die Arme vor dem Körper angewinkelt und die Augen geschlossen. Sie trug eine hellgraue Burka. In dem Moment erschrak ich. Im Bruchteil einer Sekunde lief ein Horrorfilm vor meinem inneren Auge ab, in dem ein Sprengstoffgürtel, eine Explosion und das blanke Chaos die Hauptrollen spielten. Im nächsten Moment erschrak ich wieder. Ich hatte innegehalten und beobachtete die Frau. Sie stand da und betete. Auf einem Platz, der nie stillsteht, war sie der einzige ruhende Pol. Nachdem ich sie einige Sekunden lang verstohlen angeschaut hatte, ging ich weiter. Und schämte mich.

Als ich Freunden später davon erzählte, berichteten alle von ganz ähnlichen Erlebnissen. Einem war im Flugzeug unwohl geworden, nachdem hinter ihm zwei bärtige Männer Platz genommen hatten, die offenbar Arabisch sprachen. Eine erzählte, sie habe jüngst auf dem Heimweg den U-Bahn-Waggon gewechselt, nachdem ein Mann mit einem rollenden Metall-gestell zugestiegen war, auf dem sich eine klobige Kiste be-fand. Der Typ, meinte sie, habe irgendwie seltsam gewirkt. Ein Dritter berichtete, er habe mit seiner jungen Familie gerade erst die Urlaubsreise nach Thailand storniert. Thailand? In ir-gendeiner Zeitung habe er eine Meldung aufgeschnappt, dass dort ein Anschlag drohen könnte. Und mit seinem kleinen Kind sei ihm das zu unsicher.

Wohin ich auch blickte, von überallher starrte die Angst zu-rück. Sie prangte auf den Titelseiten aller Zeitungen und Ma-gazine. Sie war zu Gast in fast allen Talkshows der Republik. Und sie waberte durch die sogenannten sozialen Netzwerke, in denen Menschen vieltausendfach unglaubliche Grusel-geschichten miteinander »teilten« und sich eine Art Bürger-krieg herbeiphantasierten. Auf den Marktplätzen der Repu-blik wurde frenetisch gejubelt, wenn davon die Rede war.

Nach Silvester wurde aus der Angst Panik. In Köln hatte an-geblich ein 1000-köpfiger »Sex-Mob«, bestehend aus entfes-selten arabischen Männern, gegen deutsche Frauen gewütet. Kurz darauf kursierten im ganzen Land noch mehr Meldungen, die das dumpfe Klischee vom triebgesteuerten, mordlüsternen Fremden zu bestätigen schienen. Eine furchterregender als die andere. Eine so falsch wie die andere. Aber Millionen nahmen sie für bare Münze, wie überhaupt in diesen Monaten Lüge, Gerücht und Wahrheit munter durcheinanderpurzelten. Nach Köln ploppten überall im Land – sogar in Dörfern, wo nur ein paar alte Großmütter Kopftuch tragen – »Bürgerwehren« aus dem Boden. Manche von ihnen bliesen zur Menschenjagd; alle paar Tage brannte eine Asylunterkunft. Behörden kamen nicht mehr nach mit dem Ausstellen kleiner Waffenscheine, Bürger stürmten Apotheken, um sich mit Pfefferspray einzudecken. Mancherorts waren sogar Tierabwehrsprays ausverkauft.

Irgendetwas war spätestens seit dem Sommer 2015 ins Rutschen geraten. Mit den zahllosen Hilfesuchenden aus Syrien, Irak, Eritrea, so schien es, war auch die Verunsicherung massenhaft eingewandert nach Deutschland. Oder war sie schon vorher da und durch den Treck der Elenden nur ausgelöst worden? Schnell war von einer »Flüchtlingskrise« die Rede, und gemeint war nicht etwa der Zustand der vor Fassbomben und fanatischen Halsabschneidern geflohenen Menschen, die nun zusammengepfercht in der Fremde auf eine Art Zukunft warteten. Gemeint war, dass diese Menschen uns bedrohten. Wenn man durchaus seriösen Politikern und Medien Glauben schenken konnte, würde Deutschland nicht mehr lange der steinreiche und strahlende Wirtschaftsmotor Europas sein, mit Verhältnissen, von denen andere nicht mal mehr träumen. Vielmehr sei das Land auf dem besten Weg zu einem *failed state*. Das ging an den Menschen nicht spurlos vorüber.

Ende 2015 präsentierte die »Stiftung für Zukunftsfragen« die Ergebnisse ihrer jährlichen Umfrage zum persönlichen Empfinden der Bundesbürger. 55 Prozent der Befragten gaben demnach an, »angstvoll in die Zukunft« zu blicken – das waren fast doppelt so viele wie zwei Jahre zuvor.[1] Vor allem die älteren Menschen in Deutschland zeigten sich übermäßig besorgt, aber auch unter den Jüngeren zwischen 14 und 34 Jahren frisst sich die Angst, wie es scheint, zunehmend in den Alltag. Die Forscher attestierten überrascht eine »Rückkehr der *German Angst*«. Drei Monate später erstarkte dann bei drei Landtagswahlen eine neue Partei, die die bundesdeutsche Gegenwart in düstersten Farben gezeichnet hatte. Viele Bürger mochten das gerne glauben. Sie hatten die Angst gewählt.

Und kann man es den Menschen verdenken? 2015 war ja tatsächlich ein Jahr, das vor lauter Krisen kaum Luft zum Atmen ließ. Terror in Paris, Terror in Syrien und Irak, Ebola in Westafrika, der Absturz einer Germanwings-Maschine,

Tausende Ertrunkene im Mittelmeer, ein verheerendes Erdbeben in Nepal, der drohende Staatsbankrott in Griechenland, schwere Turbulenzen bei der Deutschen Bank, Terror in Tunesien, Hunderttausende Fliehende auf dem Weg nach Europa, brennende Asylunterkünfte in ganz Deutschland, »Islamischer Staat«, ein Abgasskandal bei VW, ein gekauftes Fußball-Sommermärchen, Terror in der Türkei, ein Attentat auf die Kölner OB-Kandidatin, noch einmal Terror in Paris, eine Art Staatsputsch in Polen, Terror in Kalifornien. Ein Jahr so voller Heimsuchungen und Schrecken wie die Bilder von Hieronymus Bosch. Und mit einer Terrorwarnung in München und einem Terroranschlag in Istanbul fing 2016 gleich spiegelbildlich an. Der Alarmzustand war ganz allmählich zum Normalzustand geworden.

Zumal sich zu den vielen globalen und bedrohlichen Gefahren in unserem Alltag anscheinend noch unzählige weitere heimtückische und unterschätzte Risiken gesellen. Chemie auf dem Acker, Chemie in Lebensmitteln, Feinstaub, Weichmacher, analoge und digitale Viren, Abzocker, Einbrecher, Scharlatane, Kinderschänder. Walter Krämer, Professor für Wirtschafts- und Sozialstatistik an der Universität Bochum, sammelt seit Ausbruch der BSE-Krise in Europa an seinem Lehrstuhl die »Angst der Woche« – im Lauf der Zeit ist ein bedrohliches Kompendium dabei entstanden: Es reicht von A wie »Airbag als Todesfalle« über »Benzol im Babybrei«, »Brustkrebs durch Flatrate-Trinken«, »Gefahr durch Energiesparlampen«, »Invasion stinkender Käfer«, »Krebserregende Stoffe in Babyschnullern« und »Umweltgift in Babysocken« bis Z wie »Zuckerfreie Limonade«, die der Gesundheit anscheinend ebenfalls schadet.[2]

Kein Wunder also, dass immer mehr Menschen sich und ihr Umfeld als bedroht wahrnehmen. Nicht nur in Deutschland. »Westliche Gesellschaften werden in zunehmendem Maße von einer Kultur der Angst dominiert.«[3] Die Psychologin Jean Twenge von der San Diego State University hat 269 Studien zum Angstempfinden aus der zweiten Hälfte des 20. Jahrhunderts miteinander verglichen. Ihr Befund: Die Angstkurve zeigt in allen Altersgruppen nach oben.[4] Die Zahl der Menschen, die sich wegen Depressionen und Angststörungen behandeln lassen, steigt daher in westlichen Gesellschaften seit Jahren. Ebenso die Zahl der Apps, mit denen sich Ängstliche – so das Versprechen – selbst auf Knopfdruck kurieren können: Sie tragen Namen wie »Panik Ambulanz«, »Relax Melodies«, »Inner Balance« und »Worry Watch« und werden Monat für Monat tausendfach aus dem Netz heruntergeladen.

Und welche Ängste sind es genau, die die Deutschen in ihren schlaflosen Nächten heimsuchen? Wenig verwunderlich sind es, neben finanziellen Sorgen, vor allem unkontrollierbare Bedrohungen von außen, die den größten Schrecken verbreiten: Kriminalität, Terror und Krieg, Naturkatastrophen und der »Zuzug von Ausländern«.*

Aber sind das auch tatsächlich die größten Gefahren, die den Deutschen drohen? Man darf es bezweifeln. Nehmen wir die Kriminalität: Jeder vierte Deutsche hat Umfragen zufolge Angst oder sogar große Angst davor, Opfer eines Gewaltverbrechens zu werden.[6] Und fast die Hälfte der Bundesbürger ist felsenfest

---

* In der Untersuchung »Die Ängste der Deutschen« der R+V-Versicherung nahm 2015 die sogenannte Schuldenkrise in der Europäischen Union den ersten Platz ein. 52 Prozent der Befragten äußerten ihre Angst vor terroristischen Anschlägen – hier gab es gegenüber dem Vorjahr (39 Prozent) den deutlichsten Anstieg. Bei 49 Prozent der Befragten lösten der »Zuzug von Ausländern« und die mögliche Pflegebedürftigkeit im Alter starke Ängste aus.[5] – In einer ähnlichen Studie zur »Risikoeinschätzung der Deutschen« verglich der Versicherungskonzern Canada Life gefühlte und reale Gefahren: Die beiden meist überschätzten Risiken waren demnach im Jahr 2015 in Deutschland Opfer eines Terroranschlags bzw. eines Gewaltverbrechens zu werden.

überzeugt davon, dass derartige Verbrechen von Jahr zu Jahr zunehmen. Nur, das Gegenteil ist der Fall. Beispiel Mord: Wurden zu Beginn des neuen Jahrtausends noch 497 Menschen in Deutschland ermordet, waren es fünf Jahre später 413, weitere fünf Jahre danach 324 – und 2014 noch 298 Menschen. Einen deutlichen Rückgang der Fallzahlen gab es auch bei gefährlicher Körperverletzung und Raub. Die Gesamtzahl der Gewaltverbrechen nahm von 217 923 (2007) auf 180 955 (2014) ab. Aber fragt man die Menschen in Deutschland, sagen sie: Das kann nicht sein. Wir lesen es doch dauernd. Wir sehen es im Fernsehen. Unsere Freunde posten es auf Facebook. So wächst die Angst vor Kriminalität – insbesondere Jugend- und Ausländerkriminalität – seit 1990 in Ost und West kontinuierlich. Zwischen 2014 und 2015 sprang sie in einem gewaltigen Satz von 52 auf 82 Prozent, was nicht einmal ansatzweise mit einer realen Zunahme von Delikten zu erklären ist.[7]

Die gefühlte und die tatsächliche Bedrohungslage klaffen also weit auseinander, was, wie wir noch sehen werden, auch für die vermeintlich schrecklichste Heimsuchung der 21. Jahrhunderts gilt: den Terrorismus. Ja mehr noch, es gilt für den größten Teil der vermeintlichen Risiken, denen wir uns Tag für Tag schutzlos ausgeliefert fühlen.

Wie man es auch dreht und wendet: Wir leben in so sicheren Verhältnissen wie selten zuvor. Elend und Krieg kennen die meisten Deutschen, ja die meisten Europäer, nur noch aus Erzählungen. Zwar ist der Reichtum in unserem Land grotesk ungleich verteilt, aber in bitterster Armut leben die wenigsten, kaum jemand leidet Hunger. Unser Essen ist, allen Lebensmittelskandalen zum Trotz, so gesund wie selten zuvor. Schon lange hat keine infektiöse Krankheit – nicht einmal Aids – ähnlich verheerend in unseren Gesellschaften gewütet wie Erreger in früheren Zeiten. Die Pest zum Beispiel tötete allein in den vier Jahren zwischen 1346 und 1350 ein Drittel der Bevölkerung Nordeuropas. Der Grippeepidemie im Winter 1918/19 fielen weltweit mindestens 25 Millionen Menschen zum Opfer – mehr, als im gesamten Ersten Weltkrieg starben.

Bisweilen kann auch ein Blick über den Tellerrand nicht schaden. Allen vollmundigen »Millenniumszielen« der Weltgemeinschaft zum Trotz gibt es noch heute etliche Länder, in denen nahezu jedes zehnte Kind niemals zur Schule gehen wird, weil es vorher stirbt. Nach Angaben des Welternährungsprogramms haben aktuell fast 800 Millionen Menschen zu wenig zu essen – das sind zehnmal mehr als in Deutschland leben. Bis 2050, so schätzt die Organisation, werden wegen des Klimawandels weitere 24 Millionen Kinder in Armut leben, die Hälfte davon in Afrika.[8]

Verglichen damit »ist die aktuelle Empfindsamkeit gegen alles und jedes, die wir derzeit in Deutschland und anderen Industrienationen zelebrieren, ein reiner Luxus, den wir uns nur deshalb leisten können, weil wir uns um sauberes Trinkwasser, ein Dach über dem Kopf, eine im Winter geheizte Wohnung und eine Möglichkeit zum ungefährlichen Kochen unseres Essens nicht mehr sorgen müssen (...)«.[9]

Aber viele von uns wollen nicht wahrhaben, dass die Bedrohungen unseres Lebens seit Jahrzehnten kontinuierlich abnehmen, schon gar nicht, wenn sie selbst einen nahen Menschen an eine furchtbare Krankheit verloren oder darüber gelesen haben, wenn es in ihrem Umfeld einen Raub gab, einen Mord oder gar einen Terroranschlag. Und wimmelt es nicht in unseren Nachrichten vor aberwitzigen Todesfällen, marodierenden Mordgesellen, unwahrscheinlichen Unfällen, Katastrophen? Muss man sich nicht wappnen? Jederzeit und überall? Es scheint so. Aber es scheint eben nur so. Und das vor allem deshalb, weil wir durch die neuen Medien, die uns inzwischen bis aufs stille Örtchen verfolgen, jede Katastrophe hautnah erleben. Das schreckt uns derart, dass manche von uns sich mittlerweile wirklich ducken, wenn in China ein Sack Reis umfällt.

In der Bilderflut, die solchermaßen auf uns niederprasselt, kann man dann schnell den Überblick verlieren. Bebt in Japan die Erde und zerstört ein Atomkraftwerk, kaufen wir, 9000 Kilometer entfernt, in rauen Mengen Jodtabletten, setzen uns aber tags darauf bedenkenlos vor ein Röntgengerät oder ins Flugzeug. Stürzt ein Flugzeug ab, fahren wir anschließend sicherheitshalber Auto. Nicht ahnend oder nicht wissen wollend, dass wir uns damit einem unendlich viel größeren Risiko aussetzen. So geschehen auch nach den bis heute unfassbaren – und einzigartigen – Terroranschlägen in New York und Washington am 11. September 2001, bei denen etwa 3000 Menschen ermordet wurden. Anschließend mieden unzählige Amerikaner über viele Monate Flugzeuge und begaben sich stattdessen in den Straßenverkehr. Die Folgen hat der Psychologe Gerd Gigerenzer in seinem Buch »Risiko« eindrucksvoll beschrieben: In den zwölf Monaten nach 9/11 stieg die Zahl tödlicher Verkehrsunfälle in den Vereinigten Staaten rapide an – rund 1600 Amerikaner bezahlten ihre Entscheidung, aus Sicherheitsgründen aufs Auto umzusteigen, mit dem Leben.[10] Als 14 Jahre später ein Pilot mutwillig ein deutsches Passagierflugzeug über den französischen Alpen zum Absturz brachte, reagierten in Deutschland etliche Menschen ähnlich. Erzählte man ihnen, dass 2015 eines der sichersten Jahre in der Geschichte der Luftfahrt war, würden viele es nicht glauben.[11] »Lügenpresse« würden manche murmeln.

Die meisten von uns können offenbar nicht zwischen tatsächlichen, minimalen und aufgebauschten Risiken unterscheiden. Gigerenzer nennt das Risikoinkompetenz: »Wir fürchten den seltenen Kernkraftwerksunfall, nicht die stetige Sterberate, die die Luftverschmutzung durch Kohlekraftwerke bewirkt. Wir fürchten die Schweinegrippepandemie, nachdem mehrere zehntausend mögliche Todesfälle angekündigt wurden – zu denen es nie kam –, während nur wenige Angst davor haben, zu den Zehntausenden zu gehören, die jedes Jahr tatsächlich der normalen Grippe zum Opfer fallen.«[12]

Rund zwei Drittel von uns haben, womöglich berechtigte, Angst vor gentechnisch veränderten Lebensmitteln. Aber nur wenige sorgen sich um ihre zu fette, zu süße, zu unausgewogene Ernährung, die erwiesenermaßen der Hauptauslöser vieler sogenannter Zivilisationskrankheiten ist. Um die Legalisierung von Drogen führen wir hysterische Debatten, machen dabei aber einen weiten Bogen um Alkohol, eine Droge, die mit Sicherheit mehr Menschen getötet hat als alle illegalen Drogen zusammengenommen. Und die Angst vor Terrorismus ist allgegenwärtig, obwohl die Wahrscheinlichkeit, in Deutschland Opfer eines Terroranschlags zu werden, selbst in den vom Terrorismus dominierten 15 Jahren seit 9/11 stets geringer war als die, von einem Blitz getroffen zu werden. So merkwürdig es auch klingen mag: Selbst wenn sich ein Blutbad wie jenes von Paris vom 13. November 2015 mit 130 Toten Monat für Monat in Deutschland wiederholte, würden dabei weniger Menschen sterben als die durchschnittlich 3300, die jährlich Opfer des Passivrauchens werden.

Aber Statistik ist das eine, das Bedrohungsgefühl etwas ganz anderes. Und so leben wir alle in einer paradoxen Wirklichkeit: »Wir sind die gesündesten, reichsten und am längsten lebenden Menschen der Geschichte. Und wir werden immer ängstlicher.«[13] Deshalb unternehmen wir zum Teil aberwitzige Anstrengungen, um jedes erdenkliche Risiko für uns und unsere Kinder zu minimieren oder besser noch zu eliminieren. Eine mögliche Gefahr auszuhalten, und sei sie noch so winzig, ist keine Option mehr. Sie muss angegangen, bekämpft, ausgelöscht werden. Wir sind eine Null-Risiko-Gesellschaft geworden, die sich auch gegen die unwahrscheinlichsten Ereignisse mit allen erdenklichen Mitteln absichern will – und die offenbar bereit ist, dafür einen hohen Preis zu zahlen.

Nach dem Absturz der Germanwings-Maschine in den französischen Alpen – fraglos eine monströse, furchterregende Tat eines psychisch Kranken – kreiste die Diskussion über Monate allein um die Frage, wie eine Wiederholung der Katastrophe ein für alle Mal auszuschließen sei. Hanebüchene Vorschläge machten die Runde, Krankenakten zu öffnen, die ärztliche Schweigepflicht zu durchlöchern, Depressive von Schalthebeln in Flugzeugen zu entfernen, am besten auch gleich in Bussen, Bahnen, Atomkraftwerken. Besonnenere Stimmen wiesen indes darauf hin, dass die Panzertür, die das Germanwings-Cockpit zur uneinnehmbaren Festung gemacht hatte, ohne das 9/11-Trauma nicht existiert hätte und dass der noch immer hochgradig unwahrscheinliche Fall eines mutwilligen Absturzes niemals zu verhindern sein werde – es sei denn, man verböte das Fliegen. Aber kaum jemand hörte hin. Zu groß war der Schock, um schlicht nichts zu tun und einfach zu trauern.

Unsere Sicherheit ist uns heilig. Weshalb wir alles dransetzen, Un-Wörter aus unserem Alltag zu entfernen: Unsicherheit, Unglück, ungewiss, unvorhersehbar. Selbst den Unfall nehmen wir nicht mehr einfach so hin. Das *British Medical Journal* etwa kündigte bereits vor einigen Jahren an, den Begriff nicht mehr benutzen zu wollen, schließlich seien die meisten Tragödien vorhersagbar und damit vermeidbar. »Die Verletzungen, die bei einem Hurrikan durch herumfliegende Gegenstände verursacht werden, sind demnach kein Unfall, sondern Folge des Fehlers, nicht rechtzeitig Vorsichtsmaßnahmen getroffen zu haben.«[14] So kann man es natürlich auch sehen.

18

Wie sind wir eigentlich so geworden? Kann es sein, dass zu viel Sicherheit Angst macht? »Erstaunlicherweise wächst das Sicherheitsbedürfnis mit wachsendem Wohlstand«, sagt der CDU-Politiker Norbert Blüm, der uns einst, lange ist's her, sichere Renten versprach.[15] Aber wieso erstaunlich? Wer viel hat, hat viel zu verlieren. Deshalb ist die Angst auch ein treuer Begleiter derer, die einen gewissen Wohlstand zu verteidigen haben. Wie Bergsteiger, die bei strahlendem Sonnenschein losgezogen sind, hängen sie plötzlich ermattet am Hang, versuchen, ihr einmal erreichtes Niveau mit immer mehr Sicherungshaken zu festigen, und verfolgen zunehmend nervös die Wettervorhersagen, die eher wolkig sind als heiter. Es geht eben nicht mehr automatisch bergauf.

Und dann gibt es diejenigen, die unten zurückgelassen wurden und nun selbst sehen müssen, wo sie bleiben. Menschen, ihre Zahl wächst, die Sicherheit so ganz anders definieren als die dafür zuständigen Behörden: Für sie ist es in erster Linie die Sicherheit, nächsten Monat noch die Miete zahlen, ihre Familie ernähren, ein würdiges Leben führen zu können. Die kommt langsam, aber sicher abhanden. Sie hören vom stetigen Wachstum und erleben persönlich doch nur, dass alles schrumpft, nicht zuletzt die Zuversicht. Und gehen am Ende großen Vereinfachern und Verführern wie Pegida oder der selbsternannten »Alternative für Deutschland« auf den Leim, die sich von den Ängsten der Menschen nähren und sie deshalb immer weiter schüren.

Wobei die deutschtümelnden Populisten längst nicht die Einzigen sind, die hohes Interesse daran haben, uns bange zu machen. Angst ist Big Business. Sie verkauft sich glänzend. Das gilt für den Horrorfilm wie für die Horrorschlagzeile. Und wenn es um unsere Kinder geht, dann gilt es eigentlich immer. Angst lässt uns, im wörtlichen wie im übertragenen Sinn, auch Pillen schlucken, die wir sonst niemals anrühren würden.

Sie ist ein wunderbares Ruhigstellungs- und Manipulationsinstrument. Nehmen wir allein das Thema Überwachung und erinnern uns an das Jahr 1987: Damals drohte beinahe ein Volksaufstand, als in der Volkszählung ein paar lächerliche Daten über uns erhoben werden sollten. Heute begegnen wir den Überwachungsorgien privater Konzerne und staatlicher Dienste mit fröhlichem Gleichmut – solange sie unserer Sicherheit dienen. Und die ist, da kann man sicher sein, fast immer bedroht. Wir sind von Angstmachern umgeben. Was sie tun und was sie bezwecken, das ist eine der Fragen, denen sich dieses Buch widmet. Welche Rolle spielen die Medien, die in Zeiten ihrer eigenen Krise immer rigider dem Motto »If it bleeds it leads« folgen und uns deshalb pausenlos mit Katastrophen- und Schreckensbildern aus aller Welt bombardieren? Welchen Anteil an unserem Bedrohungsempfinden hat die Wirtschaft, die mit Sicherheits- und Überwachungstechnik von Geschäftsjahr zu Geschäftsjahr so überaus erfreuliche Wachstumsraten erzielt? Welchen die Sicherheitsbehörden, die, wenn es um die Ausweitung ihrer Befugnisse geht, regelmäßig zu Verunsicherungsbehörden mutieren? Welchen die Politik, die vermeintliche und tatsächliche Gefahren so virtuos in Wählerstimmen umzumünzen versteht? Wer spielt sonst noch sein Spiel mit unserer Angst? Und weshalb ist es so dringend nötig, dass wir aufgebauschte Risiken und wirkliche Gefahren besser voneinander zu unterscheiden lernen?

»Angst zeigt uns, was mit uns los ist.«[16] Sie ist ein ziemlich zuverlässiger Seismograph für tektonische Verschiebungen in Gesellschaften. Angst gab es immer, sie hat das Überleben unserer Spezies gesichert. Manchmal hat sie uns vor Schlimmerem bewahrt, manchmal Schlimmeres vorweggenommen.

Vermutlich lohnt auch deshalb ein Blick auf unsere heutigen Ängste. Vielleicht hilft uns das zu verstehen, warum wir uns so unheimlich geworden sind.

20

TEIL I:
WOHLSTANDSÄNGSTE

1. Mein Haus – wie der Spruch »My home is my castle« allmählich Wirklichkeit wird

Im Hallenstadion zu Zürich blicken an diesem Nachmittag Hunderte Augen auf die Menschen herab. Sie registrieren jede einzelne Bewegung. Sie sind eingebaut in Schwenk- und Neigekameras, in wetter- und feuerfeste Kameras, in Bullet-, Box- und Fixdomekameras, in wenige analoge und viele digitale Kameras. Sie liefern zum Teil gestochen scharfe Bilder an die Monitore, die in vier Messehallen verteilt sind. Auf der »Sicherheit 2015« kann man sich selbst nicht entkommen.

Es ist bereits die 20. Leistungsschau der Security-Branche in der Schweizer Metropole. 200 Aussteller, 10 000 Besucher, die Geschäfte laufen gut. Sie laufen immer besser. Die Anbieter strotzen vor Selbstbewusstsein. Siemens hat einen Katalog, dick wie ein Telefonbuch, angeschleppt, belegt einen Gutteil von Halle 3 und zeigt dort in Computersimulationen, wie sich ein einfaches Haus flugs in einen Hochsicherheitstrakt verwandeln lässt. Hier ein paar Boden- und Radarsensoren, da ein Mikrowellenbewegungsmelder, dazu Lichtschranken, Laserscanner, Kameras – fertig ist die Festung. Telenot präsentiert ein Holzklötzchenhaus mit Sicherheitsgurt: »Genießen Sie Ihr Leben. Wir passen auf.« Es blinkt, surrt und vibriert in Zürich, Rauchmelder melden Rauch, Feuermelder Feuer, Aussteller schlürfen Nudeln von Plastiktellern und plaudern über effiziente Schließsysteme. Fichet-Bauche hat mit dem schwarzsilbernen »Nevo« ein Gedicht von einem Safe mitgebracht und weiß: »Security has never been more beautiful.« Und wer

23

vor lauter Zäunen das Haus nicht sieht, der ist sicher, dass nichts passieren kann.

Deswegen lachen auch überall junge, hübsche Frauen. So wie »Aurelia«, Mutter von drei Kindern, die augenzwinkernd gesteht: »In schlaflosen Nächten hatte ich mir schon überlegt, unseren Hamster zum Kampfhund zu dressieren.« Bis sie die Schließanlagen von Glutz entdeckte, seither ist alles gut. Leider ist »Aurelia« nicht echt. Wie auch die anderen entspannten Frauen und die knopfäugigen Kinder im Hallenstadion nur zweidimensional in Erscheinung treten, die Wirklichkeit in Zürich ist eine Männerwelt mit mehr als 50 Schattierungen von Grau.

Und in dieser Welt lauern Gefahren überall. Irgendwo hat einer eine Glasscheibe zertrümmert, irgendwo dringt eine sinistre Gestalt in ein Eigenheim ein, irgendwo überfällt eine Gang einen Laden, irgendwo fackelt einer Kisten ab. Aber nie besonders lange. Für jeden Angriff gibt es hier eine Abwehr. Für jedes Problem eine Lösung, die nicht einfach nur gut, sondern meistens »intelligent« ist. So wie die Venenbiometrie, die einem im Handumdrehen die Wohnungstür öffnet, sofern es die eigene Hand ist, und die das nächste große Ding der Verschlussbranche werden soll. Der gute alte Stacheldraht dagegen, den die Firma Wyss etwas verschämt am hinteren Hallenende präsentiert, spielt offenbar nur noch eine Nebenrolle. Wer es mit seiner Sicherheit ernst meint, setzt auf Hightech im Überfluss. Es ist, als spazierte man durch den feuchten Traum eines Despoten.

ALARMZUSTÄNDE

Messen wie die in Zürich, die nicht einmal zu den größten ihrer Art gehört, gibt es inzwischen mehrmals pro Woche. Allein in Deutschland präsentiert sich die Anti-Angst-Branche

Dutzende Male im Jahr. Die Nachfrage ist gewaltig – sie steigt quasi im Gleichschritt mit dem Bedrohungsgefühl der Bevölkerung. Ein Wachstum, das so krisensicher ist wie kaum ein anderes.

Ende 2015 fühlte das Meinungsforschungsinstitut YouGov den Deutschen den Puls und kam zum Ergebnis, dass sich das Sicherheitsempfinden mit Blick auf Kriminalität in mehr als der Hälfte der Bevölkerung binnen eines Jahres verschlechtert oder sogar stark verschlechtert hatte[1]. Fast jeder Sechste gab an, inzwischen regelmäßig mit Pfefferspray, Taschenmesser und Schreckschusspistole unterwegs zu sein, um sich gegen etwaige Angreifer zur Wehr setzen zu können. Zehn Prozent teilten mit, sie hätten zu Hause bereits eine Alarmanlage installiert, weitere 20 Prozent kündigten an, das noch machen zu wollen.

Ein Entschluss, bei dem auch die Bundesregierung etwas nachgeholfen haben dürfte: Im Herbst 2015 hatte die große Koalition beschlossen, Bürgern beim Einbau von Alarmanlagen großmütig unter die Arme zu greifen. Wer sein Eigenheim oder seine Wohnung für mindestens 2000 Euro hochrüstet und etwa Videokameras, Einbruchmelder oder Zutrittssteuerungssysteme installiert, darf sich künftig über staatliche Zuschüsse in Höhe von 200 bis 1500 Euro freuen.* Bundesinnenminister Thomas de Maizière (CDU) stellte zudem in Aussicht, dass Privatiers den Ausbau ihrer Heimstatt zum Sicherheitstrakt fortan von der Steuer absetzen können sollten.

Der Großmut der Regierung erklärt sich mit einem Blick auf die Statistik. Anders als viele andere Delikte nimmt die Zahl der polizeilich registrierten Wohnungseinbrüche seit 2008 kontinuierlich zu, 2014 waren es rund 152 000, ein

---

* Im Frühjahr 2016 kündigte die Bundesregierung an, künftig auch noch geringere Investitionen bezuschussen zu wollen.

Jahr später 167 000 – ein neuer Rekord. Politiker und Medien schlachteten die »horrende Zunahme« sogleich aus und rechneten genussvoll vor, dass alle drei Minuten irgendwo in Deutschland eingebrochen werde. Was so allerdings nicht stimmt. In die jährlich veröffentlichte Zahl werden nämlich auch erfolglos gebliebene Einbruchsversuche eingerechnet, sie machen – auch wegen immer besser überwachter Häuser – inzwischen rund 40 Prozent aus. »Erfolgreich« im Sinne der Täter verliefen 2015 also etwas mehr als 100 000 Einbrüche, bei rund 40 Millionen Haushalten in Deutschland heißt das: In eine von 400 000 Wohnungen drangen im Laufe dieses Jahres Diebe ein. Zahllose Bundesbürger verwandeln ihr Zuhause dennoch mit ungeheurem Aufwand in Sicherheitszonen. Das auch deshalb, weil Sicherheitspolitiker bei jeder sich bietenden Gelegenheit vor marodierenden Einbrecherbanden aus dem Ausland warnen und sie auf dünner Datenbasis neuerdings der Organisierten Kriminalität zurechnen. Dieselben Sicherheitspolitiker sparen allerdings seit Jahren die Länderpolizeien klein, weshalb die ohnehin grotesk niedrige Aufklärungsquote in diesem Feld noch weiter gesunken ist. Insofern ist es nur folgerichtig, wenn immer mehr Bürger auf Nummer Sicher gehen und den Schutz ihrer Privatsphäre in die eigene Hand nehmen.*

Allein der Markt für Überwachungskameras – im öffentlichen wie im privaten Raum – wächst seit Jahren ohne

---

* Nach Angaben des Bundeskriminalamts werden in Deutschland nur etwas mehr als 15 Prozent aller Wohnungseinbrüche aufgeklärt. Als »aufgeklärt« gilt den Behörden ein Fall jedoch bereits, sobald einer der Tatverdächtigen namentlich bekannt ist. Die geringe Quote führen Fachleute auch darauf zurück, dass bei den Länderpolizeien seit dem Jahr 2000 etwa 16 000 Stellen eingespart wurden. Das Kriminologische Forschungsinstitut Niedersachsen kam in einer eigenen Untersuchung zu dem Ergebnis, dass es sogar nur in 2,6 Prozent aller Fälle tatsächlich zu einer Verurteilung gekommen ist. Das hohe Dunkelfeld lasse damit keine belastbaren Aussagen über Herkunft oder Motivation von Tätern zu.

nennenswertes Zutun der Anbieter. Keiner hat all die Linsen gezählt, die inzwischen rund um die Uhr auf unbescholtene Bürger gerichtet sind. Aber mindestens eine halbe Million sind es schätzungsweise schon jetzt. Das ist noch nichts im Vergleich zum Videoweltmeister Großbritannien, das sich selbst mit fünf bis sechs Millionen Kameras überwacht. Aber Deutschland holt auf, und das ist genau das, was Deutschlands Bürger sich wünschen: Anfang 2016 ergab eine Infratest-Dimap-Umfrage, dass 82 Prozent der Menschen gerne noch mehr Videoüberwachungsanlagen im Land sähen.

DER PRIVATE RÜSTUNGSWETTLAUF

Und das alles wirklich nur, um vor Einbrechern sicher zu sein? Es ist mehr als das, glaubt der Soziologe Zygmunt Bauman. Tatsächlich nähmen immer mehr Menschen eine »gespenstische Unsicherheit der allgemeinen Lebensbedingungen« wahr, denen sie sich weitgehend machtlos ausgeliefert fühlten. Diejenigen, die es sich leisten könnten, die »globalen Eliten«, versuchten wenigstens, sich mit Hilfe der »*Haute Couture* der Sicherheitsindustrie« schadlos zu halten.[2] Der Glaube an die wehrhafte Demokratie insgesamt sei erschüttert, meint auch der Politologe und Schriftsteller Johano Strasser. Sukzessive trete an ihre Stelle daher »eine wehrhafte Privatsphäre mit Alarmanlage und gut sortiertem Waffenschrank«.[3]

Das Misstrauen, das so in unseren Alltag sickert, gilt allem und jedem. Dem Nachbarn, dem Kollegen, dem Fremden sowieso. Man panzert sich deshalb, zu Hause, im Büro und auch auf dem Weg dorthin. Fitnessstudios können sich vor dem großen Andrang kaum noch retten, Kampfsportarten wie Thai- und Kickboxen sind in Mode wie nie. Auch

»Mixed Martial Arts« erfreut sich wachsender Beliebtheit – ein brutaler Fight, bei dem auch noch getreten und gehauen werden darf, wenn der Gegner längst auf dem Boden liegt. Es ist ein, nun ja, Sport, der perfekt in eine Zeit passt, in der die Hemmungen allmählich fallen. In der Öffentlichkeit helfen Smartphone und Selfiestick, unangenehme, ja eigentlich alle Begegnungen mit Fremden zu vermeiden. Was auch für rollende Trutzburgen namens SUV gilt, mit deren Hilfe man im Stadtverkehr so gut wie jede Kollision unbeschadet überstehen kann. Ist es Zufall, dass sich kein anderes Fahrzeug in Deutschland mehr verkauft als die »Sports Utility Vehicles«, die in ihrer Frühversion US-Armeefahrzeugen nachempfunden wurden?* Vermutlich nicht: In den USA jedenfalls begann der SUV-Boom fast zeitgleich mit der erhöhten Nachfrage nach Heimalarmanlagen und dem Aufkommen ummauerter Wohngebiete, sogenannter Gated Communities.[5] Die gibt es zunehmend auch in Deutschland, wobei sich Bauherren und Architekten immer mehr Mühe geben, die abgeschotteten Anlagen, in denen die Angst unter sich bleiben kann, nicht auf den ersten Blick als solche erscheinen zu lassen. Der Begriff »Gemeinschaft« ist in diesen Fällen allerdings eher als Euphemismus zu begreifen. Tatsächlich bedeutet er »hier nichts anderes als Isolation, Separation, Schutzwälle und bewachte Tore«.[6] Die schöne Formulierung »My home is my castle« findet damit endlich zu sich selbst.

Insofern ist es nur konsequent, dass auch die Branche der Wachleute und Sicherheitskräfte einen immer größeren Teil zum Wohlstand der Gesellschaft beiträgt, mit Wachstumsraten

---

* Einer der ersten SUVs war der von AM General 1992 auf den Markt geworfene »Hummer«. Bei diesem handelte es sich um eine zivile Version des Mehrzweck-Armeefahrzeugs »High Mobility Multipurpose Wheeled Vehicle« (HMMWV), »Humvee« genannt. Es wurde entwickelt, um in feindlichem und unwirtlichem Gelände jederzeit manövrierfähig zu bleiben.[4]

28

von bis zu 80 Prozent jährlich. Rund 4000 Sicherheitsunternehmen mit fast 200 000 Beschäftigten wachen inzwischen über die Deutschen – etwa doppelt so viele wie vor 20 Jahren. Und es geht weiter bergauf. 2015 jammerte der Bundesverband der Sicherheitswirtschaft auf hohem Niveau, als er öffentlich kundtat, seinen Mitgliedsunternehmen falle es immer schwerer, Personal zu finden, obwohl man aufgrund der Auftragslage mühelos 10 000 neue Stellen besetzen könnte. Schon jetzt tummeln sich zahllose windige Gestalten mit Hang zu Uniformen und Waffen in der Szene, Neonazis, Hooligans und andere Schläger – was man für einen Witz halten könnte angesichts der Jobbeschreibung: Kommt ein Hooligan zur Demo, um für Ruhe zu sorgen ... Nur, es ist halt kein Witz, das wurde der Öffentlichkeit spätestens klar, als rechtsextremistische Wachleute in Asylunterkünften wie in Burbach, Essen und andernorts wehrlose Menschen quälten und verprügelten. Offenbar fiel der Politik erst da auf, dass es, um Wachmann in Deutschland zu werden, weder einer nachgewiesenen Qualifikation noch einer regelmäßigen Überprüfung, ja noch nicht mal eines halbwegs makellosen Führungszeugnisses bedarf. 2015 beschloss die große Koalition, das zu ändern.

Vielleicht lässt sich das Problem aber auch auf andere Weise lösen. Etliche Firmen arbeiten schon seit längerem an Überwachungsrobotern, denen man zumindest kein rassistisches Weltbild mehr wird unterstellen können. Relativ weit in der Entwicklung ist das Start-up-Unternehmen Knightscope, es hat einen fast mannshohen weißen Kasten auf Rädern entwickelt, der wie die aufrecht stehende Spitze einer Weltraumrakete aussieht. Gestatten: K5, 130 Kilogramm schwer und ausgestattet mit der Lizenz zum Schnüffeln. Was durchaus wörtlich zu verstehen ist. Der digitale Tausendsassa überprüft nämlich unter anderem permanent die Luftqualität in seiner Umgebung und schlägt Alarm, wenn er Rauch oder

Gift wittert. Er verfügt außerdem über eine 360-Grad- und eine Infrarotkamera, Ultraschall und Radar, Mikrophone und Sensoren. Er erkennt Menschen an ihrem Gesicht und Autos an ihren Kennzeichen und gleicht beides mit seiner beständig wachsenden Datenbank ab. Hält sich jemand unberechtigt in einem von K5 überwachten Wohngebiet, vor einer Schule oder in einer Shopping Mall auf, meldet der Roboter das sofort. Angeblich erkennt er sogar, wenn ein Kind in ein falsches Auto steigt. Und zu allem Überfluss ist er auch noch konkurrenzlos günstig: Sein Hersteller will K5 künftig für umgerechnet fünf Euro die Stunde an Sicherheitsbedürftige vermieten, er ist damit billiger als alle Wachleute. Dass die ihre Jobs an einen Roboter verlieren könnten, sollten sie doch auch mal positiv betrachten, findet Knightscope-Geschäftsführer William Santana – immerhin sei deren Job nicht nur »langweilig«, sondern auch »gefährlich«.[7]

ZU DEN WAFFEN

Ein paar Jährchen wird es wohl noch dauern, bis K5 und Konsorten in Deutschland ihre Runden drehen. So lange werden sich die ängstlichen Bundesbürger konventionell behelfen müssen. Und weil die Zeiten so sind, wie sie sind, spricht vieles dafür, dass sie ihre private Rüstungsspirale dabei stetig weiter nach oben drehen werden. In letzter Konsequenz heißt das dann aber auch, sich so gut wie möglich zu bewaffnen, und zwar nicht nur mit Kameras und Alarmanlagen.

2015 jedenfalls war auch das Jahr, in dem die Deutschen sich so eifrig wie schon lange nicht mehr mit Schusswaffen eindeckten. Die Verkäufe seien »deutlich nach oben« gegangen, der Absatz habe sich im Vergleich zum Vorjahr verdoppelt, frohlockte der Verband Deutscher Büchsenmacher und Waffenfachhändler. Rund sechs Millionen legale Waffen in Privatbesitz gibt es schon jetzt im Land, rechnerisch kommt damit eine auf 14 Einwohner. Sie befinden sich in der Hand von etwa eineinhalb Millionen Sportschützen, 400 000 Jägern, 300 000 Sammlern und 900 000 Menschen, die anderweitig an sie gelangten, etwa durch eine Erbschaft.

Und noch viel mehr hätten gerne eine. Da das deutsche Recht – anders als etwa das amerikanische – vergleichsweise rigide ist, ist der Weg zur Waffe jedoch lang. Weil das Bedrohungsgefühl aber offenbar so überwältigend ist, beantragen immer mehr Menschen wenigstens den sogenannten kleinen Waffenschein. Wer das Dokument erst mal besitzt, kann nach Belieben Reizgas-, Schreckschuss- und Signalwaffen mit sich herumtragen. Die sehen echten Schusswaffen nicht nur täuschend ähnlich, ihr Gebrauch kann auch zu schwersten Verletzungen führen – bei entsprechender Manipulation sogar zum Tod. Im Advent 2015 starb in Anklam ein 36-Jähriger, nachdem ein 28-Jähriger mehrfach mit einer Schreckschusspistole auf ihn geschossen hatte. Der Anlass: Der Ältere hatte dem Jüngeren ein Laptop verkauft, das offenbar defekt war.

Den kleinen Waffenschein, den neuerdings so viele meinen haben zu müssen, bekommt im Prinzip jeder, der volljährig und nicht drogenabhängig ist und keine Vorstrafen aufzuweisen hat. Aus Bayern, Brandenburg, Sachsen und anderen Bundesländern meldeten die Behörden zuletzt einen starken Anstieg der Anträge. Bundesweit sind bereits knapp 300 000 kleine Waffenscheine registriert. »Deutschland rüstet auf«, wunderte sich *Der Spiegel* – »mit Gaspistolen, Elektroschockern, Reizgas und Teleskopschlagstöcken und gegen eine offenbar zunehmende Angst«.[8]

Aber wird Deutschland dadurch auch sicherer? Und wann ist sicher eigentlich sicher genug? Reicht ein Zusatzschloss gegen gewiefte Einbrecher? Oder sollte es nicht doch eine zusätzliche Mauer sein? Reicht ein Kneebag für die Kniegelenke, um neben dem Airbag Unfälle zu vermeiden? Was ist mit den Hüften und den Händen? Reicht es, Schneeballwerfen auf dem Schulhof zu verbieten? Oder ist nicht jedes Kinderspiel potentiell gefährlich? Und wenn wieder irgendwo in Europa ein Anschlag passiert: Reicht es, Wachleute in Behörden zu postieren, um dort gegebenenfalls Taschen zu kontrollieren? Was ist mit Kinos, U-Bahnen, Kindergärten, Einkaufszentren?

Das ist das Tückische am Bedrohungsgefühl: Es ist ein Formwandler und kann an jedem Ort in unterschiedlicher Gestalt auftauchen. Es ist der kleine Cousin der Paranoia.

Und was immer wir in ihrem Namen unternehmen, es reicht niemals aus, sagt der Politologe Herfried Münkler: »Je eingemauerter oder eingezäunter eine Gemeinschaft ist, desto bedrohlicher und feindlicher wird für sie die Welt außerhalb, was zu einem weiter wachsenden Sicherheitsbedürfnis führt, noch höheren Mauern, noch größerem Misstrauen gegenüber Fremden etc.«[9]

Die Sicherheitsindustrie und ihre Helfer werden es gerne hören.

2. Mein Körper – weshalb wir uns selbst zur letzten sicheren Bastion machen

Im März 2015 schrieb Angelina Jolie in der *New York Times* bewegende Zeilen über sich selbst. In ihrem ausführlichen »Tagebuch einer Operation«[10] ließ die Schauspielerin die Öffentlichkeit wissen, dass sie sich die Eierstöcke und die Eileiter hatte entfernen lassen, um ihr Krebsrisiko zu senken. Wenige Wochen zuvor hatte ein Routinetest einige überhöhte Blutwerte ergeben, normalerweise kein Anlass zu akuter Besorgnis. Jolie jedoch weiß seit einigen Jahren, dass sie eine Genmutation namens BRCA1 in sich trägt. Frauen mit diesem Defekt bekommen mit einer Wahrscheinlichkeit von mehr als 60 Prozent Brustkrebs, das Risiko, an Eierstockkrebs zu erkranken, liegt bei 20 bis 50 Prozent. Zu hoch, entschied Jolie, und begab sich in die Hand von Chirurgen.

»Ich habe meine Mutter, meine Großmutter und eine Tante an den Krebs« verloren, schrieb sie nun also in der *Times*. Daher dieser radikale Schritt. Mit der Operation habe sie das Risiko, an Krebs zu erkranken, zwar nur gesenkt, nicht aus der Welt geschafft. Aber »ich weiß, dass meine Kinder nie werden sagen müssen: Mama ist an Eierstockkrebs gestorben«.

Das Echo war gewaltig. Wie schon zwei Jahre zuvor lobten Frauen und Ärzte weltweit Jolie für ihren »Mut« und ihre »Stärke«. Damals, 2013, hatte sie sich aus denselben Gründen bereits beide Brüste entfernen und durch Silikonimplantate ersetzen lassen und ihr Brustkrebsrisiko damit angeblich von 87 auf fünf Prozent gesenkt. In der Folge wurden auch in

Deutschland Kliniken und Krankenhäuser von verunsicherten Frauen überrannt. Vielen mussten Ärzte Operationen regelrecht ausreden. Der Arbeitskreis Frauengesundheit in Medizin, Psychotherapie und Gesellschaft sah sich zu einer langen Stellungnahme gezwungen: Gentests wie jener, dem sich Jolie unterzogen hatte, ließen keine belastbare Vorhersage darüber zu, ob und wann eine Frau an Brust- oder Eierstockkrebs erkranke; es sei unklar, ob mit derartigen Operationen die Lebensdauer verlängert werden könne, vielmehr drohten »medizinische Probleme von erheblicher Tragweite«.[11]

Dagegen stand Jolies Diktum: »Das Leben birgt viele Herausforderungen. Diejenigen, die uns unnötigerweise Angst machen, sollten wir angehen und kontrollieren.«[12]

Nun ist die Entscheidung eines Menschen, zur Vermeidung eines größeren Risikos ein vermeintlich kleineres in Kauf zu nehmen, nicht zu kritisieren. Jolies ungewöhnlich offener Umgang mit ihrer Krankengeschichte lädt jedoch zu einigen Gedankenspielen ein. Stellen wir uns vor, die Ärzte, die sie behandelten – und die sich zu so bemerkenswert präzisen Wahrscheinlichkeitsangaben in der Lage sahen –, hätten das Risiko einer Brustkrebserkrankung auf 50 Prozent taxiert. Und das Restrisiko nach einer Operation auf 25 Prozent. Wäre dann das eine zu wenig gewesen, um sich übermäßig zu sorgen, und das andere zu hoch, um deswegen eine derartige Tortur über sich ergehen zu lassen? Welches Risiko ist klein genug, um es zu ertragen?

Stellen wir uns weiter vor, Jolies Gendefekt würde nicht die Wahrscheinlichkeit für Brust-, sondern für Zungenkrebs erhöhen und eine vorsorgliche Entfernung der Zunge das Risiko drastisch senken. Wie wäre dann die Entscheidung ausgefallen? Hätte sie sich operieren lassen, wissend, dass sie damit mutmaßlich das Ende ihrer Schauspielerkarriere besiegelt? Und ist die Frage überhaupt mit Hilfe von Statistik zu beantworten?

Welche der »vielen Herausforderungen«, die unser Leben

bereithält, ertragen wir einfach so, welche sollten wir versuchen zu vermeiden? Ist nicht das Leben als solches eine Art russisches Roulette? Gespickt mit derart vielen Gefahren, dass man es nur mit ganz viel Vorsicht riskieren kann? Und wenn wir jedes einzelne Risiko exakt vermessen und gegebenenfalls beschneiden könnten – sollten wir das wollen?

VON DER UNVERTRÄGLICHKEIT

Erstaunlicherweise scheinen diese letzte Frage immer mehr Menschen zu bejahen – insbesondere dann, wenn es um ihre Gesundheit geht. Die ist offenbar so bedroht wie selten zuvor, durch Krebs, Infarkte und andere Zivilisationskrankheiten, durch Allergien und Unverträglichkeiten, durch Mikroben, Bazillen, Viren, Keime, durch Chemie in Lebensmitteln, in Spielzeug, am Arbeitsplatz, in der Luft und durch heimtückische Seuchen wie BSE, Schweine- und Vogelgrippe, Maul- und Klauenseuche, Ehec, Sars. »Als sei ein Damm gebrochen, widmet sich die Weltöffentlichkeit seit den Neunzigerjahren bis heute in immer wiederkehrenden Konjunkturen immer neuen pandemischen Killererregern«, sagt Wolfgang Eckart, der Direktor des Instituts für Geschichte und Ethik der Medizin an der Universität Hamburg.[13]

Bei Lichte betrachtet haben all diese Heimsuchungen in unseren Breitengraden allerdings nicht mal einen Bruchteil des Schadens angerichtet, der von Politikern, Wissenschaftlern, Medien geweissagt worden war. Als tatsächlich tödliche Katastrophe erwies sich die Ebola-Epidemie, der 2014/15 mehr als 11 000 Menschen zum Opfer fielen. Die Krankheit wütete allerdings fast ausschließlich in Westafrika – und nicht in Westeuropa, wo die Angst, gemessen an den Zeitungsartikeln und Fernsehberichten, am größten zu sein schien.

Auch unsere Lebensmittel sind nicht ansatzweise so gefährlich, wie wir glauben. Zwar lesen wir fast täglich von Dioxin in Hühnchen und Eiern, Pestiziden in Paprika und Brokkoli und zahllosen krankmachenden Zusätzen. Meldungen, die ihre Spuren längst in unseren Köpfen hinterlassen haben: Fast drei Viertel der Bürger glauben, dass die mit giftigem Essen verbundenen Risiken künftig noch zunehmen werden. Dabei lag die Zahl der Lebensmittelvergiftungen nach Angaben des Robert-Koch-Instituts zuletzt bei etwa 1000 im Jahr, rund 50 Menschen starben daran. Zum Vergleich: Durch Übergewicht sterben in Deutschland jährlich rund 1500 Menschen.[14]

Dass die Meldungen über unser vermeintlich ungesundes Essen dennoch stetig zunehmen, liegt womöglich daran, dass wissenschaftliche Messmethoden es immer einfacher machen, auch die kleinsten Spuren von Schadstoffen in Lebensmitteln nachzuweisen. In den 1980er-Jahren konnten im Labor lediglich Konzentrationen von 1:1 Milliarde detektiert werden, heute ist bereits ein Trillionstes Teilchen mühelos aufspürbar. »Ein Zuckerwürfel, aufgelöst im Starnberger See, wäre heute ohne jeden Zweifel nachzuweisen.«[15]

Damit ist die Zukunft zahlloser Horrormeldungen gesichert, denn selbst unsere natürlichsten Lebensmittel enthalten fast ausnahmslos das eine oder andere Gift: »Die in zwei Muskatnüssen enthaltenen Mengen der Gifte Myristicin – auch in Dill und Petersilie – und Elemicin zum Beispiel reichen aus, um ein Kind umzubringen. (...) Honig enthält den Krankheitserreger Clostridium botulinum, bei Babys kann das zur Lähmung des Darms und einer hartnäckigen Verstopfung führen. Rohe Bohnen – schon fünf bis sechs Stück – rufen schwerste hämorrhagische Gastroenteritis hervor, und auch die besten biologisch angebauten Karotten enthalten das Nervengift Carotatoxin plus eine ganze Reihe weiterer giftiger Substanzen (...). Und das stärkste Nervengift der Welt, Botulinustoxin, von dem zwei Milliardstel Gramm einen Menschen töten, wird von einem Bakterium produziert, das völlig natürlich in Fleischwaren gedeiht (...)[16]. Damit also könnte sich Deutschland tatsächlich abschaffen. Aber die meisten von uns essen weiter unverdrossen große Mengen Fleisch und sind dabei, trotz des erwiesenermaßen erhöhten Risikos für Herzkrankheiten und Krebs, in aller Regel wohlauf.

Ein untrügliches Indiz dafür, wie dramatisch tödliche Gefahren in unseren Breitengraden abgenommen haben, ist die Entdeckung eines vergleichsweise neuen Risikos: die Überalterung der Gesellschaft. Betrug die durchschnittliche Lebenserwartung eines neugeborenen Jungen vor gut 100 Jahren noch etwa 36 Jahre, wird heute jeder zweite Mann in Deutschland älter als 80, jede zweite Frau sogar älter als 85. Wie könnte das sein, wenn wir so bedroht wären, wie wir glauben? Paradoxerweise ist es vor allem dieser Gewinn an Lebenszeit, der die stetige Ausbreitung von Krebs, einer der unbestritten schlimmsten Menschheitsgeißeln, begünstigt. Die Krankheit ist, trotz aller furchtbaren Ausnahmen, vor allem ein Altersphänomen.

Wir sind also gesünder denn je, gesünder vor allem als die meisten anderen Menschen auf dem Planeten – ein Teil von uns sorgt sich jedoch zugleich zu Tode. Wie anders ist etwa die epidemische Ausbreitung vermeintlicher Nahrungsmittel-Unverträglichkeiten zu erklären? Zwar nehmen Lebensmittelallergien in Industriestaaten tatsächlich seit Jahren zu, aber nicht mal ansatzweise so stark, wie viele glauben. In Umfragen bezeichnen sich inzwischen 20, manchmal sogar 30 Prozent der Befragten als Lebensmittelallergiker. Bei genaueren Untersuchungen der Betroffenen stellte sich jedoch heraus, dass nur bei 0,8 bis 2,4 Prozent der Befragten wirklich von einer Allergie die Rede sein konnte.[17]

Egal. Sicherheitshalber verzichtet der verunsicherte Konsument lieber einmal zu viel auf unappetitliche Krankmacher wie Laktose, Gluten oder Fruktose. »Der neue Glaube heißt vor allem: Weglassen.«[18] Er ist zumal in der Mittelschicht, die aus ihrer Ernährung längst eine Wissenschaft gemacht hat, weitverbreitet. Der sogenannte Free-From-Markt geht seit geraumer Zeit durch die Decke, mit Wachstumsraten von zum Teil mehr als 30 Prozent. Allein in den USA setzten glutenfreie Produkte 2014 rund 973 Millionen US-Dollar um, bis 2019 sollen es weit über zwei Milliarden sein. In Deutschland lag der Umsatz zuletzt bei 250 Millionen Euro, Tendenz steigend.

Auf der Grünen Woche in Berlin, der weltgrößten Lebensmittelmesse, gibt es inzwischen ein neues Sonderformat: die »Allergy and Free From Show«. Im Allergy-Living-Bereich werden dabei »unzählige Produkte zur Erleichterung des Alltages« angepriesen. Die Supermarktkette Rewe beglückt Kunden, die unter Zöliakie oder Laktoseintoleranz leiden, nun auch mit einer eigenen »frei von«-Linie. Die vegetarische Buffetrestaurant-Kette »Season« listet akribisch auf, was in jedem Gericht drinsteckt – und was nicht. »So wird verhindert, dass jeder Gast der Bedienung erst mal seine Leidensgeschichte in den Block diktiert.«[19] Köche im ganzen Land fragen sich inzwischen genervt, wieso sie überhaupt noch liebevoll Menüs zusammenstellen, es isst ja ohnehin kaum noch jemand einfach das, was auf der Karte steht.

Clevere Geschäftsleute machen sich inzwischen sogar einen Spaß – und einen Reibach – daraus, Produkte mit dem »frei von«-Siegel zu bewerben, die von Natur aus weder Gluten noch Laktose enthalten. Den höheren Preis zahlen viele Kunden anstandslos. So verliert der Spruch »Sex ohne Liebe ist wie Backen ohne Mehl« nach und nach seinen paradoxen Charme: Zahllose Menschen backen inzwischen ohne Mehl, zur Not auch ohne Zucker, Butter und Eier. Alles nicht mehr nötig. Es gibt ja längst auch Wurst ohne Wurst.

Aber was genau ist es eigentlich, das immer weniger von uns vertragen? Wogegen genau sind wir intolerant? Wirklich nur gegen unser Essen? Oder verarbeiten wir mit unseren Tellergerichten womöglich ganz andere Prozesse? Und wo bleibt bei alldem eigentlich die Lust?

Die Dämonisierung von Laktose, Gluten, Histamin, Fruktose habe Essen zum Angstthema gemacht, sagt die Gesundheitspsychologin Hanni Rützler, deren Buch den schönen Titel »Muss denn Essen Sünde sein?« trägt. Ihr Rat: »Lasst euch nicht verrückt machen.«[20] Aber das sagt sich so einfach. »Wer sich nicht verrückt machen lässt, wer trinkt und isst, was ihm schmeckt, wer vielleicht sogar gelegentlich in fröhlicher Runde zu viel trinkt und zu viel isst und den fälligen Brummschädel bzw. das Völlegefühl als zwar lästige, aber im Grunde normale Begleiterscheinung hinnimmt, wer sich damit abfindet, dass man nicht ewig jung und schlank sein kann und sich auch durch den Body Mass Index nicht terrorisieren lässt, der gilt schon fast als ein Asozialer.«[21]

Übertrieben? Wie man's nimmt.

VOM LEBENSMITTEL ZUM ÜBERLEBENSMITTEL

Denn vielleicht geht es ja doch, das Ewig-jung-und-schlank-Bleiben. Das zumindest scheint ein Teil jener gutsituierten Menschen zu hoffen, die im Internet für sündteures Geld Reh-Plazenta, Tabletten aus getrockneten Ameisen oder Grassaft mit viel Chlorophyll erwerben. Die im Onlineladen von David Wolfe shoppen gehen und nichts dabei finden, 13 Dollar für 250 Gramm Plätzchen oder 80 Dollar für ein Kilo Pulver auszugeben, mit dem sich ein Wunderdrink mixen lässt. Vielleicht liegt's am Namen: Das Zeug heißt »Immortal Machine«.

Der US-Amerikaner Wolfe alias »Avocado« ist der lockige

Heiland der »Superfood«-Jünger, das sind jene Ernährungs-spezialisten, die Chia-Samen aus Mexiko (»Der Heilsamen der Maya«), Goji-Beeren aus China, Acai-Beeren aus Brasilien und Kurkuma aus Peru (»Das Gold der Inka«) fast schon um jeden Preis mystisch verehren. Allen Produkten gemeinsam ist: Sie stammen aus exotischen Ländern, verfügen angeblich über immense Heilkräfte und kosten ein Vermögen. Dabei sind die Superfoods gar nicht so toll, wie sie klingen. Gesund, das schon. Aber eben auch nicht gesünder als Leinsamen, Schwarze Johannisbeeren, Holunder, Rot- oder Grünkohl.

Dem Superfood-Boom freilich tut das keinen Abbruch. Zuletzt überschwemmten Kochbücher mit Rezepten fürs Längerleben den Markt: »Supersnack & Powerfood«, »Superfoods – Die Medizin der Zukunft. Wie wir die machtvollsten Heiler unter den Nahrungsmitteln optimal nutzen«, »Die Superfood-Küche. Der einfachste Weg zu Vitalität und Wohlbefinden« und natürlich Jamie Olivers »Superfood für jeden Tag«.

Vitalität? Medizin? Heiler? Allein die Titel dieser Bücher demonstrieren, dass sie auf ein Milieu zielen, in dem Muffensausen zum guten Ton gehört – auf eine Käuferschicht, der es nicht bloß darum geht, auf originelle Weise satt zu werden. Sondern darum, sich zu wappnen. Fit zu bleiben. Und konkurrenzfähig. Am anschaulichsten wird das beim ebenfalls neuerschienenen Buch »Die Ernährungs-Docs«: Auf dessen Cover haben drei strahlende Menschen die Schürze endgültig durch den Arztkittel ersetzt. All diese Herumdoktorei an der Ernährung zeugt davon, wie sehr sich diejenigen, die etwas zu verlieren haben, nun auch in der Küche dem Optimierungs-diktat unserer Zeit beugen: Du darfst nicht nachlassen. Du musst an dir arbeiten. Besser werden. Besser als die anderen. Beiß dich durch.

In Zeiten großer Unbeständigkeit, schreibt der Soziologe Zygmunt Bauman, sei der eigene Körper »das einzig Dauerhafte und Verlässliche (...); wer nach Sicherheit strebt, muss offenbar in Selbsterhaltung investieren«.[22]

Deswegen wachen so viele so ausdauernd über diesen Körper, meiden, was ihm schaden könnte, führen ihm Nahrung zu, die Superkräfte verspricht, salben ihn mit Cremes und Anti-Aging-Produkten, deren Absatz ebenfalls in schöner Regelmäßigkeit steigt, stählen ihn im Fitnessstudio – und erhöhen so Stück für Stück seine Leistungsfähigkeit, deren Verlust einer Katastrophe gleichkäme. »Wir arbeiten so hart an unserer Selbstperfektionierung und haben dabei solche Versagensängste, dass wir die Energie und Fähigkeit verlieren, uns in irgendeiner Form an einer gesellschaftlichen Veränderung zu beteiligen«, sagt die Philosophin Renata Salecl.[23] Statt sich zu fragen, ob das Magengrimmen womöglich andere Ursachen hat als eine Scheibe Ciabatta, sucht der gestresste Wohlstandsbürger sein Seelenheil im Biomarktregal. Statt aufzubegehren gegen die Unverträglichkeiten seines Alltags kocht er sich Quinoa. Die Zeit, die er so spart, reicht dann wenigstens dafür, seine Körpersäfte, Vitalfunktionen und sicherheitshalber sogar seine Stimmungen auf Schritt und Tritt selbst zu überwachen.

RUFT MEIN AUTO DIE POLIZEI?

Selbstvermessung – neudeutsch: Self-Tracking – ist das boomende Hobby des modernen Dorian Gray. Eine wachsende Zahl von Menschen hält es schlicht für unverantwortlich, 70, 80 Jahre einfach stupide vor sich hin zu leben.* Wo der Kör-

---

* Ein Netzwerk von Hochschulen und Medizinfirmen hat 2014 die Haltung der Deutschen gegenüber Gesundheits-Apps untersucht: 68 Prozent der Befragten gaben an, sie würden derartige Programme zur Selbstkontrolle der Gesundheit einsetzen, 70 Prozent sagten, sie würden dies tun, um einen gesundheitsfördernden Lebensstil einzuhalten.[24]

per doch ständig Signale sendet, die, richtig gedeutet, Krankheiten, Siechtum, ja sogar schlechte Laune verhindern können. Also schnallen sie sich, und natürlich auch ihren Kindern, elektronische Handfesseln um, mit der sie keine Körperregung mehr verpassen, nicht mal mehr im Schlaf.

Die »Wearables«, die Apple, Google & Co das nächste Milliardengeschäft bescheren, registrieren nicht nur, wie viel, wie schnell und wohin ihre Träger gehen. Sie sammeln und bewerten auch Daten über Gewicht, Fettanteil, Nahrungsbestandteile und konsumierte Kalorien, kontrollieren Puls, Blutdruck, Blutzucker und Herzfrequenz, speichern Angaben zu Blutgruppe, Allergien, chronischen Krankheiten, Medikamentenkonsum und verraten, wenn sie die Nacht mit ihrem Besitzer verbringen durften, am Morgen danach sogar, wie dieser geschlafen hat. Nur für den Fall, dass ihm das selbst nicht klar sein sollte.

Aber auch wenn es so klingen mag: Die Totalüberwachung des eigenen Ichs können Smartphones und Smartwatches leider immer noch nicht im Alleingang lösen. Die US-Firma Proteus Digital Health hat deshalb eine Pille entwickelt, die mit Sensoren gespickt ist und via App in Echtzeit Messwerte aus dem Körperinneren ans Smartphone beamt. Erinnert sich noch jemand an den Science-Fiction-Film »Die phantastische Reise« aus dem Jahr 1966, in dem ein Miniatur-U-Boot in die Blutbahn eines tschechischen Wissenschaftlers gespritzt wird? Ungefähr so – nur ohne die geschrumpfte Besatzung. In einer Erhebung des Branchenverbandes Bitkom war einer von fünf Befragten bereit, sich einen Chip einpflanzen zu lassen, der seine Gesundheit überwacht.[25]

Rund 400 000 Gesundheits- und Fitness-Apps sind bereits im Angebot, jeden Monat kommen 1000 dazu. Wurden damit 2013 noch vergleichsweise bescheidene zweieinhalb Milliarden Euro umgesetzt, soll sich der Markt bis 2017 nahezu verzehnfacht haben[26]. Bis dahin werden sich ganz sicher auch smarte Gadgets durchgesetzt haben, die nicht nur kontrollieren, wie wir atmen, strampeln, essen und rülpsen – sondern auch, wie wir fühlen.

Pfiffige Start-up-Unternehmen jedenfalls arbeiten schon lange an *emotion analytics*. Die US-Firma Affectiva zum Beispiel hat ein Programm entwickelt, das sogenannte Mikroexpressionen deuten kann, also das unweigerliche, nur Sekundenbruchteile andauernde Entgleisen unserer Gesichtszüge, wenn uns ein Gefühl überkommt.[27] Derart ausgerüstet kann künftig jede(r) mühelos nachprüfen, ob ein gehauchtes »Ich liebe dich« von Herzen kommt und ob der Chef eine Idee tatsächlich »interessant« findet oder schlicht irrsinnig. Wieder einmal würde damit die Wirklichkeit die Fiktion überholen, wie man sie etwa aus US-Serien wie »Lie To Me« kennt. Wobei wiederum der fast übersinnlich wirkende Serienheld Cal Lightman dem ganz realen US-Psychologen Paul Ekman nachempfunden wurde, dem umstrittenen Guru der nonverbalen Kommunikation. Der behauptet von sich ganz bescheiden, jeden Gesichtsausdruck auf der Welt bereits gesehen zu haben, und schult unter anderem CIA- und FBI-Agenten in der Überführung von Lügnern.

Kann die Technik erst mal Gefühle deuten, wird die Welt schlagartig besser werden, glaubt man beim israelischen Unternehmen Beyond Verbal, dessen Slogan denn auch lautet: »It's time to get emotional«. Auf der Website der Firma[28] gibt es ein lustiges animiertes Werbevideo. Es zeigt einen Auto fahrenden Vater, der bei 100 Stundenkilometern kurz mal seine Kinder zurechtweisen muss. Und weil das Auto erkennt, dass er leicht gestresst ist, drosselt es automatisch die Geschwindigkeit. Was aber, wenn ich künftig meinem Vordermann androhe, ihn zu erwürgen: Nimmt mich mein Auto dann vorübergehend fest? Ruft es die Polizei?

Yuval Mor, der Vorstandsvorsitzende von Beyond Verbal, glaubt fest daran, dass seine Technologie das Wohlbefinden und die psychische Leistungsfähigkeit des Menschen verbessern werde. Das verriet er in einem Gespräch mit der FAZ, das er zu Anschauungszwecken mit seiner Smartphone-App »Moodies« aufzeichnete: »Am Anfang des Interviews zeigt mir die App ›Selbstkontrolle‹ an. Meine Stimmung veränderte sich dann hin zu Freundlichkeit, mit Weitsicht und Willensstärke als sekundären Emotionen. Am Ende zeigte mir die App, dass ich zufrieden bin und überzeugt von dem, was ich sage.« Bald schon, da ist sich Mor sicher, wird uns die Technik an die Hand nehmen und sagen: »Du siehst müde aus. Vielleicht willst du beim nächsten Café haltmachen.« Und wenn wir ins Kino wollen, »wird die Technologie dir einen Film empfehlen, der deiner Stimmung entspricht«.[29]

VERMESSEN

Die App-Inflation im Gesundheits- und Fitnesssektor generiert schon heute Milliarden intimster Daten. Daten, für die ein alter Geheimdienst lange lauschen müsste. Das Tollste aber ist: Niemand muss uns zwingen oder hintergehen, um an sie zu gelangen. Wir liefern sie und uns freiwillig aus. Und bezahlen unsere Sicherheit daher mit einem nicht kalkulierbaren Unsicherheitsfaktor. »Das panoptische Modell der Herrschaft, dessen wichtigste Strategie die Überwachung, die regelmäßige Überprüfung und Korrektur des Verhaltens der Beherrschten waren, wird in aller Eile demontiert und durch die Selbstüberwachung und Selbstüberprüfung der Beherrschten ersetzt (…)«, schreibt Zygmunt Bauman. Das sei genauso effektiv wie die herkömmliche Methode, »allerdings beträchtlich preiswerter«.[30] Dabei sind die tatsächlichen Kosten der totalen digitalen Selbstentblößung noch gar nicht ausgemacht. Schon heute wird – allen Beteuerungen der Unternehmen zum Trotz – ein schwunghafter Handel mit den Daten betrieben. Erste Krankenkassen experimentieren bereits mit Bonussystemen für jene Versicherten, die freiwillig ihr vermessenes Selbst zur Verfügung stellen. Wenn das erst Schule macht, und alles spricht dafür, dass es das tun wird, was ist dann mit denjenigen, die sich verweigern? Sind sie automatisch verdächtig, ihre Gesundheit zu ruinieren? Werden sie zur Strafe höhere Beiträge entrichten müssen?

Und wieso eigentlich soll derjenige, der brav seine 10 000 Schritte pro Tag nachweisen kann, belohnt werden? Derjenige, der sich regelmäßig um einen kranken Menschen kümmert, aber womöglich bestraft? »Vielleicht trägt man damit viel mehr zur Gesundheit bei, indem man das psychische Wohlbefinden gleich mehrerer Menschen fördert«, sagt die Vorsitzende des deutschen Ethikrates, Christiane Woopen.[31]

Selbst überzeugte Transparenzfetischisten fürchten, dass ein über Jahrzehnte gewachsenes Solidarsystem damit verlorengehen könnte: Gesundheits-Apps, glaubt der Ex-Pirat Christopher Lauer, würden die Gesellschaft so fundamental verändern, »dass wir uns wünschen werden, sie seien nie erfunden worden«.[32]

Die *Quantified-Self*-Bewegung aber kann das nicht schrecken. Denn die ganze Datenhuberei dient in ihren Augen ja einzig und allein einem guten Zweck. Sie ermöglicht nicht nur dem Einzelnen die Antwort auf die Frage: »Wer bin ich eigentlich?«[33] Vor allem soll sie der Medizin in der Summe die Datenbasis liefern, um Menschheitsgeiseln wie Krebs, Alzheimer, Aids – ja wer weiß, vielleicht sogar den Tod als solchen – endlich wirkungsvoll bekämpfen zu können. Ewiges Leben mit Hilfe von *Crowdsourcing*. An die Stelle von Gott träte dann endgültig Google[34]. Dessen Schöpfer Larry Page hat nebenbei auch das Biotechnologieunternehmen California Life Company (Calico) gegründet und ihm ein unmissverständliches Motto verpasst: »We're tackling aging« (Wir lösen das Altersproblem). Das *Time*-Magazin beschrieb Calico so: »The company to cure death« (Das Unternehmen, das den Tod besiegt). Vermessen? Wer weiß.

Keine Angst mehr haben zu müssen vor Krankheiten, Schmerzen, Siechtum. Einfach leben bis zum St. Nimmerleinstag. Das klingt derart verheißungsvoll, dass man sich kaum noch zu trauen fragt, was für ein Leben das eigentlich wäre. Will man das: Mensch sein in einer Gemeinschaft, in der menschliches Versagen keine Option mehr ist? In der es keinen Zufall und keine Überraschung mehr gibt? In der alles Fehleranfällige durch Perfektionsprozesse ausgerottet wird? Und würde die Angst dann wirklich verschwinden?

Gesundheit sei inzwischen fast eine fundamentalistische Religion, sagt Manfred Lürz, Chefarzt des Kölner Alexianer-Krankenhauses. Aus Sorge, ungesund zu leben, vergäßen immer mehr Menschen, überhaupt zu leben.[35]

»Es kann auch schön sein, Schwäche zuzulassen«, schreibt der *Spiegel*-Journalist Stefan Berg, der selbst an Parkinson erkrankt ist.[36] »Lasst uns vor lauter Begeisterung darüber, immer mehr Kompliziertes zu verstehen, die einfachen Dinge nicht aus dem Blick verlieren. Über unsere Neugier auf das Mögliche dürfen wir das Nötige nicht vergessen, vor lauter Freude über die hochsensible Technik nicht die Wirklichkeit des hochsensiblen Menschen. (…) Wer ständig alles kontrolliert, der wird früher oder später von Angst zerfressen. Von der Optimierung führt ein direkter Weg zur Neurose.«

3. Mein Kind! – wie wir unseren Nachwuchs mit Sicherheit erdrücken

Lenore Skenazy wusste vermutlich nicht, was sie tat, als sie vor einigen Jahren in der *New York Sun* über ein ganz besonderes Abenteuer ihres Sohnes berichtete. Der Bub war U-Bahn gefahren. In New York. Ganz allein. Er habe sich das gewünscht, schrieb Skenazy, also drückte sie dem Lockenkopf eine Fahrkarte in die Hand, außerdem Kleingeld zum Telefonieren, 20 Dollar für ein Notfall-Taxi und ließ ihn ziehen. Der Kleine war zu dem Zeitpunkt neun Jahre alt. Alles ging gut.

Das heißt: fast alles. Nachdem Skenazy ihre Kolumne veröffentlicht hatte, war nichts mehr wie zuvor. Eltern im ganzen Land schrien gepeinigt auf und machten ihrem Zorn auf die Rabenmutter in geharnischten Leserbriefen Luft. Selbsternannte Fachleute sprachen von Kindesmissbrauch. Medien wählten Skenazy kurzerhand zur »schlechtesten Mutter« Amerikas, es folgten Einladungen in Talkshows und Radiosendungen, stets getrieben von der verzweifelten Frage: Was zum Teufel veranlasst eine Frau dazu, die Frucht ihres Leibes einer nicht kalkulierbaren Gefahr auszusetzen? Ganz so, als hätte die New Yorkerin ihren Säugling in der Savanne abgelegt.

Lenore Skenazy aber dachte gar nicht daran, vor der öffentlichen Meinung zu kuschen, sondern warf ihrerseits Amerikas Eltern vor, »hysterisch« geworden zu sein. Nachdem der Sturm sich gelegt hatte, gründete die Yale-Absolventin trotzig einen Blog und eine Bewegung namens »Free-Range Kids«. Ihr Ziel: »den Glauben zu bekämpfen, dass unsere Kinder permanent bedroht sind durch Widerlinge, Entführer, Keime, Exhibitionisten, Frustration, Versager, Babyräuber, Insekten, Schikanierer, Männer, Übernachtungsgäste oder die Gefahren durch nicht-biologische Trauben«.[37] Außerdem schlug sie vor, jeden 22. Mai zum »Bringt-eure-Kinder-in-den-Park-und-lasst-sie-dort-Tag« zu machen. Mit bewundernswerter Beharrlichkeit hält Skenazy seither Vorträge, schreibt Artikel, gibt Interviews. Sie sagt: »Es scheint heute eine Pflicht für Eltern zu geben, immer vom Schlimmsten auszugehen.« Sie sagt: »Es war niemals so sicher wie heute, ein Kind zu sein.« Sie sagt: »Die Angst steht in keinem Verhältnis zur Realität.«[38]

Aber hört jemand zu?

Es hat nicht den Anschein. So ehrenwert der einsame Kampf der Lenore Skenazy auch sein mag, ihr Blog ist längst umzingelt von Foren und Chaträumen, in denen Hunderttausende Eltern vielstimmig das Minenfeld der Kindheit abschreiten. Man glaubt ja gar nicht, wo überall Gefahren lauern. Einen relativ guten Überblick bekommt, wer sich zum Beispiel eine Weile auf dem elternforum-kindersicherheit.de tummelt. Dort brachte es das Diskussionsthema »Sauna für Kinder?« Ende 2015 auf 10 175 Beiträge; zu »Gebrauchte Schuhe ok?« hatten sogar 40 150 Teilnehmer etwas zu sagen; immerhin noch 33 384 Mal wurde die Frage »Gläschen oder selber kochen?« erörtert.

Das Forum, das vom Verein »Bundesarbeitsgemeinschaft Mehr Sicherheit für Kinder e. V.« betrieben wird, stellt regelmäßig eine »Gefahr des Monats« zur Debatte, meist passend zur jeweiligen Jahreszeit. Und die Überschriften lassen nicht erwarten, dass den Machern die Gefahren so schnell ausgehen werden: »Winterzeit – Verbrennungen«, »Dämmerung – Dunkelheit«, »Ferienzeit«, »Reisen mit Kindern«, »Karneval –

Kostüme und Umzüge«, »Garten – Hängematte«, »Strand und Wasser«. Außerdem im Angebot: »verbrühen, verbrennen«, »ersticken, verschlucken«, »vergiften«.

So gesehen ist es wirklich ein Wunder, dass so viele Menschen tatsächlich erwachsen werden.

BIG PARENT IS WATCHING YOU

Landauf, landab reiben sich Pädagogen und Erziehungswissenschaftler inzwischen die Augen: Was ist eigentlich los mit unseren Eltern? Als das Bundesinstitut für Bevölkerungsforschung die Deutschen zu ihren Vorstellungen über Partnerschaft und Elternschaft befragte, stieß sie auf zutiefst verunsicherte Menschen. Vier von fünf Befragten trieb die Sorge um, dass man bei der Kindererziehung entsetzlich viel falsch machen kann. Ein Viertel der Erwachsenen war allen Ernstes der Meinung, dass Eltern ihre Bedürfnisse komplett denen ihrer Kinder unterordnen sollten. Und eine Mehrheit scheint sogar bereit, die über Jahrzehnte erkämpfte Gleichstellung der Frau im Angesicht kindlicher Gefahren mal eben über Bord zu werfen: Drei Viertel der Deutschen finden plötzlich wieder, dass Mütter nachmittags zu Hause sein sollten, um ihre Kinder zu (be)hüten. Eine merkwürdige Entwicklung, findet Institutsdirektor Norbert F. Schneider: »In Deutschland dominiert eine Kultur des Bedenkens, Zweifelns, Sorgens im Hinblick auf Elternschaft.«[39]

Konsequenterweise lassen viele Mütter und Väter ihren Nachwuchs überhaupt nicht mehr aus dem Auge. Vor allem vor den Grundschulen der Großstädte gehört morgendliches Verkehrschaos inzwischen zum liebgewonnenen Procedere. Dort stehen dann die Autos in Zweier- und Dreierreihen und spucken Kinder aus. In einem Akt der Notwehr kam die Polizei in Frankfurt am Main im Sommer 2015 auf die Idee, Pappkärtchen an Schulkinder zu verteilen: Immer dann, wenn sie *nicht* privat in die Penne chauffiert werden, sondern stattdessen laufen, können sie sich einen Stempel abholen – ist die Karte voll, winken Preise wie Freikarten für den Zoo, Plüschtiere oder auch ein Plastikmodell eines Polizeimotorrads.

Viele Eltern lassen sich davon jedoch nicht übertölpeln. Ein erklecklicher Teil von ihnen stalkt die Kinder sogar bis in den Klassenraum. Immer mehr Schulen haben die Faxen inzwischen dick und richten deshalb »Kiss & Go«-Zonen auf dem Pausenhof ein. Die Botschaft dahinter: bis hierhin und nicht weiter.

Aber wieso eigentlich nicht? In den USA und Großbritannien sind Kindergärten bereits seit den 1990er-Jahren mit zahllosen Videokameras hochgerüstet worden, damit Eltern ihre Kleinen jederzeit von zu Hause oder dem Büro aus im Blick haben können. »Watch Me Grow Anywhere« ist der passende Slogan von Unternehmen wie ParentWatch. Mit der Rundumüberwachung sei sichergestellt, »dass Eltern niemals das nächste Lächeln verpassen«.

Und was für die Schule gilt, gilt fürs Zuhause erst recht. Auch in den eigenen vier Wänden sind Kinder anscheinend permanent bedroht. Schön anschaulich brachte das etwa die norwegische Herz- und Lungenvereinigung auf den Punkt, als sie für eine Kampagne gegen Hausstaub Teddybären mit Hitlerbart oder Gaddafi-Hut ablichten ließ. Das Stofftier im Kinderzimmer, so die vollständig ernst gemeinte Botschaft, kann ungewaschen unsere Jüngsten terrorisieren.[40]

Einer wachsenden Zahl von Kletten-Eltern bricht folgerichtig schon der Schweiß aus, wenn die Tochter oder der Sohn allein im Garten spielt. Das Meinungsforschungsinstitut YouGov fand heraus, dass bereits zwölf Prozent der Eltern ihre

Kinder prinzipiell nicht mehr »unbeaufsichtigt nach draußen« lassen.[41]

Konnten sich Heranwachsende in den 1960er Jahren noch in einem Radius von mehreren Kilometern ums Elternhaus frei bewegen, ist die Auslaufzone heute auf unter 500 Meter geschrumpft.

Dabei müssten sich Kinder »auch mal weh tun«, sagt die Schweizer Kinderärztin Bettina Zuppinger. Wie sonst soll aufstehen lernen, wer nie gefallen ist? Zuppinger muss jedes Mal an sich halten, wenn sie einem behelmten Kleinkind auf dem Laufrad begegnet. Immer, wenn sie das sehe, verspüre sie den Drang, dem begleitenden Elternteil zuzurufen: »Zieh' dir doch auch noch einen Helm an. Man weiß ja nie.« Gute Eltern, findet die Eidgenossin, »interessieren sich auch noch für etwas anderes als ihre Kinder«.[42]

Inzwischen klagen die Mädchen und Jungen sogar immer häufiger selbst über die Big-Parent-Mentalität ihrer Erzeuger. Kein Wunder: Etliche Untersuchungen zum körperlichen Zustand von Kindern belegen einen drastischen Schwund motorischer Fähigkeiten. Die künftigen Erwachsenen laufen heute weniger, fahren weniger Rad, treiben weniger Sport. Der Zahnarzt Urs Kühne meldet aus seiner Praxis eine verblüffende Zunahme von Frontzahnfrakturen aufgrund nicht abgefangener Stürze: »Ich bezeichne es als ein Schwinden der Sinne. Viele Kinder und Jugendliche haben sensomotorische Defizite. Es fehlt einfach der Umgang mit Balance, Kraft und Koordination.«[43] Einzige Ausnahme: Fernsehen und Computerspiele. Da kann angeblich nicht so viel passieren. Mal davon abgesehen, dass die Kleinen immer dicker werden. Jedes fünfte Kind in Deutschland gilt heute als übergewichtig, sieben bis acht Prozent sogar als fettleibig. Ob es da einen Zusammenhang gibt? Egal, Hauptsache, der oder die Kleine ist äußerlich unversehrt.

Damit das so bleibt, verlassen sich Hunderttausende mit wachsender Begeisterung auf die Segnungen moderner Technik. Eine quietschbunte Palette von Smartphone-Apps wiegt Deutschlands Eltern inzwischen in behaglicher Sicherheit. Programme wie Synagram (»Dein Kind ist sicher«) oder iNanny (»Behüten Sie, was Ihnen lieb und teuer ist«) versprechen, einmal runtergeladen, den flüggen Nachwuchs jederzeit und überall mittels GPS zu orten. »Live-Verfolgung« nennt sich das sinnigerweise bei iNanny. Noch pfiffiger, nämlich mit Hilfe von *Geofencing*, haben die Macher der »Tabaluga SOS Familien App« ihr handliches Panoptikum gestaltet: Eltern können damit beliebig einen digitalen Zaun um ihre Kinder ziehen – verlassen diese das Freigehege, sendet das Smartphone sofort eine Warnmeldung. Das Kind selbst hat zudem die Wahl, bei Bauchgrimmen einen Herzknopf, bei akuter Gefahr einen Drachenknopf zu drücken. In ersterem Fall werden die Eltern alarmiert, in letzterem eine Notrufzentrale.

Aber so ein Handy kann man ja verlieren. Was dann? Dann sollten Eltern ihren Nachwuchs vielleicht doch lieber mit einem Peilsender markieren, der als lustige Uhr getarnt ist, die man nur mit Spezialwerkzeug entfernen kann und den schönen Namen »Freedom4Kids« trägt. Oder sich »Lovey« besorgen, einen »tragbaren Schutzengel«, der in Knopf- oder Herzform zu haben ist – und automatisch erkennt, ob sein Träger von bekannten Menschen umgeben und damit sicher ist. Oder ob in unmittelbarer Nähe Fremde lauern.[44]

Aber Moment mal! Wer sagt eigentlich, dass Bekannte immer harmlos und Fremde immer gefährlich sind? Eigentlich niemand. Außer das Bauchgefühl der allermeisten Eltern. Tatsächlich weisen Kriminologen und Opferorganisationen seit vielen Jahren immer wieder darauf hin, dass misshandelte, missbrauchte und entführte Kinder in den allermeisten Fällen die Täter kannten – es sind allzu oft Vater, Stiefvater, Onkel oder Cousin. Und eben meistens nicht die vielbeschworenen unbekannten Herumlungerer. Kampagnen für Kindersicherheit, in denen Mädchen und Jungen lernen, niemals mit Fremden zu reden, sind denn auch allenfalls gut gemeint.

DAS ZERRBILD VOM BEDROHLICHEN FREMDEN

An der tiefverwurzelten Angst vieler Eltern ändert das jedoch nichts. Wenn es um den eigenen Nachwuchs geht, ist kein Bedrohungsgefühl größer als *stranger danger*.

Seit den 2010 aufgedeckten Missbrauchsskandalen in kirchlichen Institutionen und Privatschulen wie der Odenwaldschule ist die Angst vor dem Fremden, dem unbekannten Kindesentführer, dem lauernden Pädo-Kriminellen fester denn je in den Köpfen verankert. Sie wurde in den vergangenen Jahren noch verstärkt durch Parteien wie die NPD und andere Rechtsextremisten, die erkannt haben, dass kaum ein anderes Thema so konsensfähig ist wie Kindesmissbrauch. Und sie erreichte ihren vorläufigen Höhepunkt mit der Einwanderung Hunderttausender Hilfesuchender im Jahr 2015 nach Deutschland. Um die Stimmung im Land zu deren Ungunsten zu beeinflussen, zeichneten Ausländerfeinde und Rassisten genussvoll ein ums andere Mal das Bild vom kinderschändenden schwarzen Mann. Mehr als genug Eltern fielen darauf rein. Traurige Ironie der Geschichte: Als im Herbst tatsächlich ein Vierjähriger entführt, missbraucht und erwürgt wurde, war das Opfer ein Junge aus Bosnien – der Täter ein Einheimischer aus Brandenburg, der offenbar nicht zum ersten Mal ein Kind getötet hatte.

Die tragischen Tode des kleinen Mohamed und des kleinen Elias schienen wieder einmal zu bestätigen, wovon viele Eltern zutiefst überzeugt sind: dass da draußen immer mehr fremde

Gestalten herumlaufen, die Gefahr für junge Menschen also stetig größer wird. Nur: Es stimmt eben nicht. Die Zahl der als vermisst gemeldeten Kinder unter 14 Jahren sank nach der Jahrtausendwende über etliche Jahre kontinuierlich, und bis auf wenige Ausnahmen tauchten fast alle von ihnen nach kürzester Zeit wieder unbeschadet auf.

Nehmen wir beispielsweise das Jahr 2010: Von 5733 seinerzeit als vermisst gemeldeten Kindern wurden nach Angaben des Bundeskriminalamtes (BKA) 5676 schnell wieder gefunden. Von den übrigen 57 Heranwachsenden waren 31 Opfer sogenannter Kindesentziehung, das heißt, ein Elternteil hatte sie unrechtmäßig entführt. Bleiben 26 Fälle. Das BKA geht davon aus, dass es sich bei einem Großteil davon um Kinder von Geflüchteten handelt, die womöglich ohne ordnungsgemäße Registrierung längst das Land verlassen haben.

Aber unterstellen wir für einen Moment, diese 26 Kinder seien in die Hände Krimineller gefallen, und setzen sie in Bezug zu den 11 441 366 Kindern, die 2010 in Deutschland lebten: dann hätte in diesem Jahr jedes Kind mit einer 0,0002-prozentigen Wahrscheinlichkeit Opfer eines Verbrechens werden können. Das ist ein Bruchteil der Gefahr, die durch das tägliche Hin- und Herfahren der Kleinen in die Schule entsteht.

In den Jahren, die folgten, änderte sich an dem geringfügigen Risiko nichts. 2012 wurden in Deutschland 6319 Kinder als vermisst gemeldet, 6300 von ihnen tauchten binnen kürzester Zeit wieder auf. 2013 verschwanden vorübergehend 6200 Mädchen und Jungen, 6153 waren rasch wieder da. Ein Verbrechen war in den allerseltensten Fällen Grund für das Verschwinden. Dass die Zahlen danach anstiegen, lag vor allem am wachsenden Zuzug von Geflüchteten in den Jahren 2014 und 2015. Wobei diese überdurchschnittlich häufig Opfer und nicht Täter waren: Anfang 2016 zählte das BKA 431 vermisste Migrantenkinder unter 13 Jahren. Ein Thema, das von der Öffentlichkeit weitgehend ignoriert wurde – während jeder Fall eines vermeintlich verschwundenen deutschen Kindes mitunter hysterisch in Medien und sozialen Netzwerken ausgeschlachtet wird. Durch die intensive Berichterstattung in Einzelfällen werde »ein hohes Gefährdungspotenzial für alle Kinder suggeriert«, das schlicht nicht existiere, klagt das Bundeskriminalamt.[45]

Um keine Missverständnisse aufkommen zu lassen: Jede Entführung, jede Misshandlung, jede Vergewaltigung, jeder Mord an einem Kind ist unvorstellbar grausam. Die Angst, dass es dazu kommen könnte, allzu verständlich. Aber bisweilen hilft ein Blick auf die Fakten, um die Verhältnisse geradezurücken. Zumal die Rundumüberwachung, die immer mehr von uns ihren Kindern angedeihen lassen, mit einem Preisschild daherkommt. Die Kehrseite ist eben nicht nur körperliche Verkümmerung. Vor allem züchten wir mit unserem »totalitären Sicherheitsregime«[46] zutiefst verunsicherte Wesen heran. Wollen wir das?

Wir alle haben unsere Kindheit mit Schrammen und Verletzungen überlebt, auf dem Bolzplatz oder im Hinterhof unbeobachtet von Erwachsenen nach unseren eigenen Regeln gespielt, haben Fremde nach dem Weg gefragt, waren stolz wie Bolle, nachdem wir zum ersten Mal alleine Milch und Butter gekauft und das korrekte Wechselgeld nach Hause gebracht hatten. Ganz intuitiv haben wir dabei die Regeln des Zusammenlebens begriffen, soziale Fähigkeiten ausgeprägt, gelernt, kleine von großen Gefahren zu unterscheiden. Wer seine Kinder – und sei es mit den besten Absichten – einhegt und einengt, wer sie pausenlos überprüft, überwacht und vor Gefahren warnt, hindert sie am Wachsen und am Erwachsenwerden.

Für die Kindesentwicklung sei das eine Katastrophe, sagt Ekkehard Mutschler vom Deutschen Kinderschutzbund:

»Die Kinder werden völlig verunsichert. Sie vermuten überall Gefahren und haben das Gefühl, dass immer etwas passieren kann.«[47] In einem offenen Brief an die britische Zeitung *Daily Telegraph* mahnten 270 Kinderpsychologen und -therapeuten eindringlich, ein »unstrukturiertes, kaum überwachtes Spielen im Freien« sei unabdingbar für die kindliche Entwicklung. Dass es immer stärker eingeschränkt werde, könne ein Grund für die »Explosion mentaler Gesundheitsprobleme von Kindern« sein.[48]

Was die pausenlose Beglückung und Überbehütung in Kinderköpfen anrichten kann, lässt sich derzeit in Lenore Skenazys Heimatland beobachten. An den dortigen Hochschulen häufen sich seit geraumer Zeit auf den ersten Blick satirisch anmutende Debatten über vermeintlich verstörende Lehrinhalte. Immer öfter weigern sich junge Studenten, sogar Klassiker wie Ovids »Metamorphosen« oder F. Scott Fitzgeralds »The Great Gatsby« zu lesen, weil ihnen etwa die expliziten Gewaltdarstellungen oder Passagen über soziale Ausgrenzung aufs Gemüt schlagen. Womöglich wäre ihnen mit einem Warnhinweis auf Cäsars »De bello gallico« geholfen: Vorsicht! Enthält Schlachtszenen!

Der Sozialpsychologe Jonathan Haidt spricht von einer »Verhätschelung des amerikanischen Verstandes«, sie sei unmittelbare Folge einer Erziehung, die alles Belastende und Unangenehme aus dem Alltag Minderjähriger eliminiere: »Wenn man aber Kinder 18 Jahre lang vor jeder Belastung beschützt, wenn man sie von allem fernhält, was sie unglücklich macht oder dazu führt, dass sie sich unwohl fühlen oder sich fürchten – dann werden sie es nicht schaffen zu fliegen, wenn man sie aus dem Nest lässt.«[49]

Das allerdings müsste sämtliche Alarmglocken bei jenen Eltern zum Läuten bringen, die doch gerade in einer exzellenten Hochschulausbildung ihres Nachwuchses die beste

Garantie für ein unbeschwertes und erfolgreiches Leben sehen. Und die dafür bereit sind, fast alle Hebel in Bewegung
zu setzen.

DIE ABSCHAFFUNG DES MITTELMASSES

Am 4. Dezember 2001 kam der PISA-Schock über Deutschland. In einer großangelegten Studie hatten Wissenschaftler
die schulischen Leistungen in allen OECD-Staaten miteinander verglichen – mit für Deutschland nicht eben schmeichel-
haften Ergebnissen. Ob Lesevermögen, mathematisches Ge-
schick oder naturwissenschaftliche Kenntnisse: In allen drei
Fällen schnitten deutsche Schüler nicht nur unterdurchschnitt-
lich ab, demütigenderweise lagen sie sogar hinter Ländern wie
Belgien, Österreich oder gar den Vereinigten Staaten, über
dessen Bildungssystem man sich so lange erhaben wähnte.
Schlimmer war eigentlich nur noch die Nachricht, dass jeder
vierte 15-Jährige im Land nicht richtig lesen und schreiben
konnte.[50]

Die PISA-Studie – das Akronym steht für »Programme for
International Student Assessment« – stürzte die Republik in
tiefe Verunsicherung. Politiker sprachen von einer »Bildungs-
katastrophe«, Soziologen von »Bildungspanik«. Ihre Folgen
sind bis heute zu besichtigen. Sie zeigen sich vor allem in der
Angst vieler Eltern, ihre Kinder könnten in einem zunehmend
auf Wettbewerb gedrillten System den Ansprüchen nicht genügen. Und die wild entschlossen sind, etwaige Funktionsstö-
rungen ihres Nachwuchses idealerweise pränatal zu beheben.

Die Erziehungspsychologin Jane Healy sagt: »Es gibt heute
Eltern, die ihren Kindern am liebsten schon in der Gebärmut-
ter Lernkarten hinhalten (…) würden.«[51] Nach der Geburt
warten dann bereits Apps wie »Baby ABC«, »Baby Einstein«,

»Brainy Baby«, um aus sabbernden Säuglingen beizeiten Genies zu machen. Womöglich ein fataler Trugschluss. Spracherwerb ist nämlich ganz wesentlich an soziale Interaktion und den Augenkontakt mit den Eltern gekoppelt. In Tests jedenfalls hat sich gezeigt, dass das Sprachvermögen von Kleinkindern, denen vorgelesen wurde, sich stetig verbesserte – während es bei Altersgenossen mit jeder Stunde, die sie auf Bildschirme starrten, konsequent bergab ging.[52] Das hindert freilich viele Eltern nicht daran, ihre Kleinen von der Wiege weg zu drillen. Dass die ihre Zeit einfach so mit sinnlosem Spielen verplempern, wird offenbar zunehmend zur Horrorvorstellung. »Train your brain« war 2016 einer der großen Trends der Spielwarenmesse in Nürnberg, wo es neben vielem anderen »Lernmaterial« ein Puzzle für Kleinkinder zu bestaunen gab, das gleichzeitig die Sprachentwicklung, die Auge-Hand-Koordination und das Vorstellungsvermögen stimuliert. »Wir sind zu weit gegangen«, sagt die Psychologin Healy. »Wir haben den Eltern das Gefühl gegeben, dass im Gehirn der Kinder ein großes Durcheinander herrscht, wenn etwas in den ersten drei Jahren schiefläuft.«[53]

Entsprechend willig sind zahllose Eltern, kleinste Macken ihrer Kleinen, scheinbare Abweichungen von der Norm als Krankheit zu betrachten. Kinderärzte in ganz Deutschland klagen lautstark darüber, dass die Angst immer häufiger im Wartezimmer Platz nimmt. Der Düsseldorfer Mediziner und Buchautor Michael Hauch (»Kindheit ist keine Krankheit«) ächzt: »Viele suchen ihr Kind nach Fehlern ab, die sie dann reparieren lassen wollen wie einen defekten Scheibenwischer am Auto.« Immer weniger Eltern fragten noch, was ihren Kindern jetzt guttue, vielmehr gehe es stets darum: »Hat es später Abitur, kann es studieren?«[54]

Abitur. Das ist das Zauberwort der Ängstlichen, die ahnen, dass der Sinnspruch der Wirtschaftswunderjahre – »Meinem

Kind soll es mal bessergehen« – längst an Strahl- und Über-zeugungskraft verloren hat. Und die hoffen, dass ihre Spröss-linge mit dem Abi wenigstens den Fahrschein zur nächstbesten Zukunft lösen. Vor allem den gutinformierten Mittelschichts-eltern sitze die Angst im Nacken, dass ihr Nachwuchs den An-schluss verpassen könne, sagt der Soziologe Heinz Bude. Sie machten sich deshalb zunehmend »selbst verrückt«.[55]

Aber nicht nur sich, sondern auch ihre Kinder, deren Frei-zeit sie wie einen Feldzug planen und die sie in der Schule zu immer neuen Höchstleistungen anstacheln – selbst dann, wenn sie womöglich gar nicht das Zeug dazu haben. Mittelmaß ist in der Mittelschicht längst keine Option mehr. Weshalb immer mehr Eltern schon bei der Einschulung fast panisch darauf achten, dass der Weg ihrer Kleinen zur Hochschulreife nicht verbaut ist durch minderbegabte, begriffsstutzige oder gar ausländische Mitbewerber. Die ziehen, so die Befürchtung, das ganze Niveau in der Klasse nach unten – und das gilt es zu verhindern. Zahllose Eltern, die ihren Nachwuchs in nächster Nähe von Lernschwachen und Migranten umzingelt wähnen, unternehmen immer abstrusere Volten, um eine bessere Schule weit weg vom vermeintlichen sozialen Elend zu finden, und sei es, dass sie dafür irgendwo illegal einen Zweitwohnsitz erfinden müssen. In Nordrhein-Westfalen, wo das sogenann-te Sprengelprinzip 2008 abgeschafft wurde, stieg die Schul-wechslerquote seither um ein Viertel. Eine Studie der Uni Bo-chum kam zum Ergebnis, dass sich die Trennung von Schülern nach Schichten in der Folge immer weiter verschärft hat. Für die Kinder der ohnehin Benachteiligten wird der Weg damit immer steiniger, während die Bildungselite bzw. diejenigen, die sich dafür halten, unter sich bleiben.

Der Keil, der jetzt schon zwischen Gutsituierten und Ärme-ren steckt, wird so immer tiefer in die Gesellschaft getrieben. Selbst das Bundesbildungsministerium stellte in einer Studie fest: »Noch immer haben Jugendliche aus der Oberschicht ungefähr dreimal so hohe Chancen, ein Gymnasium anstelle einer Realschule zu besuchen, wie Jugendliche aus Arbeiterfamilien.« Und das wohlgemerkt auch bei gleicher Begabung und gleicher Leistung.[56] Während nicht mal jedes vierte Arbeiterkind ein Studium beginnt, sind es 77 Prozent der Akademikerkinder. In deren Milieu gilt es inzwischen fast als Schande, die Schule ohne Abi zu verlassen.

Seit der PISA-Krise 2001 hat sich die Abiturientenquote in Deutschland daher beinahe verdoppelt. Mehr als jeder zweite Schüler erwirbt inzwischen die Hochschulreife, koste es, was es wolle. Nachhilfe ist mittlerweile ein hart umkämpftes Milliardengeschäft. Allein der Studienkreis, einer der größten Anbieter im Land, verfügt über 1000 Standorte und erwirtschaftet rund 80 Millionen Euro im Jahr.[57] Manche Eltern büffeln sogar selbst Latein und Mathe, um ihren Kindern bei den Hausaufgaben zu assistieren. Und wenn das auch nicht hilft, wird anders nachgeholfen.

In Hamburg zogen beispielsweise Eltern vors Gericht, weil ihnen das Zeugnis ihrer Tochter nicht passte. Das Mädchen hatte zwar nur Einsen und Zweien bekommen, was insofern nicht zu beanstanden war. Eine Bemerkung jedoch vergrätzte die Erwachsenen zutiefst: »Du könntest dich noch mehr anstrengen im Sport«. Der Vater fand das unerhört, der Richterin vertraute er an: »Mit einer solchen Bemerkung im Zeugnis würde ich dieses Kind nicht in meinem Betrieb einstellen.« Ohne diese Bemerkung jedoch einstweilen auch nicht – die Tochter ging zu diesem Zeitpunkt gerade mal in die vierte Klasse.[58]

Mit Paragraphen gegen Noten vorzugehen ist inzwischen zu einer Freizeitbeschäftigung etlicher Eltern geworden. Wenn ein Kind nicht versetzt wird, wird geklagt. Bei zu vielen Vieren wird geklagt. Ja es wird sogar geklagt, wenn die Prüfungsbedingungen angeblich suboptimal waren. In der Beschwerde eines Vaters liest sich das dann so: »Im hier vorliegenden Fall ist festzustellen, dass der Lehrer an Diabetes leidet. In der Prüfung selbst transpirierte er sehr stark und erweckte den Eindruck, schlecht konzentriert und sehr unruhig zu sein (…)«[59] So gesehen ist es kein Wunder, dass noch eine weitere Angst seit mehreren Jahren zunimmt: die der Lehrer vor Schülern und Eltern.

Manche Väter und Mütter, so berichten Pädagogen, schreckten nicht einmal mehr davor zurück, sich darüber zu beschweren, wenn in Inklusionsklassen behinderte Schüler mehr Zeit für einen Test eingeräumt bekommen als die anderen. Und da Heranwachsende mit Handicaps in Klausuren einen Nachteilsausgleich erhalten, stürmen Eltern bisweilen Arztpraxen, um ihren gesunden Kindern irgendeine Macke attestieren zu lassen: »Das Kind soll lieber eine Dyskalkulie haben als eine schlechte Note in Mathe«, wundert sich Kinderarzt Hauch.[60]

Können unsere Kinder unter solchen Voraussetzungen noch Kind sein? Geht das, wenn sie pausenlos fürsorglich belagert werden? Wenn Dauerüberwachung und Dauerdruck sich abwechseln? Man darf es bezweifeln.

Das Kölner Forschungsinstitut Rheingold hat eine Studie zum Alltagserleben von Kindern erstellt, sie ist überschrieben mit: »Fordernde Könige oder gefangen in der Überforderung?«[61] Nach mehr als 200 tiefenpsychologischen Interviews kamen die Wissenschaftler zu dem Ergebnis, dass Heranwachsende die Welt zunehmend als »labil und brüchig« wahrnehmen. Und dass sie ächzen unter der Erwartung, sie allein könnten die Zukunft des Unternehmens Familie sichern. »Das Lebensgefühl der Jugendlichen ist geprägt von einer schwelenden Absturzpanik«, sagt Institutsleiter Stephan Grünewald. Viele hätten von ihren Sorgen berichtet, »Hartzer« oder »Opfer« zu werden. Ganz offensichtlich gebe es in der Wahrnehmung der Mädchen und Jungen nur noch »Gewinner und Verlierer«.[62]

Und wer es nicht nach oben schafft, der stürzt eben ins Bodenlose. Angst, das zeigt die Studie eindrucksvoll, haben Eltern nicht nur. Sie machen sie auch.

Ihren Kindern. Und sich selbst.

TEIL II:
WURZELN DER ANGST

1. Zwischen unten und oben – wie der Glaube an das Wohlstandsversprechen bröckelt

Die Geschichte ist bekannt. Am Abend des 30. Oktober 1938 strahlte der amerikanische Hörfunksender CBS – scheinbar live – eine Sendung aus, die plötzlich von einer irritierenden Meldung unterbrochen wurde. In der Nähe von Grover's Mill in New Jersey, so berichtete der Nachrichtensprecher, sei ein gewaltiges flammendes Objekt auf eine Farm gestürzt. Kurz darauf war ein Reporter vor Ort und machte eine schockierende Entdeckung: »Großer Gott, etwas kriecht aus dem Schatten wie eine graue Schlange. Das sieht wie Tentakel aus. Der Körper ist groß wie ein Bär und glänzt wie nasses Leder. Aber das Gesicht ... es ... es ist unbeschreiblich.«

So begann, am Tag vor Halloween, der bis dahin furchtbarste Angriff auf Amerika, verübt, so suggerierte es CBS, von Außerirdischen, die mit Hitzestrahlen und Giftgas den Norden der Vereinigten Staaten überrannten. Raumschiffe landeten demnach überall im Land, irgendwann war auch New York City von Rauchschwaden eingehüllt. Der »Innenminister« rief die Amerikaner zur Flucht auf.

Es handelte sich, wie man weiß, um ein Hörspiel[1]. Ausgedacht hatten es sich der gerade mal 23-jährige Orson Welles und das Ensemble des Mercury-Theaters. Sein Titel: »The War of the Worlds«.* Zu Beginn, in der Mitte und am Ende der einstündigen Übertragung wies Welles die rund sechs Mil-

* Das Hörspiel war eine Adaption von H. G. Wells' gleichnamigem Roman von 1898, die Handlung wurde von Südengland nach Nordamerika verlegt.

lionen CBS-Hörer darauf hin, dass es sich um fiktive Ereignisse handele. Aber weil viele Menschen offenbar erst später einschalteten, weil Welles und seine Leute bis dato kaum gehörte Spezialeffekte einsetzten und weil reale Ereignisse wie ein Stromausfall in einer angeblich attackierten Gegend die Invasion zu bestätigen schienen, kam mancherorts Panik auf.

Von der vielbeschriebenen Massenhysterie in ganz Amerika kann nach jüngeren Erkenntnissen von Historikern zwar keine Rede sein[2]. Gleichwohl häuften sich am Abend des 30. Oktober besorgte Anrufe bei dem ausstrahlenden Radiosender, vorübergehend glühten die Notrufleitungen in einigen Regionen. Die New Yorker Polizei sah sich genötigt, noch während der Sendung der Sache auf den Grund zu gehen, und verschickte anschließend eine Entwarnung an ihre Dienststellen.

In den US-Zeitungen erschienen in den Tagen nach der erfundenen Invasion rund 12 000 Artikel, viele von ihnen mit kaum verhohlener Abneigung gegen das vergleichsweise neue Konkurrenzmedium Radio. »Radio Fake Scares Nation«, titelte der *Herald Examiner*, und in der *New York Tribune* mahnte die Kolumnistin Dorothy Thompson: »Keine politische Kraft darf jemals ein Monopol über Hörfunkanstalten erlangen. Die Macht der Massensuggestion ist heute die wirkungsvollste Kraft. (...) Wenn Menschen um den Verstand gebracht werden können durch Marsmännchen, dann können sie auch fanatisiert werden, indem man Ängste vor Indianern schürt oder behauptet, Amerika sei in der Hand von 60 Familien, dann können sie zu Rachefeldzügen gegen jede beliebige Minderheit aufgestachelt werden oder zur Willfährigkeit gegenüber einer Regierung, die irgendeine Bedrohung erfindet.«[3]

Ganz offensichtlich hatte Welles einen Nerv getroffen.

»Der Erfolg einer Angstgeschichte bemisst sich nicht nur daran, wie gut sie erzählt wird, sondern auch daran, (...) wie sehr sie an tieferliegende kulturelle Befürchtungen appelliert.«[4] Im Herbst 1938 war die Welt in Bewegung. Und die Richtung, die sie nahm, schien den Bürgern der USA und Europas nichts Gutes zu verheißen. Wenige Tage vor dem 30. Oktober war Hitlers Wehrmacht ins tschechoslowakische Sudetenland einmarschiert – Großbritannien und Frankreich hatten dem im sogenannten Münchner Abkommen zugestimmt. Anfang November brannten in Deutschland Synagogen, Tausende jüdische Geschäfte, Wohnungen und Friedhöfe wurden zerstört, 400 Menschen starben. In chinesischen Städten wie Guangzhou und Wuhan metzelten japanische Soldaten Zivilisten nieder. Der Nationalismus erstarkte überall neu, ein Rüstungswettlauf begann, Krieg lag in der Luft.

Zudem verunsicherte das Tempo gesellschaftlicher und technischer Entwicklungen zahllose Menschen. Nachrichten über verheerende Zugunglücke schienen vielen als Menetekel, als Bestätigung dafür, dass der Wandel zu schnell und zu gefährlich sei. Dazu kamen Naturkatastrophen wie der »Neuengland-Hurrikan«, der die Ostküste der USA verwüstete und nahezu 800 Todesopfer forderte. In den Augen vieler Menschen schien der Politik die Entwicklung aus den Händen zu gleiten, alte Gewissheiten lösten sich auf. Kurzum: In den 1930er Jahren des vergangenen Jahrhunderts war die Angst in Europa und den USA mit Händen zu greifen, Historiker wie Joanna Bourke sprechen von sozialer Hysterie.

Am Abend des 30. Oktober 1938 betrat Orson Welles daher ein bestelltes Feld. Es bedurfte nur noch einer geschickten Dramaturgie und einiger Spezialeffekte, um selbst eine Invasion vom Mars plausibel erscheinen zu lassen.

Und heute? Wäre der überraschende Erfolg einer derartigen Angstgeschichte nicht mehr denkbar. Schon gar nicht in aufgeklärten Ländern wie Deutschland. Da kann man sicher sein. Kann man da sicher sein?

Im Laufe des Jahres 2015 passierte hier etwas Merkwürdiges. »Hilfe! Hilfe!«, tönte es plötzlich aus zahllosen sozialen Netzwerken. »Die Invasoren kommen!« »Die Invasoren greifen an!« »Invasoren machen Jagd auf Frauen!«, »Jeden Tag kommen 10 000 Invasoren nach Deutschland«. Wo kamen die denn plötzlich her? Nicht vom Mars, sondern aus Syrien, Irak und Eritrea. Aber so wie diese offenbar mit allerfinstersten Absichten, das belegten alleine Hunderttausende Einträge im Internet.

Auch das eine Angstgeschichte, die offenbar auf fruchtbaren Boden fiel. Versuchen wir herauszufinden, wer ihn bestellt hat.

UNGEWISSHEIT – DIE EINZIGE GEWISSHEIT

Zu Beginn des neuen Jahrtausends geht es Deutschland gut. Die globale Wirtschaftskrise von 2008 hat dem Land nicht nur nicht geschadet, sie hat es, wie es scheint, sogar stärker gemacht. Die Arbeitslosenzahlen sinken von Rekordtief zu Rekordtief, der Wohlstand wächst, die »Konsumlaune« ist prächtig. 2016 vermeldete Finanzminister Wolfgang Schäuble einen sagenhaften Haushaltsüberschuss von rund zwölf Milliarden Euro – was dem gesamten Bruttoinlandsprodukt Albaniens entspricht. Politisch ist das Land so stabil, dass sich andere zusehends an ihm aufzurichten versuchen. Deutschland, heißt es allenthalben, müsse sich noch mehr einbringen in die Weltgemeinschaft, nicht nur wirtschaftlich, sondern auch militärisch, Verantwortung übernehmen, seine historisch gewachsene Zurückhaltung aufgeben. 2015 ist Bundeskanzlerin Angela Merkel vom *Time*-Magazin zur »Person des Jahres« gewählt worden – vor dem selbsternannten Kalifen des »Islamischen Staates«, Abu Bakr al-Baghdadi, und dem amerikanischen Möchtegern-Präsidenten Donald Trump. Merkel habe, so lobt man, den Kontinent zuletzt fast im Alleingang durch diverse Krisen manövriert.

Es gäbe also Gründe, zufrieden zu sein und zuversichtlich. Aber das sind die Deutschen nicht. Stattdessen hat eine Mehrheit von ihnen wachsende Angst. Und erstaunlicherweise sind es neben den Angst-Klassikern – Kriminelle, Terroristen, Fremde – nach wie vor materielle Sorgen, die die Menschen um den Schlaf bringen. Aufschwung hin, Aufschwung her: Die Angst vor Arbeitslosigkeit und Abstieg rumort in einem Großteil der Bundesbürger. Sie hat auch die Jungen fest im Griff: Fast zwei Drittel von ihnen fürchten Umfragen zufolge, keinen Job zu bekommen oder ihn zu verlieren, noch mehr sorgen sich vor einem Leben in Armut. Ein Gemütszustand, der offenbar nicht folgenlos bleibt: Ärzte registrieren seit Jahren »eine deutliche Zunahme« von Angsterkrankungen.[5]

Das kraftstrotzende Land und die angststrotzenden Menschen passen nicht zusammen. Es ist, als nähmen die Bürger die vielen Erfolgsmeldungen zwar zur Kenntnis, bezweifelten aber, dass sie irgendetwas mit ihrem eigenen Leben zu tun haben. Als trauten sie dem Frieden nicht.

Wie kann das sein?

Die zunehmende Angst betrifft vor allem »die mittleren Lagen in unserer Gesellschaft«.[6] Also jene Menschen, die beim Erklimmen der sozialen Leiter schon ein gutes Stück vorangekommen sind und die sich im Fall des Falles weh tun könnten. Es ist diese Mitte, die Deutschland in den vergangenen 70 Jahren stets austariert hat, die die Last des Aufschwungs gerne trug, weil genug für sie dabei heraussprang. »In der Mitte stehen hieß in Deutschland immer: einigermaßen zufrieden und zuversichtlich in die Zukunft zu blicken«, sagt der Politologe Herfried Münkler.[7] *Not anymore.*

Und das liegt vor allem daran, dass die soziale Leiter sehr viel länger, ihr Anstellwinkel spitzer geworden ist. Der Weg nach oben wird damit immer beschwerlicher, der Blick nach unten, wo sich schon jetzt ein Heer der Abgehängten tummelt, immer schwindelerregender. Anders als in der Vergangenheit ist nicht mehr von vornherein ausgemacht, in welche Richtung es eigentlich geht. Die Folge ist wachsende »Status-Angst«[8].

Dass es dafür gute Gründe gibt, finden nicht mehr nur linke Systemkritiker und andere übliche Verdächtige. Überraschenderweise sind mittlerweile sogar der Internationale Währungsfonds und die Industrieländer-Organisation OECD der Ansicht, dass die sich stetig vertiefende Kluft zwischen Arm und Reich Anlass zu Besorgnis gibt. Selbst Investmentbanken wie der US-Riese Morgan Stanley haben plötzlich das »Ungleichheit-Problem« entdeckt.[9] Das allerdings weniger aus tiefempfundener Barmherzigkeit, sondern vor allem deshalb, weil die zunehmende Spaltung der Gesellschaft in wunschlos glückliche Alleshaber und konsumunfähige Habenichtse inzwischen die Konjunktur in vielen westlichen Volkswirtschaften gefährdet. Da hört der Spaß dann wirklich auf.

In Deutschland, das die »soziale« Marktwirtschaft quasi erfunden hat, ist das Problem mittlerweile größer als in den meisten anderen Industrienationen. Die reichsten zehn Prozent der Bevölkerung verfügen nach Angaben des Statistischen Bundesamtes über deutlich mehr als 50 Prozent des in Deutschland angehäuften Vermögens – während sich die gesamte untere Hälfte der deutschen Haushalte gerade noch ein Prozent des Vermögens teilt. 1998 lag das Verhältnis noch bei 45 zu 3.* Wobei die tatsächlichen Zahlen noch drastischer sein dürften: Die Allerreichsten sind für derartige Erhebungen nicht erreichbar, sie scheuen für gewöhnlich die Öffentlichkeit.

---

* Die Bundesbank kam in einer Erhebung 2016 sogar zum Ergebnis, dass die reichsten zehn Prozent der Haushalte inzwischen 60 Prozent des Vermögens besitzen.

Und was für Vermögenswerte gilt, gilt für die Einkommens-entwicklung spiegelbildlich. Das oberste Zehntel der deutschen Beschäftigten durfte sich in den Jahren zwischen 1999 und 2009 über einen Lohnzuwachs von 16,6 Prozent freuen – in derselben Zeit schrumpften die Löhne des untersten Zehntels um 9,6 Prozent. Und der Trend wird sich nach Angaben der Bertelsmann-Stiftung in den kommenden Jahren fortsetzen.[10]

»Deutschlands soziale Marktwirtschaft existiert nicht mehr«, sagt Marcel Fratzscher, der Präsident des Deutschen Instituts für Wirtschaftsforschung. Die Bundesrepublik habe sich in eines »der ungleichsten Länder der industrialisierten Welt« verwandelt; Ludwig Erhards Fünfziger-Jahre-Motto »Wohlstand für alle« heiße in der aktuellen Neuübersetzung: »Wohlstand für wenige«. Das Wirtschaftswachstum der vergangenen zwei Jahrzehnte, dessen sich diverse Bundesregierungen so rühmten, sei fast ausschließlich dem oberen Bevölkerungsdrittel zugutegekommen, kritisiert Fratzscher.[11]

Was es heißt, nicht zum finanziell gebenedeiten Teil einer Gesellschaft zu gehören, untersucht etwa das Robert-Koch-Institut seit vielen Jahren. Kinder und Jugendliche aus ärmeren Schichten, so dessen Befund, werden viel häufiger krank als gutsituierte Gleichaltrige. Sie leiden etwa doppelt so oft an Magersucht oder Fettleibigkeit, erkranken öfter an Masern oder Angina und werden sogar häufiger Opfer von Gewalt. Ein Mädchen, das heute in die Unterschicht hinein geboren wird, lebt statistisch betrachtet acht Jahre weniger als eines, das in der Oberschicht zur Welt kommt. Bei Jungen beträgt der Unterschied in der Lebenserwartung sogar zehn Jahre.[12] Von den Ängsten, die ein Leben am unteren Rand der Gesellschaft mit sich bringt, hört man jedoch in aller Regel: nichts.

Immer größere Teile der Mittelschicht bangen unterdessen davor, nach ganz unten durchgereicht zu werden. Die Gewissheit, das einmal erreichte Niveau mindestens halten zu können, gibt es nicht mehr. Wer sich behaupten will, muss immer mehr strampeln. Und viele sind jetzt schon müde.

Müde, weil ihnen das moderne Leben immer mehr Veränderungen in immer kürzeren Takten zumutet. Weil die einzige Gewissheit die Ungewissheit ist. Wer früher Schule oder Hochschule verlassen hatte, konnte in der Regel sicher sein, dass sein einmal erworbenes Wissen für Jahre oder Jahrzehnte ausreichen wird. Heute tragen wir das digital gespeicherte Weltwissen in der Manteltasche spazieren, das wir alle paar Monate updaten und auf Knopfdruck abrufen können, ohne wirklich zu verstehen – da hilft nicht einmal mehr lebenslanges Lernen. Die Orte, an denen wir leben, die Menschen, die wir lieben, die Gruppen, denen wir uns anschließen, die Vorlieben, die wir teilen, die Moden, denen wir folgen, wechseln in immer kürzeren Abständen. Und die Arbeit, die wir haben, ist vielleicht schon morgen nicht mehr da.

DAS ARBEITS-LOS

Schon jetzt ist ja die Erzählung von den seit Jahren wundersam sinkenden Arbeitslosenzahlen vor allem: ein Märchen. Zumindest dann, wenn man Erwerbsarbeit definiert als Tätigkeit, mit deren Entlohnung man seinen Lebensunterhalt finanzieren kann. Für Hunderttausende, die in keiner Arbeitslosenstatistik auftauchen, gilt das längst nicht mehr. Es gilt nicht für die rund drei Millionen »working poor«, die trotz Vollbeschäftigung nicht über die Runden kommen und deshalb nebenher noch jobben gehen. Es gilt nicht für die zahllosen Uni-Absolventen, die so lange auf dem Praktikum-Karussell ihre Runden drehen, bis vielleicht doch irgendwo eine Festanstellung lockt. Es gilt nicht für die große Gruppe derer, die sich so lange fortbilden, bis sie hoffentlich irgendwann weg sind. Und es gilt auch nicht für viele, die in der Selbständigkeit ihr Heil gesucht, aber nicht gefunden haben. Nach Berechnungen des Deutschen Instituts für Wirtschaftsforschung verdiente – oder besser: erhielt 2014 etwa jeder Vierte der 4,4 Millionen Selbständigen weniger als 8,50 Euro in der Stunde – und damit weniger als den Mindestlohn. Darunter mitnichten nur Friseure, Kioskbesitzer und Kneipiers, »sondern eben auch Anwälte, Architekten, freischaffende Künstler, Übersetzer und Dozenten«.[13]

Die Entwicklung des Wohlfahrtsstaats in der zweiten Hälfte des 20. Jahrhunderts war einem beispiellosen Versprechen zu verdanken: »Jede Person, die sich anstrengt, in die eigene Bildung investiert und ein gewisses Leistungsvermögen an den Tag legt, kann einen ihr gemäßen Platz in der Gesellschaft finden.«[14] Heute machen dagegen viele die Erfahrung, dass – egal, wie sehr sie sich anstrengen, egal, wie viel sie investieren – die Türen versperrt und die besten Plätze längst belegt sind.

Und es könnte bald noch enger werden. Dann nämlich, wenn die Ökonomen Carl Benedikt Frey und Michael A. Osborne mit ihrer Studie »Die Zukunft der Beschäftigung« recht behalten. Die Wissenschaftler aus Oxford gingen der Frage nach, wie viele von 702 verschiedenen Berufsgruppen in den USA in naher Zukunft durch Automatisierung oder Roboter bedroht sind. Ihr Ergebnis: 47 Prozent, also fast jeder zweite Arbeitsplatz.[15] Und auch hier wird es zuvörderst die gesellschaftliche Mitte treffen. Auf der Planke stehen der Studie zufolge unter anderem Kartographen, Makler, Archivare, Chauffeure, Kreditanalysten und sogar Köche. Von einer »vierten industriellen Revolution« ist inzwischen die Rede, sie war eines der Hauptthemen auf der Jahrestagung des Weltwirtschaftsforums (WEF) Anfang 2016 in Davos. Auch dort gingen die versammelten Wirtschaftsführer davon aus, dass der digitale Umbruch Millionen Arbeitsplätze in den Industrienationen überflüssig machen werde und dass diese nicht mal annähernd darauf vorbereitet sind.

»Vieles deutet darauf hin, dass noch zu unseren Lebzeiten eine Science-Fiction-Welt möglich wird, in der die Wirtschaft weitgehend automatisiert ist und eine Heerschar von Robotern viele Jobs übernommen hat«, sagt der Wirtschaftswissenschaftler Andrew McAfee. Er findet das nicht weiter schlimm: »Wenn Arbeit verschwindet, ist das sicher sehr, sehr beängstigend. Aber wir sollten nicht außer Acht lassen, wie viele neue Möglichkeiten jede Innovation eröffnet.«[16]

Ein guter Rat. Nur mögen ihnen viele Menschen, denen in den vergangenen 30 Jahren Flexibilität und Mobilität gepredigt wurden, die ihrer Arbeit hinterherzogen und dabei ihre Familie und ihre Freunde zu Hause ließen, die sich fort- und weiterbilden, um mit der Entwicklung Schritt zu halten, einfach nicht mehr hören. »Change«, das Hoffnungswort von Barack Obamas erster Wahlkampagne, ist für viele inzwischen weitgehend angstbesetzt. Zu viel ändert sich. Zu schnell. Und trotz aller Verlautbarungen nicht immer zum Besten. Selbst Hollywood fällt zur Zukunft inzwischen nichts anderes mehr ein, als dass es immer noch mehr scheppern wird. »Das alles überschattende Thema des modernen öffentlichen Lebens ist die Angst vor Veränderung«.[17]

REICH, ALT UND SCHWACH

Die Welt ist in diesen Tagen erneut in Bewegung. Zumal in Europa, an dessen Rand – in der Ukraine – 2015 plötzlich wieder Krieg geführt wurde. Wo die Europäische Union ins Wanken geriet: durch die »Pleite-Griechen« (Bild), durch die Ungarn, die Polen und all die anderen Mitgliedsstaaten, in denen Rechtsnationalisten erstarkten, die nicht mehr nach den

74

gemeinsamen, demokratischen Regeln spielen wollten, und durch das unwürdige Geschacher um Menschen, die vor Krieg und Elend in den reichen Westen flüchteten. Dass wir aus deren Ländern die Rohstoffe und die Waren bekommen, daran haben wir uns über viele Jahrzehnte gewöhnt. Aber dass nun plötzlich auch die Menschen vor der Tür standen, damit war offenbar nicht zu rechnen.

»Wir erleben gerade Krämpfe der Angst«, sagt der scheidende US-Präsident Barack Obama. »Man kann sie überall sehen, nicht nur in den Vereinigten Staaten, auch in Europa, wo gerade rechtsnationalistische Parteien erstarken. Ich denke, wir sind mitten in einem gewaltigen Veränderungsprozess.« Und schuld daran sei nicht zuletzt das »globale Wirtschaftssystem«, es verstärke »das Gefühl von Arbeitern, einfachen Menschen, die Kontrolle zu verlieren«.[18]

Deutschland ist bislang gut durchgekommen durch all die Krisen. Aber viele fragen sich: Wie lange noch? Und rückt nicht auch der Terror von Anschlag zu Anschlag näher an uns heran? Sind wir ihm nicht hilflos ausgesetzt, weil man zwar vieles, aber eben keine absolute Sicherheit für noch so viel Geld kaufen kann? »Der *weiße* Westen hat eine durchaus realistische Selbstwahrnehmung«, glaubt der ehemalige Außenminister Joschka Fischer. »Er sieht sich selbst als reich, alt und schwach – und das macht Angst, sehr viel Angst offenbar.«[19]

Das große kapitalistische Vademekum der vergangenen Jahrzehnte, dass vielleicht nicht alles gut, aber doch wenigstens alles besser werde, tönt zurzeit ein wenig hohl. »Die Jahrgänge des Nachkriegs, die bislang das Sagen hatten, waren noch von dem Gedanken geprägt, dass das Schlimme hinter ihnen lag. Die nach 1964 Geborenen hingegen haben das dumme Gefühl, dass das Schlimme erst noch kommt.«[20]

Und mit der wachsenden Angst, die das auslöst, steht der moderne Mensch nicht zufällig alleine da.

2. Ganz allein – warum uns der Kult des Individualismus auseinandertreibt

Es gibt da eine App. Sie heißt »SAM« und kostet nichts. Sie hilft mir, meine Ängste zu überwinden. Manchmal fordert sie mich einfach nur auf, fünf Minuten lang ruhig zu atmen, manchmal führt sie mich über Bilder zum inneren Frieden. Dann zeigt sie mir ein verschwommenes Display, das aussieht wie eine vereiste Windschutzscheibe. Auf der muss ich so lange kratzen bzw. wischen, bis darunter ein Sonnenuntergang zum Vorschein kommt. Oder eine Blume. Oder eine Hummel auf einer Blume. Die kann ich mir so lange ansehen, wie ich will – dann drücke ich »Fertig«.

Wenn es hart auf hart kommt, kann ich mit SAMs Hilfe auch akute Ängste geschwind bekämpfen. Ich muss nur ein Angstwort – sagen wir: »Spinne« oder »Krieg« oder »Flüchtling« – aufschreiben. Das erscheint dann in einer Pixelwolke, die ganz langsam an mir vorbeizieht und dabei immer kleiner wird. Bis es irgendwann weg ist. Oder ich bringe es gleich zum Platzen. Dafür tippe ich das Wort in eine Sprechblase, und sobald ich diese mit dem Finger berühre, explodiert der »Flüchtling«. Im Netz äußern sich viele Menschen begeistert über SAM.

Es gibt zahllose Apps wie diese. Sie sind fast alle »medizinisch fundiert« und »wissenschaftlich getestet«. Sie heißen »Panik Ambulanz« oder »Panikattacke«, »Inner Balance«, »Headspace« oder »Worry Watch«. Sie lullen ihre Nutzer ein mit Meeresrauschen, Lagerfeuerknistern und Loungemusik, wenden Audiohypnose und Ablenkungsspiele an, sammeln unsere Sorgen in einem Angsttagebuch und in Angsttabellen oder vermitteln uns im Fall des Falles einen Videochat mit dem nächsten frei werdenden Online-Doktor. Es dürfte inzwischen mehr Angst-Apps als Ängste geben.

Ihnen allen gemeinsam ist die Botschaft: Du brauchst nur dich und dein Handy für ein sorgenfreies Leben. Hilf dir, wenn dir sonst keiner hilft. Verlass' dich auf dich und die Technik. SAM steht übrigens für *Self-help for Anxiety Management.* Selbsthilfe zur Angstüberwindung. Ob Absicht oder nicht: Sinnbildlicher als mit SAM lässt sich nicht zeigen, dass wir mit unseren Ängsten so alleine sind wie selten zuvor. Die Apologeten des Individualismus haben auch hier ganze Arbeit geleistet.

MACH' DEIN DING

Die zwiespältige Entwicklung des Individualismus im 20. Jahrhundert ist oft und ausführlich beschrieben worden.[21] Er galt – in Zeiten der Blockkonfrontation – als wirksames Gegengift zum homogenen, uniformen Menschenbild des Ostens. Dort das gedrillte Kollektiv, in dem der Einzelne nichts, die Gemeinschaft alles war. Hier der freie, wilde Geist, der sich am besten entfalten kann, wenn er von keiner Autorität gegängelt wird. Drüben Gleichheit und sonst nichts. Hüben Freiheit und sonst nichts. Und Brüderlichkeit? Ach, Brüderlichkeit.

Das Versprechen der freien Entfaltung jedoch stieß im Westen auf offene Ohren, zumal nach dem Zweiten Weltkrieg, zumal in der neugegründeten Bundesrepublik. In Westdeutschland vollzog sich denn auch ungehindert »ein gesellschaftlicher Individualisierungsschub von bislang unerkannter Reichweite und Dynamik«.[22] Er brachte das Land im Wortsinn in Bewegung: Frauenbewegung, Friedensbewegung, Schwulen- und Lesbenbewegung, Umweltbewegung räumten gründlich auf mit alten Rollenmustern und altem Obrigkeitsdenken.

Mit dem Siegeszug des Neoliberalismus erfuhr der Individualismus jedoch eine Umwidmung, von der er sich bis heute nicht erholt hat. Seit den 1980er Jahren wurde in den Staaten des Westens sukzessive jeder Lebensbereich einer Kosten-Nutzen-Rechnung unterworfen. Der sorgende Staat sollte fortan nur noch dort eingreifen und zur Kasse gebeten werden, wo es unbedingt sein musste. Alles wurde nun liberalisiert, also befreit: der Handel von seinen Schranken, der Markt von seinen Restriktionen, die Arbeit von ihrem Schutz, die Banken von ihrer Aufsicht, die Welt von ihren Grenzen, der Mensch von seiner Privatsphäre. Deregulierung hieß das für die Wirtschaft, Eigenverantwortung für den Einzelnen.[23] Nicht zufällig schossen plötzlich »Wortkombinationen mit dem Wörtchen *selbst* aus dem Boden«.[24] Selbstverwirklichung, Selbsterfahrung, Selbstversorgung, Selbstverwaltung – aber eben auch Selbstverantwortung, Selbstdisziplin, Selbsthilfe.

Anfang der 1990er Jahre hatten die Deutschen ihre Lektion gründlich gelernt. Zwei von drei antworteten nun in Umfragen nach ihrer Lebensführung, sie wollten vor allem selbständig sein und ihre eigenen Ziele verfolgen. Das war auch der Rat, den die meisten ihren Kindern mit auf den Weg gaben. Nur eine Minderheit der Bundesbürger hielt es nun noch für wichtig, »für andere da zu sein«.[25] Die genannten Bewegungen verschwanden denn auch nach und nach. Man schmiedete nun sein eigenes Glück. Oder auch nicht.

Denn Selbstentfaltung ist ja nicht nur überaus reizvoll. Sie kann auch sehr anstrengend sein. Zumal gerade das neue Jahrtausend die Gelegenheiten zur individuellen Lebensführung vervielfacht hat. Für den Reiselustigen ist kein Ziel mehr unbezahl- oder unerreichbar. Für den Hochschulreifen gibt es inzwischen 18 000 Studiengänge. Für den Paarungswilligen Datenbanken, die sich wie ein digitales Daumenkino durchstöbern lassen. Für den Unternehmer zahllose neue Geschäftsideen. Für den Sozialkompatiblen täglich mehr »Freunde«, als unsere Großeltern in ihrem Leben kennenlernten. Und für den Bildungshungrigen jederzeit und von jedem Ort so viele Informationen, dass man eine tausendbändige Enzyklopädie damit füllen könnte. Vom »Rausch der Optionen« spricht der Soziologe Hartmut Rosa. Was aber tun, wenn die Zeit – also das Leben – knapp und die wichtigste Inspirationsquelle man selbst ist? Wenn im Supermarkt der Sinnangebote jedes Produkt als Schnäppchen beworben wird? Nicht jeder weiß darauf eine überzeugende Antwort.

Mit der totalen individuellen Freiheit ist es daher eine zweischneidige Sache, wie auch Jean-Paul Fitoussi und Pierre Rosanvallon in ihrem Buch »Die neue Ära der Ungleichheit« feststellen: Der Individualismus befördere »die Emanzipation des Individuums, das er zur Autonomie ermutigt und zum Träger von Rechten macht, und verbreitet zugleich wachsende Unsicherheit, weil er verlangt, dass jeder für sich selbst verantwortlich ist und dem Leben einen Sinn gibt, der nicht von außen vorgeformt ist«.[26]

Die letzte Konsequenz des Individualismus ist die Einsamkeit. Mit der Angst, die draus folgt, ist jeder mit sich – und SAM – alleine.

EINE KULTUR DES MISSTRAUENS

Wie sehr Vereinzelung und Verunsicherung miteinander zusammenhängen, verdeutlicht eine großangelegte psychologische Studie aus den USA, der »Minnesota Multiphasic Personality Inventory« (MMPI). Bereits in den 1930er Jahren entwickelten Wissenschaftler den Fragebogen, um damit psychische Auffälligkeiten bei Kindern und Jugendlichen zu messen. Der MMPI ist heute einer der am häufigsten angewandten Persönlichkeitstests weltweit. Vergleicht man die frühen Befunde mit aktuellen, fällt auf: Im Jahr 2007 waren Schüler und Studenten in allen Kategorien psychisch auffälliger als ihre Altersgenossen 70 Jahre zuvor. Die jungen Menschen heute waren »nicht nur narzisstischer, egozentrischer und antisozialer, sondern auch besorgter, trauriger und unzufriedener«. Was einst als seelisches Ungleichgewicht galt, war im neuen Jahrtausend »zur Norm geworden«.[27]

Am besten erklären lässt sich das nach Ansicht des Psychologen Gerd Gigerenzer damit, dass sich in derselben Zeitspanne auch die Lebensführung und die persönlichen Ziele junger Menschen fundamental verändert hatten. War es den meisten vor sieben Jahrzehnten wichtig, ein reifer Mensch zu werden, moralische Werte zu stärken und ein sinnvolles Leben zu führen, schielten die modernen Jugendlichen vor allem darauf, den sozialen Status durch ein hohes Einkommen und gutes Aussehen zu erlangen.[28] Der Unterschied: Für das eine bedarf es zwingend einer Gemeinschaft – im anderen Fall ist sich jeder selbst genug.

Mit den Interessen des Einzelnen und den Interessen der Gemeinschaft verhält es sich zunehmend wie mit unterschiedlichen Flüssigkeiten in kommunizierenden Röhren: Steigt die eine an, sinkt die andere ab. Tatsächlich hat die Ideologie des Individualismus in den sogenannten entwickelten Ländern einen drastischen Schwund des Gemeinschaftsgefühls bewirkt. Robert Putnam, der Autor des Buches »Bowling Alone«, hat diese Erosion des Miteinanders vor eineinhalb Jahrzehnten bereits für die Vereinigten Staaten beschrieben. Und Deutschland hat diese Entwicklung zeitversetzt nachgeholt. Man kann das ablesen an den Mitgliederzahlen in Parteien, Gewerkschaften,

Kirchen, ja sogar Vereinen: Überall laufen die Menschen davon[29]. Unter den 15 wichtigsten Freizeitaktivitäten der Bundesbürger gibt es nur noch eine, die zwingend den Kontakt mit anderen erforderlich macht: die Beschäftigung mit der eigenen Familie. Ansonsten hören die Menschen Radio, lesen Zeitschriften, gehen ihren Gedanken nach, sitzen am Computer oder tun einfach mal nichts. Mit anderen Worten: Sie haben mit sich selbst zu tun. Vermutlich auch deshalb, weil sie den anderen immer seltener über den Weg trauen.

Wo Statusgewinn und Eigensicherung die herausragenden Ziele sind, kann man sich schlicht nicht mehr auf andere verlassen. Das Einzige, das man dann noch miteinander gemein hat, ist die Angst. Die Angst, abgehängt zu werden, das Nachsehen zu haben, Letzter zu sein. »Die institutionalisierte Kultur des Misstrauens verwandelt Besucher in Eindringlinge, Kollegen in Konkurrenten, Konkurrenten in Feinde, Fremde in potentielle Attentäter.«[30]

Bereits im Dezember 2011 legte ein Team um den Erziehungswissenschaftler Wilhelm Heitmeyer unter dem Titel »Deutsche Zustände« die Ergebnisse einer zehnjährigen Forschungsarbeit vor, die eindrucksvoll belegte, dass der soziale Zusammenhalt rapide schwindet.[31] Das Abgleiten immer größerer Teile der Gesellschaft, die Erfahrung politischer Machtlosigkeit, der wachsende Konkurrenz- und Leistungsdruck, Vereinzelung und Ungleichheit: all das habe die Menschen zutiefst verunsichert. »Entsicherung, Richtungslosigkeit und Instabilität sind zur neuen Normalität geworden, die Nervosität scheint über alle sozialen Gruppen hinweg zu steigen.«[32] 90 Prozent der Menschen fürchteten sozialen Abstieg und Armut. Neun von zehn Bundesbürgern – das heißt, dass die Gesellschaft zumindest vereint ist in ihrem Unbehagen über die Zustände.

Früher oder später könne sich die Ablehnung, die daraus

entstehe, gegen »die da oben« richten, befand Heitmeyer. »Aber leichter und individuell risikoloser ist es, solche Reaktionen gegen Schwache zu wenden, in Form gruppenbezogener Menschenfeindlichkeit.« Als er schließlich von einer »explosiven Situation als Dauerzustand« sprach, bezichtigten ihn Medien und Politik, zu übertreiben. Ein fast schon verstörendes Desinteresse der Zuständigen an sozialer Abstiegsangst beklagte daraufhin Heitmeyer. Vermutlich werde sich daran auch nichts ändern, solange die Ängstlichen und Wütenden den politischen Betrieb nicht störten. Vier Jahre später war es dann so weit: In etlichen deutschen Städten gingen plötzlich Tausende auf die Straße, um gegen das »Schweinesystem« und die »Lügenpresse« aufzubegehren. Und mit der »Alternative für Deutschland« stand eine Partei bereit, die Störer zu sammeln.

Aus Misstrauen war Angst geworden. Und aus Angst Wut.

Überraschend ist daran allenfalls die Überraschung der Zuständigen. Das Misstrauen zwischen den Menschen wächst vor allem dort, wo Gesellschaften ökonomisch auseinanderdriften und sich nach Gewinnern und Verlierern sortieren. Das zeigen sämtliche soziale Daten der vergangenen Jahrzehnte, welche Richard Wilkinson und Kate Pickett für ihr Buch »Gleichheit ist Glück« miteinander verglichen haben. Während etwa in den traditionell austarierten Ländern Skandinaviens noch immer zwei Drittel der Einwohner glauben, den meisten Menschen sei zu trauen, denken das in Portugal, wo die Einkommen grotesk ungleich verteilt sind, nur noch etwa zehn Prozent.[33] Deutschland lag zum Zeitpunkt der Erhebung irgendwo dazwischen – aber weil sich gerade hier die Schere zwischen Arm und Reich seither schneller und weiter geöffnet hat als anderswo, ist nicht zu erwarten, dass sich die Menschen in absehbarer Zeit wohlwollender begegnen werden.

Bezeichnenderweise schwappte gerade in jüngster Zeit

eine Geschäftsidee aus den Vereinigten Staaten herüber nach Deutschland: Mit WirNachbarn.com oder Nebenan.de gründeten junge Start-up-Unternehmen Internet-Plattformen, um in städtischen Ballungsräumen Menschen besser miteinander zu vernetzen und nebenbei viele wertvolle Daten zu sammeln. Von selbst kommen Mieter und Häuslebauer offenbar nicht mehr auf die Idee, sich auszutauschen. »Wenn Nachbarschaft so gut funktionieren würde, bräuchte es uns ja gar nicht«, sagt Nebenan.de-Gründer Christian Vollmann. »Aber die Nachbarschaft funktioniert eben nicht mehr.«[34] Wie der Freund durch Facebook zum »Freund« geworden ist, wird so eben der Nachbar zum »Nachbar«. Dass die Erosion des Vertrauens damit aufzuhalten ist, darf man ausschließen.

Dabei ist Vertrauen eine Grundbedingung, um Angst zu überwinden. Das zeigt ein Experiment mit Menschenaffen, über das der Hirnforscher Gerald Hüther berichtet: Um ein neues Medikament zu testen, das gegen Angst und Stress helfen soll, setzten Wissenschaftler zunächst einen Affen in einen Käfig und ließen einen scharfen, knurrenden Hund um die Gitterstäbe laufen. Der Affe zeigte wie erwartet eine starke Angstreaktion. Anschließend verabreichten die Forscher einem zweiten Affen ihr neues Präparat und setzten ihn zu dem ersten in den Käfig. Als nun wieder der Hund losgelassen wurde, zeigte der zweite Affe keinerlei Stressreaktion. »Die Pille wirkt also, dachten die Forscher, aber nur bis sie auch den Stresshormonspiegel desjenigen Affen anschauten, der zuerst im Käfig gesessen und keine Beruhigungspille bekommen hatte. Bei dem war nämlich auch keine Stressreaktion mehr messbar.« Als die Wissenschaftler das Experiment variierten, stellten sie fest: Wann immer die Affen gemeinsam im Käfig saßen, blieben sie gelassen – gleich ob sie eine Pille bekommen hatten oder nicht. Entscheidend war lediglich, dass die Affen sich kannten und vertrauten.[35] Mit anderen Worten: Es bedarf mehr als eines einzelnen Primaten, um dem alten Affen Angst die Stirn zu bieten.

Der Ich-Kult dagegen, dem wir alle uns ausgeliefert haben, lässt immer weniger Raum, um gemeinsam das wachsende Unbehagen anzugehen. »Unterm Strich zähl' ich«, hat man uns gesagt. Und: »Mach' dein Ding!« Wir müssen es schon selbst richten. »In einer gnadenlos individualisierten und privatisierten Welt wird Sicherheit, wie alle anderen Aspekte des individualisierten Lebens, zu etwas, das sich jeder im Do-it-yourself-Verfahren selbst beschaffen muss.«[36]

Also stählen wir uns und unseren Körper, stülpen eine luftdichte Sicherheitsglocke über unsere Kinder, bauen unser Haus zur Festung aus, bewaffnen uns und beruhigen uns, wenn es nottut, mit einer Anti-Angst-App. Wenn das alles nicht hilft, schämen wir uns, weil wir glauben, nicht genug getan zu haben. Und suchen nach einem Sündenbock, irgendeinem, auch wenn es der falsche ist.

Wir haben unsere Sorgen und Nöte privatisiert, privatisieren lassen. Und machen uns kaum noch die Mühe, hinter unsere Ängste zu blicken. Dabei sind »die vielen Panikattacken, die unsere Gesundheit, unsere Ernährung, unsere Umwelt betreffen (…) ohne Zweifel Symptome eines tieferliegenden Missstandes. Offensichtlich belegen solche Reaktionen ein großes Misstrauen gegenüber Autoritäten«.[37]

Vor allem gegenüber jener Autorität, die über Macht und Mittel verfügt, die Sicherheit jedes Einzelnen zu gewährleisten: dem Staat.

1651 schrieb Thomas Hobbes im »Leviathan«, die Menschen fügten sich vor allem deshalb der staatlichen Macht, weil sie den Tod fürchteten und sich ein bequemes Leben erhofften. Dieser Idee folgend, wurde in der Unabhängigkeitserklärung der Vereinigten Staaten 1776 das Recht auf Leben, Freiheit und Glück festgeschrieben. Die französische Nationalversammlung erklärte 1789 – gegen den Willen des Königs – Freiheit, Eigentum, Sicherheit und den Widerstand gegen Unterdrückung zu natürlichen und unveräußerlichen Rechten. Ebenso taten es die Väter des Grundgesetzes, die in Artikel 2 das Recht auf Leben und körperliche Unversehrtheit untermauerten und die Freiheit des Einzelnen für unverletzlich erklärten.

Es ist also die traditionelle Aufgabe des Staates, Angst zu nehmen und nicht zu machen. Oder besser: Es war die Aufgabe. Sicherheit – zumeist trügerische – verspricht der Staat heute nur noch in den Kategorien der Sicherheitsindustrie und in der Logik der Geheimdienste. Also dann, wenn ein äußerer oder vermeintlicher Feind zu bekämpfen ist. Mit allem anderen lässt er seine Bürger weitgehend allein. Von einem Verrat der Gesellschaft an ihren Mitgliedern spricht Zygmunt Bauman: »Sie hat ihr Versprechen nicht eingelöst, das wichtigste gar zurückgenommen. Jene, die unter den Drangsalen einer unsicheren Existenz und ungewisser Zukunftsaussichten leiden, verheißt sie heute nicht weniger, sondern mehr Unsicherheit: in einem drastischen Wechsel der Tonart, an den man sich nach wie vor nur schwer gewöhnen kann, fordern ihre Sprecher *Flexibilität* und mahnen den Einzelnen, sich beim Erwerb des Lebensunterhalts, beim Streben nach Wohlstand und einem würdigen Leben seines eigenen Verstandes zu bedienen, sich auf den eigenen Mut, die eigene Zähigkeit zu verlassen und die Schuld für ein eventuelles Scheitern in seiner eigenen Trägheit oder Unfähigkeit zu suchen.«[38]

Die solcherart Alleingelassenen revanchieren sich konsequenterweise, indem sie zunehmend jene Institutionen ablehnen, denen sie einstmals ihr Schicksal anvertrauten. Wo man auch hinschaut, erleben wir in diesen Tagen eine dramatische Erosion des Vertrauens: in die Politik, in die Wirtschaft, in die Wissenschaft, in die Medien und auch in die Kirche, die im Wettlauf mit anderen, teils hochdubiosen Heilslehren, immer mehr ins Hintertreffen gerät. Der »besorgte Bürger« schenkt der Kirche keinen Glauben mehr, genauso wenig wie den anderen Institutionen, für die er das Wort vom Lügenkartell gefunden hat.

Mehr als die Hälfte aller Bundesbürger sind inzwischen der Meinung, Menschen wie sie hätten keinerlei Einfluss mehr darauf, was Regierungen tun. Mehr als jeder Dritte hält es für sinnlos, sich politisch zu engagieren.[39] Das sind Warnzeichen, die von den Betroffenen mit erstaunlichem Langmut zur Kenntnis genommen werden.

Die »drei Säulen des Sicherheit« bröckeln, schreibt Ulrich Beck: der Staat, die Wissenschaft, die Wirtschaft. Sie hätten den »selbstbewussten Bürger« zu ihrem rechtmäßigen Erbe ernannt.[40]

Und weil der – eingemauert von Krisen, Ängsten und Misstrauen – ganz offensichtlich mit der Aufgabe überfordert ist, bastelt er sich zunehmend seine eigene Weltanschauung. Eine, mit der er glaubt, Verständnisschneisen ins undurchdringliche Dickicht seines Lebens schlagen zu können. Und die verführerisch einfache Antworten auf eine immer chaotischere Welt bereithält.

3. Nichts als die eigene Wahrheit – wie das grassierende Misstrauen das Verschwörungsdenken befeuert

An einem nebligen Morgen im Herbst 2015 kam die Angst nach Friedberg. Sie hatte sich bereits Monate zuvor angekündigt, und viele waren, zum Teil von weither, angereist, um sie zu treffen. Lange Schlangen bildeten sich vor der Stadthalle der südhessischen Gemeinde, die von einer Hundertschaft der Polizei mit Absperrgittern zur Festung gemacht worden war. Geduldig ließen die Menschen die Einlasskontrollen über sich ergehen, nur geladene und zahlende Gäste duften die von Gegendemonstranten zertrümmerte Eingangstür zur Stadthalle passieren. Journalisten der »Systemmedien« zählten nicht dazu. Wer dennoch am Quer-Denken-Kongress teilnehmen wollte, musste sich privat anmelden und hoffen, nicht ertappt zu werden.

Im braun getäfelten Saal der Stadthalle standen vorne auf der Bühne zwei rote Sessel, dahinter war auf einer riesigen Leinwand ein Erdball zu sehen, um den geheimnisvolle Wörter ihre Kreise zogen: »Freie Energie« zum Beispiel, »Geheimoperationen«, »Grenzwissenschaft« – oder auch »Mind Control«. Dann betrat Michael Vogt die Bühne, ein Filmemacher und Autor mit Onkelcharme, Anfang 60, graues Hemd, dunkelgraue Weste, graublonde Fönfrisur. Allen in dieser Halle sei gemeinsam, »dass wir uns um dieses Land sorgen«, sagte Vogt zur Begrüßung. Von nun an würde er uns zwei Tage lang an die Hand nehmen.

Sein erster Gesprächspartner war ein Berliner mit Schnurrbart und Schnauze, dessen T-Shirt mit einer Deutschlandkarte in US-Farben sich an den Außengrenzen ziemlich dehnte. »Peter«, so hieß der Mann, schnodderte etwas von illegaler Masseneinwanderung, ausgelöst durch zahllose Angriffskriege der USA, und davon, dass Deutschland, weil es dabei mitmache, inzwischen ein »erstrangiges Terrorziel« sei. Er lobte den Linken Gregor Gysi und den Konservativen Wolfgang Bosbach, verulkte Joachim Gauck als »Bundespräsidentendarsteller«, der uns wie fast alle Politiker nach Strich und Faden belüge, und wünschte sich Bismarck zurück. Das ganze politische System müsse weg, Deutschland raus aus der EU, rief Peter, und weil er dabei so ungeniert vor sich hin berlinerte, klang vieles davon eigentlich ganz lustig. »Wir sind in der Endzeit«, mahnte er dann noch, und wer das nicht sehe, der müsse »Kopfgrippe« haben. Er bekam dafür sehr warmen Applaus.

Direkt im Anschluss warb »Nora« für eine neue Art der tiefenentspannenden Massage, bei der der Masseur noch nicht mal im Raum sein müsse. Die Schulmedizin halte das natürlich für Humbug. Aber wer vertraue eigentlich noch der Schulmedizin, diesen gedungenen Krankmachern?

Zwei Tage lang ging das so in Friedberg. Im behaglichen Plausch mit Moderator Vogt betrat ein Hiob nach dem anderen die Bühne, um mitzuteilen, wie gefährdet die blaue Kugel sei, die da hinter ihnen auf der Leinwand schwebte. Die EU, der Euro, die Nato? Alles »Symptome derselben Krankheit«. Syrien, Libyen, Afghanistan? Herbeigebombte Krisenherde, um Millionen Menschen in die Flucht zu treiben. Die wahre Absicht dahinter? Diese Menschen als *weapons of mass migration* zu nutzen. Die Bundeskanzlerin? Steigbügelhalterin der Amerikaner. Das Handelsabkommen TTIP? Eine »Katastrophe«, erdacht, um Europa noch weiter an den Abgrund zu führen. Medien? »Mittäter«. Ganz Deutschland: eine »Meinungsdiktatur«.

In den Pausen strömten die Gäste dann ins Foyer, wo Bücher auslagen mit Titeln wie »Mekka Deutschland«, »Die Asylindustrie« und »Countdown Weltkrieg 3.0«. Goldhändler boten Goldbarren feil, für die Zeit nach der großen Krise. »Wie gesund ist Ihr Wasser?«, stand auf Pappwänden, auf denen für einen Kristall-Trinkwasser-Wirbler geworben wurde. Sehr besorgte Unternehmer tauschten sich mit sehr besorgten Bürgern über die Frage aus, was man eigentlich noch bedenkenlos essen könne. Inzwischen sei ja fast alles giftig, sagte ein älterer Mann, sogar die Atemluft. Dass Allergien überall zunähmen, wundere ihn überhaupt nicht. Er empfehle, sich so zu ernähren, wie es die Steinzeitmenschen taten, man nenne das »Paleo-Diät«: »Beeren und Gräser kann man noch zu sich nehmen.«

In einem Nebenraum boten sehr junge und sehr hübsche Frauen den Gästen an, sämtliche Zivilisationskrankheiten mit Hilfe von »Weltraummedizin« wegzutherapieren. Masseure walkten Burn-out und Stress aus dem Nacken Freiwilliger. Überall warben kleine bunte Flyer für weitere Veranstaltungen dieser Art, jeder einzelne Titel verheißungsvoll: »Sicher durch die Krise«, »Wege in die Freiheit«. Und zwischendurch stellten sich zwei Politpop-Barden vorne auf die Bühne und sangen im Stil Xavier Naidoos: »Was ist los in diesem Land?«

Das Erstaunlichste an dieser nicht enden wollenden apokalyptischen Vision waren allerdings diejenigen, die sie sich ein ganzes Wochenende lang anschauten. Rund 1000 Menschen aus ganz Deutschland hatten viel Geld dafür bezahlt, gemeinsam in der Wetterau in den Abgrund zu blicken. Menschen jeden Alters und jeder Herkunft, die 30- bis 50-Jährigen vielleicht in der Überzahl, kein einziger äußerlich erkennbarer Rechter darunter, stattdessen jede Menge unauffällig gekleideter Paare, Rentner, Normalos. Menschen, die jede Viertel- und Halbwahrheit, jede Verschwörungstheorie, jedes belegbare Faktum und jede haltlose Hetze für gleichermaßen bare Münze nahmen.

Egal, wie links, wie rechts, wie esoterisch oder wie wirr die Thesen sein mochten, die in der Stadthalle präsentiert wurden: Auch den allergrößten Irrsinn quittierten die Zuhörer mit freundlichem, gesittetem Beifall. Selbst als ein Redner verkündete, das »Endziel« der Politik, Millionen Menschen in die Flucht zu treiben, sei eine globale »hellbraune Mischrasse mit einem IQ von höchstens 90«, regte sich nirgendwo im Saal Widerspruch. Stattdessen sogen die Menschen auch diese Neuigkeit auf wie ein über Jahre ausgetrockneter Schwamm.

Die Angst hatte leichtes Spiel in Friedberg. Nach zwei Tagen zog sie weiter.

»SIE« GEGEN »UNS«

Muss man Veranstaltungen wie den Quer-Denken-Kongress ernst nehmen? Oder ist das Ganze nicht doch nur eine Art Jahreshauptversammlung der Hasenfüße und Leichtgläubigen? Ein vorübergehendes Phänomen, zu verrückt, um ernst genommen zu werden? Vielleicht.

Andererseits: Zahllose Menschen im Land strömen inzwischen zu Angstmessen wie dieser. 1000 waren es in Friedberg. 1000 eine Woche davor, die sich auf einem »Souveränitätskongress« in Berlin den Krieg erklären ließen – den Krieg der Vereinigten Staaten gegen Deutschland. Und die Zahl derartiger Versammlungen wächst. Als im Herbst 2015 rund 250 000 Bürger in der Hauptstadt gegen das transatlantische Handelsabkommen TTIP demonstrierten, waren darunter nicht nur solche, die die intransparenten Verhandlungen geißelten und vor unabsehbaren Folgen für Kleinbauern und Drittweltstaaten warnten, sondern auch zahllose, die hinter den vier Buchstaben eine Großverschwörung zur Vergiftung ihrer Kindern und zur Manipulation ihres Willens witterten.

Landauf, landab versichern sich Pegida-Demonstranten im Wochenturnus, dass nicht eine große Koalition das Land regiert, sondern ein Lügenkartell aus Politik, Wirtschaft und Medien, gegen das Widerstand zu leisten oberste Bürgerpflicht ist. Und das, wie alle Menschen an allen Schalthebeln, im Dienste 13 mächtiger Familienclans steht, die die Geschicke der Welt bestimmen. Die Suchanfrage »13 Familien beherrschen die Welt« brachte es im Frühjahr 2016 auf 331 000 Treffer im Internet.

Und auch in weiten Teilen der selbsternannten »Alternative für Deutschland« (AfD) hält sich die Mär, dass die Zuwanderungswellen der letzten Jahre »von oben« gesteuert seien und dass der »lebensbejahende afrikanische Ausbreitungstyp«, so Thüringens AfD-Landeschef Björn Höcke, kurz davor stehe, das deutsche Volk zu unterjochen. Trotz – oder wegen? – solcher Thesen kann sich die AfD ein Jahr vor der nächsten Bundestagswahl Hoffnung machen, als drittstärkste Kraft in den Berliner Reichstag einzuziehen. Die Angst ist wählbar geworden in Deutschland. Und das nicht nur an den Rändern der Gesellschaft. Sie hat die Türen, die ins Reich der Verschwörungstheorie führen, sperrangelweit geöffnet.

Dass Elvis lebt, die Amerikaner nie auf dem Mond waren und Bielefeld nicht existiert, wurde schon immer von jenen geglaubt, die den Dreisatz der tieferen Erkenntnis beherrschen: Nichts ist, wie es scheint – alles ist geplant – alles hängt mit allem zusammen. Inzwischen jedoch verbreiten sich quer durch alle Gesellschaftsschichten die abenteuerlichsten Gerüchte wie Lauffeuer, werden im Netz hunderttausendfach geteilt, kommentiert und geglaubt. Kentucky Fried Chicken und Marlboro gehören dem Ku-Klux-Klan. Die Pharmaindustrie hält aus

Geldgier Medikamente gegen schwere Krankheiten zurück. Kämpfer des »Islamischen Staates« infizieren sich absichtlich mit Ebola und sind als wandelnde biologische Bomben auf dem Weg nach Europa. Hinter dem Attentat auf das französische Satiremagazin *Charlie Hebdo* steckt, wieder mal, der israelische Geheimdienst Mossad. Angela Merkel ist Jüdin und spricht fließend Hebräisch. Wie sonst ließe sich erklären, dass sie sich als Tochter eines evangelischen Pfarrers so vehement für Israel einsetzt?

Und dann gibt es natürlich die *Chemtrails*: Das sind die harmlos wirkenden weißen Linien, die Flugzeuge am Firmament hinter sich herziehen. Kondensstreifen? Wer's glaubt! Tatsächlich verbirgt sich dahinter ein Giftcocktail, den »sie« sich erdacht haben, um unsere Sinne zu vernebeln, uns zu manipulieren und uns gefügig zu machen. So ist das immer: »Sie« gegen »uns«. Wobei »sie« eine Variable ist: Das kann die CIA sein, die Juden, die 13 Familien, die Medien oder die Bilderberger.* Sie stecken ohnehin alle unter derselben Decke. Und wer daran zweifelt, der hat schon jetzt – siehe oben – »Kopfgrippe«.

---

* 1954 berief Prinz Bernhard der Niederlande erstmalig eine Konferenz von geladenen Vertretern der europäischen und amerikanischen Politik, Wirtschaft und Gesellschaft ein, damit »die westliche Welt mehr miteinander redet und weniger aufeinander schießt«. Das Treffen wurde nach dem Tagungsort, dem Hotel de Bilderberg in Oosterbeek benannt und behielt danach seinen Namen bei. Die handverlesenen Gäste, bis 1972 ausschließlich Männer, treffen sich einmal im Jahr, der Tagungsort wird jeweils strikt abgeschirmt, Gesprächsinhalte dringen nur selten nach draußen. Aus Deutschland waren bislang unter anderem Helmut Kohl, Helmut Schmidt und Joschka Fischer zu Gast, der Verleger Hubert Burda, der Mercedeschef Jürgen Schrempp und der Deutschbanker Hilmar Kopper. 2015 nahm auch Verteidigungsministerin Ursula von der Leyen (CDU) teil – was umgehend zum Gerücht führte, sie sei von den Bilderbergern zur nächsten deutschen Kanzlerin bestimmt worden.

Verschwörungstheorien, sagt der Philosoph Karl Hepfer, begegneten uns »normalerweise in Umbruchsituationen, in Zusammenhängen, wo wir verunsichert sind und nach Erklärungen suchen«.[41] Insbesondere Katastrophen haben oft eine derart verstörende Wirkung, dass viele hinter der vermeintlichen Sinnlosigkeit verzweifelt nach einem Sinn suchen. Insofern ist es nicht verwunderlich, dass die erste große Verschwörungswelle dieses Jahrtausends den Terroranschlägen vom 11. September 2001 in den Vereinigten Staaten galt. Eine weitere folgte nach der Finanzkrise im Jahr 2008 und ebbt seither nicht mehr ab. Beide Ereignisse erschütterten einst eherne Gewissheiten im Kern. Beide Ereignisse lösten eine dramatische Kettenreaktion aus, die bis in die Gegenwart nachwirkt. Beide Ereignisse stecken bis heute voller Rätsel, Widersprüche, Ungereimtheiten und wurden vielfach instrumentalisiert. So nutzte etwa die damalige US-Regierung unter George W. Bush 9/11, um umgehend einen »Krieg gegen den Terror« auszurufen, brachte wider besseres Wissen den irakischen Machthaber Saddam Hussein mit den Anschlägen in Verbindung, belog den UN-Sicherheitsrat zur Frage, ob der Irak über Massenvernichtungswaffen verfüge, und brach 2003 einen völkerrechtswidrigen Krieg gegen das arabische Land vom Zaun. Auch die zunächst vehemente Weigerung der Bush-Regierung, die Anschläge von einer unabhängigen Kommission untersuchen zu lassen, weckte weltweites Misstrauen. Noch 2012, elf Jahre nach dem Attentat, glaubten einer ZDF-Umfrage zufolge 38 Prozent der jüngeren Deutschen, die US-Regierung sei selbst in die Ereignisse dieses 11. September verstrickt gewesen oder habe sie sogar eingefädelt.

Zahllose Deutsche sind längst gewillt, auch noch ganz andere Dinge für selbstverständlich zu halten. So ergab etwa eine Forsa-Umfrage im Auftrag von *Stern* und RTL, dass inzwischen fast die Hälfte der Bundesbürger (44 Prozent) überzeugt davon ist, die Medien würden »von ganz oben gesteuert« und verbreiteten deshalb »geschönte und unzutreffende Meldungen«. Gleich ob VW-Skandal oder Germanwings-Unglück: Jede offizielle Verlautbarung wird in den »sozialen« Netzwerken prompt mit Gegenthesen konterkariert und »geliked«. Selbst dass in Deutschland Wahlergebnisse schon im Vorhinein feststehen, halten nicht wenige Menschen für plausibel. Es ist fast, als sei die Wahrheit nur noch ein Glaube unter vielen.

Alles Wirrköpfe? Mitnichten. »Das Misstrauen, wem man überhaupt noch etwas glauben kann, ist weit hinein in die sogenannten bürgerlichen Schichten eingedrungen.«[42] Auch Abi schützt vor Torheit nicht. »Wir haben die Erfahrung gemacht, dass selbst Menschen aus dem akademischen Umfeld, unsere Freunde und Bekannte, bereit sind, viele Dinge zu glauben«, sagt der Spiegel-Online-Journalist Christian Rickens, Herausgeber des Buches »Das Glühbirnenkomplott«.[43] Was treibt all diese Menschen dazu, die Welt als Großverschwörung wahrzunehmen?

Verschwörungstheorien seien bislang erstaunlich wenig erforscht, sagt der Tübinger Amerikanistik-Professor Michael Butter, der seit April 2016 ein europaweites Netzwerk von Historikern, Politologen, Soziologen, Kulturwissenschaftlern und Psychologen koordiniert.[44] Bis 2020 wollen die Forscher dem Ursprung und den Wirkungsmechanismen der Parallelwelterklärungen auf die Schliche kommen. Schon jetzt, sagt Butter, sei klar, dass Ängste und Unsicherheiten »ein großer Treiber für Verschwörungstheorien« seien – »sie wirken dem Chaos entgegen«. Bis zur Aufklärung im 17. und 18. Jahrhundert habe diese Funktion die Religion übernommen, was immer den Menschen damals zustieß – Plagen, Krisen, Katastrophen –, wurde in aller Regel mit dem göttlichen Willen begründet. In zunehmend säkularisierten Gesellschaften fällt die Erklärung weitgehend flach. So traten Verschwörer an die Stelle von Gott.

Interessanterweise, sagt Butter, hätten sich in frühen Verschwörungstheorien stets Herrscher, Mächtige und die gesellschaftlichen Eliten von unten oder außen bedroht gefühlt. Heute sei es genau umgekehrt: »Inzwischen heißt es, die da oben, die korrupten Eliten, bedrohen uns hier unten.« Wobei die genaue Bedrohung gar nicht so einfach zu fassen sei, bei Pegida zum Beispiel bekäme man auf sechs Fragen dazu sechs verschiedene Antworten. Der gemeinsame Nenner sei allenfalls dieser: »Das Land wandelt sich zum Schlechteren, und man fühlt sich dem schutzlos ausgeliefert.«

Zu einem ähnlichen Ergebnis kamen die beiden Psychologinnen Viren Swami und Rebecca Coles von der britischen University of Westminster, die mehrere Untersuchungen zu Verschwörungstheorien auswerteten. Empfänglich für die Vorstellung, sinistre Mächte lenkten die Welt nach ihrem Gusto, seien vor allem verunsicherte Menschen, die sich benachteiligt und sprachlos fühlten. Sie seien von »tiefem Zynismus« gegenüber Regierungen geprägt und glaubten immer weniger an die Demokratie.[45]

DIE MANIPULATION DER WELT

Und die Wirklichkeit scheint die Menschen in dieser Ansicht ja immer öfter zu bestärken. Im November 2011 wurde bekannt, dass eine rechtsterroristische Gruppe namens »Nationalsozialistischer Untergrund« (NSU) fast eineinhalb Jahrzehnte lang unbehelligt in der Anonymität leben, bomben und morden konnte. Fast wöchentlich erfuhr die staunende Öffentlichkeit danach, dass etliche V-Leute des Verfassungsschutzes über all die Jahre dicht am Umfeld des NSU dran waren, angeblich, ohne je irgendetwas von den Morden mitbekommen zu haben. Zahllose Akten wurden im Bundesamt für Verfassungsschutz geschreddert, zahllose Zeugen erinnerten sich gar nicht oder falsch. Bis heute müht sich ein Untersuchungsausschuss des Bundestages, Licht ins Dunkel dieser verworrenen Affäre zu bringen.

Im Juni 2013 betrat Edward Snowden, ein junger Computernerd aus North Carolina, die Weltbühne, behauptete, der amerikanische Geheimdienst National Security Agency (NSA) habe ein nahezu lückenloses Überwachungsnetz um den Globus gespannt und könne dabei auf die Unterstützung zahlloser Partnerdienste – darunter deutsche – zählen. Die Entrüstung war groß, auch in der Bundesregierung, die den Vorwurf gerade rechtzeitig vor der Bundestagswahl 2013 pauschal für entkräftet erklärte. Seither sickern ein ums andere Mal Informationen an die Öffentlichkeit, die die gedeihliche Zusammenarbeit zwischen NSA, Bundesnachrichtendienst und Bundesamt für Verfassungsschutz nicht nur bekräftigen, sondern in Teilen sogar über Snowdens ursprüngliche Vorwürfe hinausgehen.

Im Juli 2014 stürzte ein Flugzeug der Malaysia Airlines über der Ostukraine ab, 298 Menschen starben, darunter 80 Kinder. Was folgte, war ein monatelanges internationales Schwarzer-Peter-Spiel, erbittert geführt von den Kriegsparteien Russland und Ukraine, die den jeweils anderen bezichtigten, die Passagiermaschine MH17 vom Himmel geholt zu haben. Mehrfach tauchten Bilder auf, die eine der Versionen zu bestätigen schienen, mehrfach stellte sich heraus, dass sie manipuliert oder gefälscht worden waren.

NSU, NSA, MH17, die Reihe ließe sich fortsetzen. Was

kann man noch glauben? Wem noch trauen? Alle genannten Ereignisse füllen in Ermittlungsakten längst Hunderttausende Seiten, inklusive all der Widersprüche und Rätsel, die sich mutmaßlich niemals werden aufklären lassen. Die wenigsten haben sie gelesen. Verschwörungstheorien böten in all der Wirrnis einen verheißungsvollen Ausweg, sagt der Philosoph Karl Hepfer: »Sie versorgen uns mit Erklärungen, die einfach nachzuvollziehen sind und uns, wenigstens vordergründig, erklären, warum die Dinge so gelaufen sind, wie sie gelaufen sind.«[46]

Sie haben zudem den entscheidenden Vorteil, dass sie Lücken und Unebenheiten, die naturgemäß bei jeder Rekonstruktion komplexer Ereignisse auftauchen, nach Belieben glattbügeln können. Merke: Verschwörungstheorien sind grundsätzlich schlüssiger als Ermittlungsergebnisse. Auch deshalb seien sie so wahnsinnig beliebt, sagt der Soziologe Armin Pfahl-Traughber: Wer etwa 9/11 als vollständig logische Abfolge von Ereignissen erzählen könne, sei »schlauer als die Masse, die sich durch den Schein täuschen lässt – dadurch wertet man sich natürlich selbst massiv auf«.[47]

Ist eine Verschwörungsversion erst einmal in der Welt, ist es nahezu unmöglich, sie aus derselbigen zu schaffen. Ignoriert man sie, ist man Teil des Lügenkartells, das die Wahrheit verschweigt. Versucht man, sie durch Fakten zu entkräften, werden die Fakten zum Gegenstand der nächsten Verschwörungstheorie: Sie wurden manipuliert.

Und ist nicht schon die Tatsache, dass sich zu »Chemtrails« fünfeinhalb Millionen Einträge im Internet finden, Beweis genug, dass sie existieren müssen? Kann man das Konzept der »weapons of mass migration« ernsthaft bezweifeln, wenn doch so viele Experten im Netz darüber berichten und die amerikanische Wissenschaftlerin Kelly M. Greenhill bereits 2010 ein ganzes gleichnamiges Buch darüber geschrieben hat?

Muss Barack Obama nicht Moslem sein, wenn die digitale Welt voller Beweise dafür steckt? Kann ein so großer Schwarm irren?

IM NETZ VERHEDDERT

Mit dem Web 2.0, sagt Amerikanistik-Professor Butter, habe der Siegeszug der Verschwörungstheorie erst richtig begonnen. Jede Erzählung, gleich wie plausibel, könne sich darin in Windeseile verbreiten. Schon einen Tag nach den Anschlägen auf das Pariser Satiremagazin *Charlie Hebdo* im Januar 2015 seien mehr als ein Dutzend Theorien dazu durchs Netz gegeistert. Wer nicht aufpasst, kann sich schnell darin verheddern.

Woran erkennt man den Unterschied zwischen Scharlatan und Kapazität, zwischen Aufschneider und Experte, wenn jede Äußerung gleichrangig neben der nächsten steht? Google will dazu einen Zuverlässigkeitsindex entwickeln, um die Glaubwürdigkeit von Inhalten bewerten zu können. Nachdem die Pläne bekannt geworden waren, wurden sie umgehend zum Stoff weiterer Verschwörungstheorien: Der Netzgigant, hieß es, wolle die Wahrheit in seinem Sinne manipulieren. Facebook will daher einen anderen Weg gehen und seinen Nutzern die Möglichkeit geben, einen Newsfeed als unseriös oder irreführend anzuprangern. Nur, wer stellt schon gerne seine »Freunde« bloß? So bleibt es wohl dabei: »Im Netz tanzen Wissen und Unwissen, Genie und Wahnsinn miteinander und stürzen weite Teile der Bevölkerung in große Verunsicherung.«[48]

Aber tanzen sie wirklich miteinander oder nicht viel eher aneinander vorbei? Das ist ja das Schöne an den sogenannten sozialen Netzwerken: Man kann so herrlich ungestört unter sich bleiben und muss sich nicht mit lästigen Argumenten herumplagen, die womöglich nicht ins eigene Weltbild passen. Gruppen-Polarisierung nennen das Soziologen. Neigt etwa ein Einzelner zur Auffassung, der Islam bedrohe das Abendland und hat ein oder zwei Argumente dafür gesammelt, wird er in einer Gruppe mit ähnlich Denkenden noch weitere Argumente hören – und am Ende des Gesprächs noch überzeugter davon sein, dass der Islam Teufelswerk ist. Dasselbe gilt für Klimawandel- und Holocaustleugner, Impfgegner oder Eltern, die glauben, ihr Kind werde von einer wachsenden Armee Pädokrimineller bedroht. Im Netz, wo sich jede Angst aus unzähligen Foren und Beiträgen speist, ist dieser Effekt um ein Vielfaches potenziert. Und wenn wir Menschen erst einmal von etwas überzeugt sind, »versuchen wir alles, diese Überzeugung auch gegen jede Evidenz des Gegenteils aufrechtzuerhalten«.[49] So bleiben Gruppen mit unterschiedlichen Ansichten nicht nur unter sich, sie driften auch immer weiter auseinander. Und leben in ihrer jeweils eigenen Welt ohne Widersprüche – in der allen anderen grundsätzlich zu misstrauen ist.

Wie sehr die Fragmentierung von Gruppen im Netz zusätzlich durch Algorithmen vorangetrieben wird, verdeutlichte der Soziologe Ortwin Renn in einem eigenen Experiment. Das Thema dabei: die Risikowahrnehmung durch Mobilfunk. Er forderte dafür zwei Gruppen auf, sich noch intensiver als bislang im Internet zu dem Thema schlauzumachen. Die eine Gruppe, Renn nennt sie die Ängstlichen, neigte schon zuvor eher der Ansicht zu, Handystrahlen seien gesundheitsschädlich; die Skeptiker hielten das eher für ein Hirngespinst. Als die Teilnehmer nun in einer Suchmaschine nach »Risiken von Mobilfunk« fahndeten, stieß die erste Gruppe auf zahllose Warnungen über die schädlichen Einflüsse der Strahlung. Die andere Gruppe bekam genauso viele Entwarnungen geliefert. Im anschließenden Gespräch hatten beide Seiten dann »subjektiv das Gefühl, dass die ganze Welt ihre Ansicht teilte, mit

Ausnahme der verblendeten Gegner, die offenkundig die Zeichen der Zeit nicht wahrnehmen wollten oder ignorierten«.[50]

Womöglich erklärt auch das, warum zwischen Pegida- und AfD-Anhängern auf der einen und der etablierten Politik auf der anderen Seite ein immer breiterer Graben wächst, über den hinweg anscheinend nicht einmal mehr Argumente ausgetauscht werden können. Und weshalb den Hunderttausenden, die im Sommer 2015 selbstlos, gutgelaunt und ehrenamtlich Geflohenen in Deutschland halfen, eine wachsende Zahl von »Gutmenschen«-Verächtern gegenüberstand, die bereit schienen, die weitere Aufnahme von fliehenden Menschen mit allen erdenklichen Mitteln zu bekämpfen. »Gerade die Möglichkeit der neuen Medien, sich im virtuellen Raum eigene Realitäten zu schaffen, kommt der Ausbildung von abgeschotteten bis hin zu fundamentalistisch orientierten Gesinnungsgemeinschaften entgegen.«[51]

Und das System, das ein derartiges Auseinanderdriften von Gemeinschaften ermöglicht, steht erst ganz am Anfang. Im kalifornischen Silicon Valley, wo man sich die Lösung sämtlicher Menschheitsplagen auf die Fahne geschrieben hat, wird längst an Computerprogrammen getüftelt, die jedem ein maßgefertigtes Fenster in die Welt öffnen sollen. Spätestens 2020, verspricht Facebook-Gründer Mark Zuckerberg, werde der Computer genau wissen, was sein Nutzer sehen wolle – und was nicht. Der Wettstreit von Ideen, der Austausch von Argumenten wird dann schon allein deshalb unmöglich sein, weil die einen nur noch Argument A, die anderen nur noch Argument B kennen und eine gemeinsame Plattform nicht mehr existiert. Wer dann im Netz nur noch nach dem Treibstoff für seine Vorurteile, seine Weltsicht und seinen Hass sucht, wird genau das im Überfluss geliefert bekommen. Und sich im wohligen Gefühl sonnen, nicht (mehr) alleine zu sein.

Genau das wiederum ist das Ziel einer wachsenden Zahl

windiger Gestalten da draußen in der anlogen Welt, die erkannt haben, dass sie die Verunsicherung der Masse nicht nur in ihrem Sinne kanalisieren, sondern im Zweifelsfall auch glänzende Geschäfte damit machen können. Was uns noch einmal zurückführt zum charmanten Michael Vogt und seinen »Querdenkern«

DIE ANGSTINDUSTRIE

So besorgt über den Zustand Deutschlands sich der nette Talkonkel Vogt im hessischen Friedberg auch gab, er selbst wird auf absehbare Zeit wohl eher nicht darben müssen. Die Teilnahme an dem »Quer-Denken-Kongress« jedenfalls ließ sich der 62-Jährige teuer bezahlen. Für zwei Tage Bangemachen mussten gewöhnliche Besucher 149 Euro hinblättern, für den Fall, dass sie das Kulturprogramm am Abend mitmachen wollten, sogar noch ein bisschen mehr. Und es ist nicht ausgemacht, ob wirklich jedem Einzelnen im Saal bewusst war, wen er da so überaus großzügig alimentierte. Vogt selbst lieferte, wenn überhaupt, nur versteckte Hinweise auf seine Gesinnung.

Michael Vogt war von 1998 bis 2007 Honorarprofessor am Institut für Journalistik der Universität Leipzig. Dort wurde er entlassen, nachdem bekannt geworden war, dass er mit dem organisierten Rechtsextremismus auf gutem Fuß steht. Vogt trat auch der berüchtigten, dumpfnationalen Münchner Burschenschaft Danubia bei, die zwischenzeitlich vom bayerischen Verfassungsschutz beobachtet wurde. In den »Burschenschaftlichen Blättern« veröffentlichte er 2012 ein Manifest, in dem er wissen ließ, dass als Deutscher nur anzuerkennen sei, wer nach völkischer Definition deutsch ist – sprich: von deutschem Blut abstammt. Vogt betreibt außerdem den Internet-Kanal *quer-denken.tv* der sogenannten Wahrheitsbewegung, zu deren »Wahrheiten« gehört, dass die USA Schlepper bezahle, um Europa mit Fliehenden zu überfluten. Er ist, mit anderen Worten, ein Profiteur der Angst. Aber längst nicht der einzige in Deutschland.

Nach einer Studie der Otto-Brenner-Stiftung gibt es inzwischen ein gut eingespieltes Netzwerk von Einzelpersonen und Gruppen, das drauf und dran sei, den klassischen Medien mit einer »auf Dauer angelegten Gegenöffentlichkeit« das Wasser abzugraben. Das Besondere an diesem Netzwerk ist, dass seine Einzelteile aus der ganz rechten, der ganz linken und der verschwörungstheoretischen Ecke stammen und scheinbar problemlos über ideologische Grenzen hinweg kooperieren. Der Autor der Studie, Wolfgang Storz, spricht von einer »Querfront«.[52] Das Pikante an diesem Begriff: Er entstand gegen Ende der Weimarer Republik, seine Vordenker zielten darauf ab, Nationalisten und Sozialisten zu einer gemeinsamen politischen Bewegung zusammenzuschweißen. Das Ziel war ein homogener Nationalstaat, der alles Liberale und Demokratische als verweichlicht verachtete. Storz sieht entsprechend auch heute eine Gefahr für die Demokratie heraufziehen.

Zu dem Netzwerk, von dem er spricht, zählen demnach nicht nur die »Querdenker« um Vogt, sondern etwa auch die Verantwortlichen des »Compact«-Magazins, das monatlich erscheint und mit dem Slogan »Mut zur Wahrheit« wirbt, den auch die AfD benutzt. »Compact«-Chefredakteur ist der Ex-Kommunist Jürgen Elsässer, der heute als glühender Verächter der »Altparteien« regelmäßig Pegida-Podien bespielt und für seine Thesen – etwa jene, dass die jüdische Familie Rothschild dick am »Millionengeschäft Asyl« verdient – auch von Rechtsextremisten gefeiert wird.

Und dann ist da noch der Kopp-Verlag. Gegründet vom Ex-Polizisten Jochen Kopp und ansässig in Rottenburg am Ne-

ckar feiert sich der Verlag dafür, »Tabuthemen« und unbeque-
me Wahrheiten anzupacken. Was der Verlag druckt, liest sich
wie die Gebrauchsanleitung zur Verschwörungstheorie: »Das
Geschäft mit den Impfungen. Verheimlichte Fakten und unter-
drückte Informationen«, »Die große Enteignung. Wie ein Kar-
tell aus Banken, Politikern und multinationalen Konzernen
die Bürger systematisch um ihre Ersparnisse bringt«. »Gefährlich! Nutze die geniale Macht des Sogprinzips. Befreie dich aus
diesem Sklavensystem!«, »Wenn das die Deutschen wüssten –
dann hätten wir morgen eine Revolution.« Und, natürlich,
der Kopp-Bestseller: »Gekaufte Journalisten. Wie Politiker,
Geheimdienste und Hochfinanz Deutschlands Massenmedien
lenken«. Ein Werk aus der Feder des ehemaligen FAZ-Redak-
teurs Udo Ulfkotte, das zu den bestverkauften Sachbüchern
der letzten Jahre avancierte, mit einem halben Dutzend Auf-
lagen und monatelang fest verankert auf den Bestsellerlisten
des Landes. Nicht nur deshalb floriert der Kopp-Verlag, der
rund 60 Leute beschäftigt, auf wundersame Weise. Nach eigenen Angaben verschickt er 10 000 bis 25 000 Bücher täglich.

Die Angstindustrie – sie läuft auch Hochtouren. Und labt sich
an der Verunsicherung von Menschen, denen die Beschleunigung der modernen Welt zusetzt und die auf immer komplexere Fragen so gerne simple Antworten hätten. Nichts mehr
scheint selbstverständlich in diesen Tagen, die äußeren Krisen
entsprechen dem inneren Empfinden. Alles ist Wettbewerb,
wem oder was zu trauen ist, immer schwieriger zu entscheiden. Insofern ist fast schon verständlich, wenn eine wachsende
Zahl von Menschen Halt in einer Weltvorstellung sucht, in der
alles so schön sortiert scheint wie die Tassen in Großmutters
Wohnzimmerschrank. Und in der nicht ständig jemand droht,
das schöne Porzellan zu zerdeppern.
Es ist dies allerdings auch eine Weltvorstellung, in der ande-

re keinen Platz mehr auf dem Sofa haben, ja nicht mal einen draußen vor der Tür. Brauchen Sie auch nicht, rufen durchs Fenster die großen Vereinfacher. Gibt man den anderen erst ein Zimmer, dann wollen sie gleich das ganze Haus – und setzen uns am Ende vor die Tür. So nährt sich die Angst wie von selbst.

In dieser Situation könnten Mutmacher helfen. Medien zum Beispiel, die Komplexes in seine Einzelteile zerlegen und erklären. Politiker, die besonnen zu unterscheiden wissen zwischen Mummenschanz und echter Gefahr. Oder Unternehmen, die nicht jedes Risiko zur Gewinnmaximierung überbewerten – oder gar erfinden.

Tatsächlich gibt es das. Aber nur vereinzelt. Viel häufiger, so scheint es, spielen die Institutionen, denen wir eigentlich vertrauen können sollten, ihr ganz eigenes Spiel mit unserer Angst.

TEIL III:
SPIELE MIT DER ANGST

1. Das Spiel der Wissenschaft – wieso viele vermeintliche Gefahren nur Scheinrisiken sind

Im März 2009 bekam der kleine Edgar Hernández Fieber. Der damals Fünfjährige stammt aus dem Dorf La Gloria, rund 200 Kilometer östlich von Mexiko-City. Binnen weniger Stunden verschlechterte sich sein Zustand dramatisch, das Thermometer zeigte deutlich mehr als 40 Grad. Als Ärzte sein Blut untersuchten, entdeckten sie einen bis dato unbekannten Subtyp des Grippevirus H1N1. In den Monaten, die folgten, löste er eine beispiellose weltweite Hysterie aus.

Zur selben Zeit, als der kleine Mexikaner vor sich hin fieberte, ging eine ganz normale saisonale Grippewelle durch das mittelamerikanische Land. Aufgeschreckt durch Edgars Malaise brachten die Behörden die daraus resultierenden Krankheiten zunächst mit dem neuen Virus in Verbindung und meldeten 157 Todesfälle. Die Zahl wurde später zwar auf sieben korrigiert, aber da war es längst zu spät. Denn auch im großen Nachbarland USA erkrankten im April zwei Kinder an dem neuen Virus, andere Länder folgten. Mexiko und die Vereinigten Staaten schlossen daraufhin Schulen im ganzen Land, Kaliforniens Gouverneur Arnold Schwarzenegger verhängte gar den Notstand. Die Weltgesundheitsorganisation (WHO) sah sich genötigt, von einer Pandemie zu sprechen – ihr Auslöser firmierte fortan unter dem Namen »Schweinegrippe«.*

---

* Der irreführende Name kam zustande, weil sogenannte Vorläuferviren in Schweinepopulationen entdeckt worden waren. Zwar ging weder von Schwei-

Obwohl sich der Krankheitsverlauf in den allermeisten Fällen als der einer normalen Grippe herausstellte, stufte die WHO ihre Warnung im Juni auf die höchste Alarmstufe 6 herauf. Weltweit, orakelte die Behörde, könnten sich zwei Milliarden Menschen mit dem neuartigen Virus infizieren. Medien berichteten mit wohligem Gruseln, dass auch bei der »Spanischen Grippe« 1919/1920 ein Subtyp von H1N1 beteiligt gewesen sei. Was in der Aufregung etwas unterging: H1N1-Subtypen spielen jedes Jahr bei mehr oder weniger jeder Grippewelle eine Rolle.

Egal. Einmal in der Welt, war die Angst vor der Schweinegrippe nicht mehr zu stoppen. Die britischen Behörden bereiteten sich auf bis zu 65 000 Todesopfer vor. Das ägyptische Regime ordnete an, sämtliche Schweine im Land zu töten. Weltweit folgten Regierungen dem Rat der WHO, massenweise Impfstoffe zu besorgen, und gaben Milliarden dafür aus.

Nach und nach stellte sich jedoch heraus, dass die Schweinegrippe offenbar doch nicht der erbarmungslose Killer war, zum dem man sie gemacht hatte. Im Sommer 2010 erklärte die WHO die Pandemie für beendet und sprach von weltweit rund 18 500 Todesopfern. Das ist sehr viel. Aber: An der ganz normalen Grippe sterben jedes Jahr bis zu 500 000 Menschen – allein in Deutschland bis zu 15 000.

Von den 34 Millionen Dosen Impfstoff, welche die Bundesregierung vorsichtshalber gehortet hatte, waren Mitte 2010 gerade sechs Millionen an Bundesbürger verabreicht worden. Der Rest wurde weggeschmissen und brachte den Behörden ein Minus von 239 Millionen Euro ein. Geld, das man sich nach Ansicht von Experten von vornherein hätte sparen können. Schon Jahre vor Ausbruch der Schweinegrippe hatte die

nen noch vom Verzehr von Schweinefleisch eine Gesundheitsgefährdung für Menschen aus – in der Folge brach der Markt für Schweinefleisch gleichwohl drastisch ein.

US-Gesundheitsbehörde erklärt, es gebe keinen Hinweis darauf, dass etwa das gängigste Impfmittel Tamiflu schwerwiegende Komplikationen einer Grippe verhindern könne. Tatsächlich stellte sich später heraus, dass sich die durchschnittliche Krankheitsdauer mit Tamiflu lediglich von fünf auf vier Tage verkürzen lässt.[1] Was ein wenig an die alte Weisheit erinnert, dass eine Erkältung mit Medikamenten eine Woche dauert und ohne sieben Tage.

Wenn aber alles nicht einmal halb so schlimm war, wieso eigentlich die weltweite Panik? Einige Antworten auf diese Frage lieferten Journalisten und nichtstaatliche Organisationen. So meldete etwa das *British Medical Journal*, ein Großteil der »Experten«, die seinerzeit für die WHO tätig waren, sei den Herstellern von Impfmitteln finanziell verbunden gewesen. Dasselbe gelte für Deutschland, monierte die Antikorruptionsstelle Transparency International (TI): Die Ständige Impfkommission, welche die Bundesregierung in Gesundheitsfragen berät, bestehe im Wesentlichen aus Leuten, die mehr oder weniger eng mit der Pharmaindustrie verbandelt seien. TI-Vorstandsmitglied Angela Spelsberg sah gute Gründe für den Verdacht, »dass die H1N1-Grippewelle als Schweinegrippe-Pandemie von der Pharmaindustrie zur Vermarktung genutzt« worden sei. Vorwürfe, die die WHO und die Impfkommission mit Abscheu zurückwiesen.

Der kleine Edgar Hernández erholte sich übrigens nach vier Tagen wieder. In seinem Heimatdorf La Gloria steht heute ein Bronzestatue, die ihm nachempfunden ist. Sie erinnert nicht zufällig an das berühmte Maneken Pis in Brüssel: Lange hielt sich in Mexiko das Gerücht, der Urin des Jungen verfüge über Heilkräfte. Die Edgar-Statue hatte der Bürgermeister schon im August 2009 aufstellen lassen – in der Hoffnung, dass »Little Boy Zero«, der erste Schweinegrippen-Patient, La Gloria einen Touristenboom beschere.

Dass Angst sich auszahlt, ist eine uralte Erkenntnis. Schon der Staatsphilosoph Niccolò Machiavelli riet den Mächtigen dazu, lieber Schrecken als Wohltaten zu verbreiten – es sei »viel sicherer, gefürchtet, als geliebt zu werden«. Eine Empfehlung, der längst nicht mehr nur die Herrschenden folgen. Zu viel Geld lässt sich mit der Verunsicherung der Massen verdienen. Das haben selbst diejenigen verinnerlicht, deren eigentlicher Job es ist, für die körperliche und geistige Gesundheit eben jener Massen zu sorgen.

Deshalb vergeht kein Tag mehr, ohne dass eine Vogel-, eine Schweinegrippe oder eine andere ansteckende Sau durchs Dorf getrieben wird. »Weil sich kaum Geld damit machen lässt, die Leute davon zu überzeugen, dass sie sicherer und gesünder als früher sind – aber riesige Profite mit Angstmacherei.«[2]

Viren wie H1N1 sind dafür bestens geeignet. Viren gehen immer. Sie sind heimtückisch, wechseln immerzu Form und Beschaffenheit. Und sie sind nicht sichtbar, weshalb es für den einfachen Bürger nahezu unmöglich ist, selbst realistisch einzuschätzen, ob ein Erreger eine tödliche oder gar keine Gefahr für die eigene Gesundheit bedeutet und wie wahrscheinlich seine weltweite Verbreitung ist. Es ist ihm daher nicht zu verdenken, wenn er im Zweifel lieber auf Nummer Sicher geht und sich einen Impfstoff oder ein Medikament verabreichen lässt. Wie sagte noch der Paranoiker: Nur weil ich paranoid bin, muss das ja nicht heißen, dass ich nicht verfolgt werde.

Anfang 2016 machte sich zum Beispiel das Zika-Virus auf, es seinen berühmten Vorgängern gleichzutun. Medienberichte darüber jedenfalls klangen schockierend: Allein in Brasilien hätten sich bereits Hunderttausende Menschen mit dem Virus infiziert, das von der Stechmücke Aedes aegypti übertragen wird, die auch das Dengue-Fieber durch Teile der Welt trägt. Andere Länder Lateinamerikas meldeten ebenfalls wachsende Zahlen von Zika-Infektionen. Schwangere Frauen, die das Virus in sich tragen, liefen Gefahr, Babys mit einem unnatürlich geschrumpftem Kopfumfang, einer sogenannten Mikrozephalie, zur Welt zu bringen.

Infizierte Schwangere, entstellte Kinder, und das in einem Land, in dem die Olympischen Spiele unmittelbar bevorstanden: Das war hinreichend gruselig, so dass sich die Meldungen über Zika schneller um die Welt verbreiteten als das Virus selbst. Im Februar rief dann sogar die Weltgesundheitsorganisation den globalen Gesundheitsnotstand aus, alle Mitgliedsstaaten waren damit aufgefordert, die Krankheit einzudämmen, Geld in die Forschung zu stecken und Impfstoffe zu entwickeln. Das war insofern merkwürdig, da sich alle Experten einig waren, dass das Virus – das bereits vor Jahrzehnten in Uganda entdeckt worden war – sich unmöglich massenhaft um den Globus verbreiten könne. Das Auswärtige Amt gab sogar explizit Entwarnung und wies darauf hin, dass eine Zika-Infektion zumeist nur zu milden oder gar keinen Krankheitssymptomen führe. Nicht mal der Zusammenhang zwischen einer Infektion und Mikrozephalie bei Babys war zu diesem Zeitpunkt zweifelsfrei erwiesen. Viele Säuglinge erkrankter Mütter erfreuten sich bester Gesundheit, Experten rätselten noch, ob womöglich die Ernährung oder Medikamente eine Rolle für die Fehlbildung spielten. Aber da saß der Schreck schon Millionen Menschen in den Gliedern.

Dass die allermeisten Horrormeldungen tatsächlich Scheinriesen sind – sie werden immer kleiner, je näher man sie betrachtet –, geht in der ganzen Hektik der Null-Risiko-Gesellschaft gerne mal unter. Nehmen wir BSE. In den 1990er Jahren nahm die Angst vor der Bovinen spongiformen Enzepalopathie – griffiger »Rinderwahnsinn« genannt – bisweilen die

Züge einer Massenpanik an. Millionen Rinder wurden in Deutschland geschlachtet, Wissenschaftler prognostizierten, dass die neuartige Creutzfeldt-Jakob-Erkrankung Hunderttausende Menschen befallen und deren Hirn zu schwammartigen Zellklumpen zersetzen könnte. Eine Voraussage, die sich nicht einmal ansatzweise bewahrheitete. Bis Mitte 2014 waren 229 Menschen an der Krankheit gestorben, darunter kurioserweise auch einige Vegetarier, die offenbar durch unzureichend desinfiziertes Chirurgen-Besteck infiziert worden waren. Am Rinderwahnsinn, sagt der Soziologe Ortwin Renn, seien damit ähnlich viele Europäer gestorben wie durch das »unachtsame Trinken von parfümiertem Lampenöl«.[3]

DIE SPONSORING-MASCHE

Es ist verblüffend, wie grandios zahllose Menschen die Risiken für ihre Gesundheit über- bzw. unterschätzten. Während etwa 70 Prozent der Deutschen sich durch gentechnisch veränderte Lebensmittel beunruhigt fühlen, findet eine Mehrheit nichts dabei, täglich große Mengen Fleisch in sich hineinzustopfen, idealerweise gepaart mit einer Portion Pommes mit Mayo. Dabei gibt es bei den durch Nahrungsmittel verursachten Krebserkrankungen drei Hauptrisiken, die alle anderen weit hinter sich lassen: zu viel, zu fett, zu fleischlastig.

Das Blöde dabei: Mit zu vielen, zu fetten und zu fleischlastigen Lebensmitteln machen Unternehmen ein Vermögen. Die beschäftigen nicht nur ganze Heerscharen von Lobbyisten, um die Gesundheitsgefahren ihrer Produkte gegenüber der Politik und der Öffentlichkeit herunterzuspielen. Bisweilen wissen sie zudem hochmögende Wissenschaftler, die ja auch von etwas leben müssen, auf ihrer Seite – wie etwa das Beispiel Coca-Cola zeigt. Ende 2015 wurde bekannt, dass die

US-Forschungseinrichtung Global Energy Balance Network, die den Ursachen von Übergewicht nachspürt, offenbar beide Augen zugunsten des Brauseherstellers zudrücken wollte. Forschungsleiter James Hill von der University of Colorado hatte Coca-Cola ganz selbstlos zugesichert, die Studie werde als Ursache für Dickleibigkeit den grassierenden Bewegungsmangel brandmarken und nicht etwa den Konsum von zu viel Zucker. In einer Mail an den Konzern rühmte sich Hill: »Das wäre eine sehr große und teure Studie, sie könnte aber die ganze Debatte grundsätzlich verändern.« Vermutlich war Hills Sachverstand auch deshalb etwas getrübt, weil Coca-Cola den Start seines Netzwerks mit 1,5 Millionen Dollar gesponsert hatte. Ja, mehr noch als das: In der Folge musste das Unternehmen einräumen, dass es zwischen 2010 und 2015 rund 120 Millionen Dollar in sogenannte Gesundheitspartnerschaften gesteckt hatte, ein gutes Sechstel davon in »wissenschaftliche« Forschung.[4]

Nun ist Coca-Cola kein Einzelfall, noch nicht mal ein sonderlich dramatischer. Wo staatliche Fördermittel immer häufiger gekürzt oder gestrichen werden, sind Forscher zwingend auf Drittmittel aus der Wirtschaft angewiesen. Und es ist eher selten, dass sie diese aus Mitleid erhalten. Kaum ein Unternehmen, das auf sich hält und gerne so groß bleiben möchte, wie es ist, verzichtet mehr darauf, die Wissenschaft zu sponsern, in der Hoffnung, dass bei so viel Gutem das womöglich Schlechte etwas aus dem Blick gerät. Und was für Universitäten und Forschungseinrichtungen gilt, gilt nicht minder für die Politik, den Sport, die Medien. Man kann gar nicht früh genug beginnen, die Marke zu positionieren, weshalb es auch in Schulen bis zur Einführung von Werbepausen nicht mehr lange dauern kann.

Schon heute sieht der Alltag eines Grundschulkindes nicht selten so aus: »Zum Frühstück isst es Cini-Mini-Frühstücksflocken von Nestlé und einen Micky-Maus-Joghurt von Danone. In der ersten Schulstunde verteilt die Lehrerin ein Arbeitsblatt zum Thema Zoo, entwickelt von Dr. Oetker. In der zweiten Stunde sieht das Kind ein Video zum Thema Verkehrssicherheit, zur Verfügung gestellt von Capri-Sonne. Vielleicht ist an der Schule aber auch Projekttag, und das Kind darf in der Mobilen Schokowerkstatt von Ritter Sport sein eigenes Schokoquadrat herstellen. Nachmittags im Fußball-verein trainiert das Kind für das DFB-Abzeichen, gesponsert von McDonald's: Falls es gewinnt, darf es Hand in Hand mit einem Spieler der Nationalelf aufs Feld laufen. Wieder daheim guckt das Kind fern. Es hat *Super* RTL eingeschaltet und bleibt, wenn es ein Durchschnittskind ist, 91 Minuten lang vor dem Fernseher sitzen. 18 Minuten davon sind Werbung. Auf *Super* RTL sieht es auch einen Hinweis auf *toggo.de*, die größte deutsche Spieleseite, die zu *Super* RTL gehört. Dort gibt es Cini-Mini-Frühstücksflocken zu gewinnen – der nächste Tag kann beginnen.«[5] Aber wehe, das Kind bewegt sich ohne Tabaluga-App mehr als 500 Meter von zu Hause weg! Dann klingelt die Angst Sturm.

Gegen Verdickung und Verdummung dagegen ist nichts einzuwenden, zumal wenn sie Geld in klamme Kassen spült. Dann ist auch die Politik, die sich so gerne besorgt gibt, zu ungemein flexiblen Verdrängungsleistungen in der Lage. So zum Beispiel im Frühjahr 2013, als die damalige Verbraucher-schutzministerin Ilse Aigner (CSU) ein »Bündnis für Ver-braucherbildung« ins Leben rief. Es sollte, so das hehre Ziel, Konzepte für den Schulunterricht entwickeln, um Kindern im Alltag eine größere »Konsumkompetenz« an die Hand zu ge-ben. Eine prima Idee. Im Kleingedruckten fand sich jedoch die Unterstützerliste der Aktion – darauf standen unter anderem die Commerzbank, Tchibo, Edeka, Rewe und McDonald's.[6]

So werden die einen Gesundheitsrisiken verniedlicht, während man andere systematisch aufbauscht. Und nicht zufällig korrespondiert beides oft mit den Verlust- und Gewinnrechnungen großer Konzerne. Vor allem die Pharmaindustrie und die an ihrem Tropf hängenden Ärzte und Wissenschaftler legen seit Jahren eine bewundernswerte Kreativität an den Tag, sobald es darum geht, den Umsatz zu steigern. Das beliebteste Mittel zum Zweck ist dabei, Gesunde wie von Zauberhand krank zu machen. Man muss dafür nur immer schön weiter die Grenzwerte senken.

So legte etwa die Weltgesundheitsorganisation im Jahr 2009 den als gerade noch gesund geltenden Wert für Blutdruck auf 140/90 mmHg (Millimeter Quecksilbersäule) fest, alles, was darüber liegt, gilt seither als behandlungsbedürftig. Die Entscheidung kam für die Hersteller von Blutdrucksenkern einer Lizenz zum Gelddrucken gleich. Mit seinem Präparat Diovan machte allein der Schweizer Pharmakonzern Novartis bereits im Folgejahr einen Umsatz von fünf Milliarden Euro. Und längst sind weltweit die Pharmalobbyisten am Werk, um den Grenzwert weiter zu senken. Die Europäische Gesellschaft für Kardiologie bezeichnet bereits den Graubereich zwischen normalem Blutdruck und Bluthochdruck als »Prä-Hypertension«, als Vor-Bluthochdruck. Wer noch nicht krank ist, ist es nach dieser Logik bald. »Das wird (…) aus den aktuell geschätzten 30 Millionen Bluthochdruckpatienten in Deutschland vielleicht 40 Millionen machen.«[7]

Ganz ähnlich sieht es mit einem der Lieblingsmesswerte der Bundesbürger aus – dem Cholesterin –, der der Margarine- und Lightindustrie seit Jahren traumhafte Gewinne beschert. Die Deutsche Herzstiftung, Ärzte und Wissenschaftler beten ihren Patienten rituell vor, dass der Cholesterinanteil im Blut

200 Milligramm pro Deziliter nicht übersteigen sollte, weil sonst ein früher Herzinfarkt drohe. Die »Lipid-Liga« ist noch präziser und bezeichnet Messwerte zwischen 200 und 239 Milligramm als »grenzwertig erhöht« und damit behandlungswürdig. Da trifft es sich gut, dass der Durchschnittswert des Deutschen bei 236 Milligramm liegt, nach dieser Rechnung wären 80 Prozent der Bundesbürger akut herzinfarktgefährdet. Fast überflüssig zu erwähnen, dass der Verein »Lipid-Liga« im Wesentlichen von Unternehmen finanziert wird, die Cholesterinsenker im Portfolio haben. Diese sogenannten Statine werfen zahllose um ihre Gesundheit bangende Menschen auch anstandslos ein, was dann doch etwas verwunderlich ist, wenn man bedenkt, dass die gar nicht so seltenen Nebenwirkungen erheblich sein können. Dokumentiert sind sehr viele Fälle von zerstörtem Muskelgewebe, Leber- und Nierenversagen und grauem Star. Etliche Experten gehen mittlerweile davon aus, dass Cholesterinsenker auch bei der beunruhigend steigenden Zahl von Alzheimer- und Demenzerkrankungen eine Rolle spielen könnten. Im August 2001 musste Bayer sein Mittel Lipobay vom Markt nehmen, weil es zu zahlreichen Todesfällen geführt hatte.

Zudem gibt es erhebliche Zweifel daran, ob ein erhöhter Cholesterinwert tatsächlich so gesundheitsschädlich ist wie behauptet. Die Theorie geht auf ein höchst umstrittenes Experiment mit Kaninchen zurück, die von Forschern so lange mit Cholesterin gefüttert wurden, bis sämtliche Organe nach und nach versagten. Was den Wissenschaftlern womöglich entgangen war: Kaninchen ernähren sich ganz überwiegend vegetarisch, große Mengen Cholesterin kann ihr Organismus nicht verarbeiten. Ihr natürlicher Spiegel liegt bei 45 Milligramm pro Deziliter, die Forscher pumpten sie aber derart voll, dass er am Ende auf 1200 Milligramm stieg. Man hatte die Tiere schlicht vergiftet. Ein ähnliches Experiment mit Ratten, die wie Menschen Allesfresser sind, hatte dagegen keine gravierenden Konsequenzen. Inzwischen liegen sogar mehrere Studien vor, die belegen, dass bei Menschen mit zu *niedrigem* Cholesterinwert die Todesrate höher ist als bei anderen.

Angesichts derartigen Erfindungsreichtums kann es nicht verwundern, dass Menschen in Industriestaaten die eifrigsten Pillenschlucker des Planeten sind. In Deutschland kommt inzwischen jeder Bürger auf zehn verordnete Arzneimittel im Jahr, nicht gerechnet, was er sich an nicht verschreibungspflichtigen Medikamenten aus der Apotheke holt. Krankenkassen warnten zuletzt mehrfach vor »Polypharmazie«, einer chronischen Überdosis von verschiedenen Pillen gleichzeitig. »Unter diesen Umständen wird Krankheit zur Norm.«[8] Anders gesagt: Gesund zu sein heißt, noch nicht krank zu sein. Das gilt erst recht für psychische Erkrankungen, die von Jahr zu Jahr angeblich zunehmen. Vertraut man auf Expertenrat, dann leiden in den Vereinigten Staaten mittlerweile vier von fünf Kindern an der einen oder anderen Geisteskrankheit. Und Deutschland holt galoppierend auf, allein die »Aufmerksamkeits-Defizit-Hyperaktivitäts-Störung«, kurz ADHS, scheint auf dem besten Weg zur Pandemie zu sein, weit mehr als eine halbe Million Kinder sollen bereits daran erkrankt sein.

Im bislang letzten »Diagnostischen und Statistischen Manual Psychiatrischer Störungen« – der Bibel der Psychiatrie – listeten die Autoren 2013 sage und schreibe 297 verschiedene Geisteskrankheiten auf. Fast dreimal mehr als in der Erstausgabe von 1952. Heute sollte demnach auch derjenige medikamentös behandelt werden, der 14 Tage nach dem Tod des Ehepartners oder des eigenen Kindes noch schwer niedergeschlagen ist.[9] Die Gründe für den munter galoppierenden Wahnsinn dürften wieder einmal vor allem monetäre sein. Ein Großteil der Verfasser des Handbuchs hängt finanziell am Tropf der Pharmaindustrie.

Wenn die Menschen aber derart an der Nase herumgeführt werden, wenn Studien gekauft und Ergebnisse manipuliert werden, wenn Riskantes verharmlost und Harmloses zum Risiko erklärt wird, darf man es dem Einzelnen dann noch übelnehmen, wenn er dem System ganz grundsätzlich misstraut? Wenn er überall eine Verschwörung wittert? Und am Ende gar Rattenfängern wie Stefan Lanka auf den Leim geht?

Der Biologe Lanka ist Anhänger der Perth-Group, eines Zusammenschlusses von Menschen, die in bester verschwörungstheoretischer Manier davon überzeugt sind, dass Viren nicht existieren, sondern eine bloße Erfindung der Mächtigen zur Manipulation ihrer Untertanen sind. So sei etwa auch das HI-Virus, das die Immunschwächekrankheit Aids auslöst, nichts als ein Hirngespinst, erschaffen, um Chemotherapeutika an homosexuellen Männern ohne Fortpflanzungsaktivitäten zu erproben.

Irrsinn? Ganz sicher. Nur leider ein Irrsinn, den eine erstaunlich große Zahl von Menschen für bare Münze nimmt – und der schon heute fatale Folgen gezeitigt hat. So wurden etwa Vertreter der Perth-Group vom südafrikanischen Präsidenten Thabo Mbeki in dessen Beratergremium zur Aids-Epidemie im Land berufen. Und dort stießen sie mit ihren wissenschaftlich unhaltbaren Thesen ganz offensichtlich auf offene Ohren. Gesundheitsexperten jedenfalls sind überzeugt davon, dass die immer laschere Aids-Prävention und Zigtausende vermeidbare Aids-Todesfälle in Südafrika ganz wesentlich auf die Virenleugner zurückzuführen sind.

Deren prominentester deutscher Vertreter, Stefan Lanka, wurde einer breiteren Öffentlichkeit im Jahr 2015 bekannt, als er einen Prozess um die Frage führte, ob das Masernvirus existiert. Der Biologe Lanka war seiner Sache dabei so sicher, dass er sogar demjenigen 100 000 Euro versprach, der das Virus zweifelsfrei nachweisen könne. Der Mediziner David Bardens reagierte am schnellsten und ließ Lanka etliche Fachveröffentlichungen zum Thema zukommen. Als Lanka dennoch nicht zahlen wollte, klagte Bardens vor dem Landgericht Ravensburg, wo er wenig überraschend gewann. Der Masernleugner legte daraufhin umgehend Berufung ein.

Das alles wäre nur eine heitere Randnotiz aus Absurdistan – hätten Ansichten wie die von Lanka nicht auch in Deutschland mittlerweile bemerkenswerte Konsequenzen. Zufall oder nicht: Im Winter 2014/15 kam es in Berlin zu einem Masernausbruch, den man in dieser Form bis dato für unmöglich gehalten hatte. Binnen Wochen infizierten sich 375 Menschen in der Hauptstadt mit dem Virus, das hochansteckend ist und im Extremfall zu schweren Gehirnschäden führen kann. Die Krankheit verbreitete sich von Berlin aus auch in andere Teile des Landes, bis März zählten die Behörden 900 Fälle. Das Ganze war nicht nur peinlich für die Bundesregierung, die sich gegenüber der Weltgesundheitsorganisation ursprünglich verpflichtet hatte, Masern bis 2015 in Deutschland auszurotten.

Noch bedenkenswerter war die Tatsache, dass ein größerer Teil der Infizierten offenbar zum auch hier wachsenden Kreis der Virenleugner zählte. »Diese Art von absurdem Irrsinn hat es immer gegeben«, schrieb dazu die Süddeutsche Zeitung. »Neu ist allerdings, dass so etwas in unserer aufgeklärten Zeit auf fruchtbaren Boden fällt.« Immer mehr Menschen zweifelten wissenschaftliche Erkenntnisse an. »Die einstmals valide demokratische Währung Vertrauen befindet sich im freien Fall.«[10]

Und vieles spricht dafür, dass sich die ehedem vertrauenswürdigen Institutionen einen Teil dieser Entwicklung selbst eingebrockt haben.

2. Das Spiel der Wirtschaft – warum Angst ein bombensicheres Geschäft ist

Als Adam Fletcher nach Deutschland zog, kam es ihm vor wie eine Reise hinter den Mond. Es war 2007, er landete in Leipzig, sprach kein Wort Deutsch und wusste von seinem Gastland im Wesentlichen nur, dass es ein oder zwei Weltkriege angezettelt hatte und verdammt gut im Elfmeterschießen ist. Fletcher, ein freundlicher Glatzkopf mit Theo-Waigel-Brauen, hat sich dann doch recht gut eingelebt, 2008 zog er weiter nach Berlin, traf Schwaben, Hessen, Rheinländer und lernte, dass Deutsche doch schrulliger sind, als der durchschnittlich schrullige Brite so denkt. Fletcher beschloss, Bücher und Blogs zu schreiben, in denen er erläuterte, wie er Schritt für Schritt deutscher bzw. Deutscher wurde.

Er musste dafür nur Wörter wie »Brustwarze«, »Eselsbrücke« oder »Antibabypille« schätzen lernen, sich Hausschuhe überstülpen, im Café Apfelschorle bestellen und sonntagabends »Tatort« gucken. Deutschsein, sagt Fletcher, heiße einerseits, Schlager zu hassen, sie andererseits aber auswendig zu können, aus Angst vor dem Erstickungstod das Schlafzimmer derart runterzukühlen, dass man Fleisch darin gefrieren kann, und regelmäßig zum Nordic Walking zu gehen. Nur Germanen kämen auf die Idee, eine über Jahrmillionen bewährte Fortbewegungsart noch optimieren zu wollen.

Und dann ist da die Sache mit den Versicherungen. Fletcher hat sich bis heute noch nicht daran gewöhnt. Weil sie offenbar jederzeit mit der einen oder anderen Katastrophe rechneten, gerieten die Deutschen beim Thema Versicherungen schnell aus dem Häuschen. »Sei nicht überrascht, wenn du Deutsche triffst, die einen persönlichen Versicherungsberater haben«, schreibt der Brite. »Meine Freundin telefoniert öfter mit ihrem Berater als ich mit meiner Mutter.« Kurzum, käme irgendjemand auf die Idee, eine Versicherung dagegen zu erfinden, die falsche Versicherung zu haben, wäre das Ergebnis »80 Millionen Menschen, die vor Glück sterben«.[11]

Das ist, natürlich, übertrieben. Andererseits ließ es sich ein großer deutscher Versicherer kurz vor dem Oktoberfest 2015 nicht nehmen, noch schnell eine öffentliche Warnmeldung abzusetzen. Die Gefahren durch Zuprosten und Schunkeln, hieß es darin, seien nicht zu unterschätzen. Da sei schnell mal die Brille des Nachbarn »vom Kopf gefegt« oder man könne selbst »unangenehme Bekanntschaft« mit einem Maßkrug machen, der voll immerhin 2,3 Kilo wiege. Eine Schunkel-Versicherung? Kein Witz.

DAS WEITE FELD DER VERUNSICHERER

Vielleicht ist es an der Zeit, Abbitte zu leisten vor einer Branche, die bislang völlig zu Unrecht als mausgrau und langweilig geschmäht wurde. Die wahren Kreativen sitzen bei Allianz, HUK & Co. Es gibt kaum ein Land, das so akribisch gegen jedes denkbare Risiko versichert ist, wie Deutschland. Das kleine ABC der Gefahrenprävention geht hier von A wie Ausbildungsversicherung bis Z wie Zweitwagenversicherung. Dazwischen gibt es Brillenversicherungen und Campingversicherungen, Ferienhausversicherungen, Garderobeversicherungen, Hagel- und Handyversicherungen, Hausbock-, Hausschwamm- und Hundeversicherungen, Kühlgutversicherungen, Leitungswasser- und Leuchtröhrenversicherungen, Mopedversicherungen, Musterkollektionsversicherungen, Schmuck- und Pelzversicherungen, Sturmversicherungen und Wassersportversicherungen. Und das ist nur ein kleiner Ausschnitt aus einer sehr langen Liste. Sogar eine Hochzeitsrücktrittsversicherung kann in Deutschland abschließen, wer glaubt, dass Trauen zwar schön, aber Misstrauen auf kurze Sicht klüger ist.

Nach Angaben des Gesamtverbandes der Deutschen Versicherer (GdV) gibt es hierzulande inzwischen mehr als 460 Millionen Assekuranz-Verträge. Allein die Kapitallebensversicherungen summieren sich auf gut 93 Millionen Stück – das sind weit mehr, als es Einwohner im Land gibt. Die Beitragseinnahmen der Anbieter steigen seit Jahren mit erfreulicher Selbstverständlichkeit: lagen sie 2008 noch bei 164,5 Milliarden Euro, waren es 2012 bereits 181,6 Milliarden und noch einmal zwei Jahre später 192,3 Milliarden Euro. Jeder Bundesbürger gibt im Schnitt rund 2350 Euro im Jahr für Versicherungen aus, das sind etwa 500 Euro mehr als der Durchschnitt in Europa.

Die Deutschen sind damit nicht nur hoffnungslos überversichert, sie sind häufig auch völlig falsch versichert. So umhegen die Bundesbürger zwar ihr Haus, ihren Hausrat und ihr Auto liebevoll mit Versicherungen, zudem verfügt jeder zweite Haushalt über eine Rechtsschutzversicherung, für den Fall, dass etwa der blöde Nachbar übergriffig werden sollte. Nachhaltigere Risiken dagegen sichern die Deutschen bisweilen erstaunlich lax ab, so fehlt fast jedem Dritten eine Haftpflichtversicherung, und drei von vier Menschen stünden im Fall der Berufsunfähigkeit mit leeren Händen da.« Die Deutschen haben im Vergleich zu anderen Ländern überdurchschnittlich hohe materielle Ängste«, heißt es denn auch in einer Studie der Gesellschaft für Konsumforschung.[12] Angesichts von Finanzkrise, Klimawandel und Terrorgefahr versuchten die Bürger wenigstens, ihr Sachvermögen zusammenzuhalten. Man weiß ja nie, wofür man es noch mal braucht.

Es sind wunderbare Zeiten für Versicherer, die aus der großen allgemeinen Verunsicherung immer neues Kapital schlagen. Die Hamburger Verbraucherschützerin Edda Castello kritisiert, ein Heer von Tausenden Versicherungslobbyisten drehe den Deutschen immer häufiger »Schnickschnack statt wirklich wichtigem Schutz« an.[13] Selbst dem Branchenverband GdV scheint die Provisionsschinderei zahlreicher Mitglieder inzwischen etwas peinlich zu sein. Anfang 2015 produzierte der Verband eigens ein Audio-Podcast unter dem Titel »Überversichert«, um einfachen Bürgern etwas Durchblick im Policendickicht zu verschaffen. Darin fanden sich dann so wertvolle Hinweise wie jener, dass Menschen, die nicht reisen, im Normalfall auch keine Reiserücktrittsversicherung brauchen.

Ob der Wildwuchs damit allerdings beendet werden kann, ist zu bezweifeln. Zu verlockend erscheint es vielen Versicherungen, die wachsenden Sorgen der Deutschen in Bares umzumünzen. Vor allem junge Eltern kollabieren reihenweise vor dem Einfallsreichtum der Branche mit ihren rund 550 000 Beschäftigen. Fast jede Zusatzversicherung für Kinder könne man zwar getrost vergessen, rügt die Stiftung Warentest. Aber offenbar will sich niemand vorwerfen lassen, nicht alles für den Schutz des eigenen Nachwuchses getan zu haben. »Die Finanzbranche kennt die Ängste der Eltern und weiß, dass sich mit Spezialprodukten für die Jüngsten gut verdienen lässt«, so die Verbraucherschützer.[14]

Auch Cyber-Versicherungen erfreuen sich seit einigen Jahren wachsender Beliebtheit – mit der zunehmenden Zahl von Cyberattacken auch das ein Selbstläufer. Da versteht es sich von selbst, dass es inzwischen auch Terrorversicherungen gibt, sie wurden 2002 – wenige Monate nach den Anschlägen in New York und Washington – erfunden. Weil aber keine Versicherung allein einen derartigen Schaden abdecken könnte, haben sich zu diesem Zweck mehrere Versicherungen zu sogenannten Terrorpools zusammengespannt. In Deutschland gründeten 16 Konzerne, darunter Munich Re und die Allianz, mit Unterstützung der Bundesregierung den Spezialversicherer »Extremus«. Dieser steht seither für 7000 Großrisiken gerade, etwa Terrorschäden für Messen, Hochhäuser, Flughäfen, Stadien, Banken, Kirchen – und Versicherungen. Zwar beträgt die Deckungssumme maximal zwei Milliarden Euro, gemessen an den 9/11-Sachschäden in Höhe von mindestens 30 Milliarden Euro also Peanuts. Das liegt aber auch daran, dass die Assekuranzen einen Terroranschlag in dieser Größenordnung nicht mehr für möglich halten.

DIE JAGD NACH DATEN

Waren also die vergangenen Jahre bereits goldene für die Versicherungen, so versprechen die kommenden noch einmal ein sattes Umsatzplus. Die Zeiten starrer und damit weniger gut kalkulierbarer Beitragssätze könnten nämlich bald schon vorbei sein. In freudiger Erwartung werkeln fast alle Versicherungen an individuellen Tarifen, mit dem sie ihr eigenes Risiko noch weiter minimieren könnten. Alleiniges Mittel zum Zweck sollen die Daten der Menschen sein, die nicht zu Unrecht als Öl des 21. Jahrhunderts gepriesen werden. Wobei das fast noch untertrieben ist: Während der fossile Rohstoff irgendwann zur Neige gehen wird, gibt es für die exponentielle Zunahme persönlicher Daten im Prinzip keine natürlich Grenze.

Was das für Versicherungen heißt, lässt sich beispielsweise am sogenannten Pay-as-you-drive-Verfahren ablesen. Es bedeutet nichts anderes, als dass Menschen, die sich nachweislich risikoarm durch den Straßenverkehr schlängeln, mit sinkenden Beitragssätzen rechnen können – die anderen gegebenenfalls mit steigenden. Dafür messen elektronische Fahrtenschreiber im Auto des jeweiligen Versicherten dessen Fahrverhalten, kontrollieren, wie scharf er bremst und wie stark er beschleunigt, und erstellen daraus ein Bewegungsprofil. In den USA sind derartige Systeme bereits gang und gäbe, dort gehen die Versicherungen sogar noch weiter und lassen vor allem junge Leute unterschreiben, dass sie ihr Fahrzeug zwischen 23 und 5 Uhr nicht benutzen. Wer dagegen verstößt – und durch die Überwachung ist Tricksen kaum möglich – muss eine Strafe zahlen. Datenschützer revanchierten sich, indem sie einem Hersteller solcher Pay-as-you-drive-Systeme den »Big Brother Award« verliehen.

In Deutschland heißt das Ganze etwas unverdächtiger »Telematik-Tarif«. Die HUK-Coburg experimentiert damit schon länger, die Allianz zog nach, vieles spricht also dafür, dass sich die Bundesbürger an solche Tarife werden gewöhnen müssen. Zwar betonen die Versicherungen, eine Teilnahme sei freiwillig. Aber Datenschützer sind sicher: Wenn erst eine kritische Masse erreicht wurde, werden Verweigerer grundsätzlich als Rüpel-Raser verdächtigt und entsprechend hochgestuft.

Bereits 2009 wollte die damals noch im Bundestag sitzende FDP von der Bundesregierung wissen, wie sich Telematik-Tarife mit dem Grundrecht auf informationelle Selbstbestimmung vertrügen. Schließlich würden über den Sensor im PKW »fortlaufend Informationen via Satellit in ein Rechenzentrum übermittelt«, sie ermöglichten ein minutiöses Protokoll darüber, »wo, wann und wie der Versicherungsnehmer fährt«. Die Bundesregierung wiegelte ab und verwies auf den privatrechtlichen Charakter derartiger Verträge. Soll heißen: Wer der Überwachung per Unterschrift zustimmt, dem können – und wollen – wir nicht helfen.

So gesehen ist es nur konsequent, dass die Versicherungen nun noch einen Schritt weiter gehen und dem »Pay as you drive« ein »Pay as you live« folgen lassen. Überwacht würde dann nicht mehr nur das Auto – sondern der ganze Mensch. Da der sich, wie wir gesehen haben, ohnehin immer öfter und immer ungenierter selbst vermisst, spricht nach Auffassung der Assekuranzen nichts dagegen, die so anfallenden Daten für einen maßgeschneiderten Individual-Tarif zu verwenden. Die Gesunden, Fitten und Energischen können sich so einen satten Bonus erschwitzen. Der Rest steht unter Druck, es ihnen nachzutun. Für die Versicherer eine Win-win-Situation: Sie können ihre Kosten senken und erfahren womöglich mehr über ihre Kunden als deren Lebensgefährten. Dass der Grundgedanke von Versicherungen – jeder Einzelne einer Solidargemeinschaft steht für den jeweils anderen ein – auf diese Weise an den Rand der Abschaffung gerät, damit können die Unternehmen ganz gut leben. In der Branche jedenfalls sorgt »Pay as you live« schon jetzt »für eine fast schon revolutionäre Aufbruchstimmung«.[15]

Die AOK Nordost war in Deutschland die erste Krankenkasse, die sich an die sogenannten Vitaldaten ihrer Kunden heranrobbte. Allerdings beschränkt sich das Unternehmen bislang darauf, Mitgliedern, die sich selbst tracken wollen, bei der Anschaffung entsprechender Geräte finanziell unter die Arme zu greifen. Andernfalls begäbe man sich datenschutzrechtlich auf heikles Terrain. Entsprechend vorsichtig agiert deshalb auch noch die Generali Group, die 2016 in Deutschland, Frankreich und Österreich das »Vitality«-Programm lancierte. Wer mitmacht, muss zu Beginn seinen Gesundheitszustand ermitteln und sich dann eigene Ziele setzen, beispielsweise 20 Kilo abzunehmen oder den Cholesterinspiegel zu senken. Für das Erreichen eines dieser »Meilensteine« winken dann Beitragsrabatte. Die notwendigen Punkte, heißt es bei

Generali, könne der Kunde auf diversen Wegen sammeln, etwa durch »Wahrnehmung ärztlicher Vorsorgetermine (vergleichbar mit dem Zahnarzt-Bonusheft), Fitness und Bewegung sowie über den Einkauf gesunder Lebensmittel«[16]. Der Konzern ist sich sicher: Darauf haben die Deutschen gewartet. Grund zur Sorge bestehe nicht, denn die genauen Vitaldaten würden gar nicht an Generali übermittelt, man erhalte lediglich Meldungen über den jeweiligen Statuslevel.

Aber dass es dabei bleibt, bezweifeln nicht nur Datenschützer. Denn der um seine Gesundheit besorgte Mensch sorgt sich nicht mal annähernd in gleichem Maß um seine Daten. Zu bereitwillig gibt er sie schon jetzt seinem Smartphone preis. Zu wertvoll auch ist der Datenschatz, den zu heben nicht nur Krankenkassen wild entschlossen sind. Henri de Castries, langjähriger Chef des französischen Versicherungskonzerns Axa, räumte denn auch freimütig ein: »Wir werden erleben, dass Krankenversicherer direkten Zugang zu Daten haben, die mit den Fitness-Armbändern eingesammelt werden.«[17]

So macht sich der Mensch, im Bemühen, versichert zu sein, unsicherer. Und die Assekuranzen sind bei weitem nicht die einzigen, die davon profitieren. Es ist die »Mozart-Doktrin«, der auch der Rest der datengeilen Wirtschaft folgt: Così fan tutte.

WAS UNSER SUPERMARKT ÜBER UNS WEISS

Im Februar 2012 berichtete der Journalist Charles Duhigg in der *New York Times* über ein denkwürdiges Ereignis in einem Supermarkt in Minneapolis. Dort sei ein wütender Mann aufgetaucht, der verlangt habe, den Geschäftsführer zu sprechen. In der Hand hielt er Flyer und Gutscheine für Babysachen, Schwangerenkleidung und Kinderzimmereinrichtungen. Seine

Tochter, die noch zur Schule gehe, habe das Zeug in ihrem Mailpostfach gefunden. »Wollen Sie sie dazu anzustiften, schwanger zu werden?«, herrschte der Vater den Manager an. Der reagierte verdutzt. Als er Tage später den aufgebrachten Mann anrief, um sich zu entschuldigen, stieß er am anderen Ende der Leitung auf einen konsternierten Gesprächspartner. Offenbar seien in seinem Haus Dinge vorgefallen, von denen er nichts geahnt habe, so der Vater. »Meine Tochter erwartet im August ein Kind.«[18]

Zufall? Eher nicht. Die Supermarktkette Target, in dessen Filiale sich die Episode zutrug, beschäftigt seit Jahren eine Analyseabteilung, die Kundenwünsche herausfinden will, bevor die Kunden selbst sie haben. Im Visier des Konzerns sind dabei vor allem werdende Eltern. Weil diese im Gefühlschaos gerne mal ihr übliches Kaufverhalten verändern und ungewöhnlich offen für neue Produkte sind, gelten sie als »heiliger Gral« der Branche, schreibt Duhigg. Und den größten Reibach macht, wer Bald-Mama und Bald-Papa möglichst frühzeitig passgenaue Angebote machen kann. Die Statistiker und Mathematiker von Target nahmen sich daher zunächst die vielen Millionen Daten zu Brust, die das Unternehmen bis dato über seine Kunden gesammelt hatte – darunter Wohnort, Familienstand, Zahl der Kinder, Alter, Lesegewohnheiten und das exakte Kaufverhalten von früheren Besuchen. Zudem stellten sie fest, zu welchen Produkten Schwangere bevorzugt greifen, etwa parfümfreie Seifen und Cremes oder Nahrungszusätze wie Kalzium, Magnesium, Zink. Für 25 Target-Artikel berechneten sie eine erhöhte Wahrscheinlichkeit für Schwangerschaften. Kombiniert mit all den anderen Daten gelang ihnen anschließend nicht nur eine erstaunlich präzise Schwangerschaftsvorhersage, sie konnten sogar den Geburtstermin auf wenige Wochen genau berechnen. Zehntausende Kundinnen in guter Hoffnung landeten so in der Datenbank von Target –

sie konnten von da an zielgerichtet mit Werbung und Coupons bombardiert werden.

»Predictive Analytics« nennt sich diese Art der fürsorglichen Kundenbelagerung. Nicht nur in den Vereinigten Staaten beschäftigen Warenhäuser, Banken, Postunternehmen, Versicherungen und nahezu alle anderen Großkonzerne Heerscharen von Spezialisten, die immer präziser berechnen können, wann welcher Kunde welche Entscheidung treffen wird. Und warum. Auch Polizeibehörden und Geheimdienste interessieren sich in zunehmendem Maße für die zugrundeliegenden Algorithmen.

Die für die Berechnungen notwendigen Daten liefern die Menschen zu einem großen Teil bereitwillig selbst. Die Clips, die sie auf Youtube veröffentlichen, die Musik, die sie über Spotify hören, die News, die sie über Twitter teilen, die Freunde, die sie auf Facebook haben, und die Botschaften, die sie dort »liken«, den Puls, den sie über »Wearables« messen, die Schritte, die sie per Smartphone zählen, und die Herzen, die sie an der Supermarktkasse sammeln, vereinen sich zu einem vieltausendteiligen Datenpuzzle, das zusammengesetzt »ICH« ergibt. Viele dieser Daten kann jeder, der will, im Netz sammeln. Andere muss man kaufen. Längst hat sich ein florierender Markt entwickelt, auf dem jede denkbare Information über Individuen für Cent- und geringe Eurobeträge zu haben ist: Hautfarbe, Größe, Gewicht, Arbeitsstationen, Krankheiten, Hobbys, politische Ansichten, Lesegewohnheiten, Spendenverhalten … »Dein Telefon weiß, wie du deinen Tag verbringst, wie lange du in einer Kneipe bist oder ob du in eine Abtreibungsklinik gehst«, sagt der ehemalige Strafermittler und FBI-Berater Marc Goodman. »Wie diese Daten einmal ausgenutzt oder verkauft werden, ist völlig unklar. Sicher aber ist, dass sie kenntlich werden.«[19]

Und was man heute noch nicht über uns weiß, wird man bald wissen. Selbst wenn Menschen künftig auf alle »smarten«

Geräte verzichten sollten – was in etwa so wahrscheinlich ist wie das Comeback der Wählscheibe –, werden sie unweigerlich Spuren im öffentlichen Raum hinterlassen, die Maschinen gerade mit verblüffender Präzision zu lesen lernen. Mit Milliarden geförderte Forschungsprogramme arbeiten an der einwandfreien Identifizierung des einzelnen Menschen via Erbmaterial, Iris, Retina, Gesichtsgeometrie, Handgefäß- und Venenstruktur, Nagelbettmuster, Ohrform, Stimme, Lippenbewegung, Laufstil oder Körpergeruch. Staaten wie Argentinien haben bereits ein landesweites biometrisches Erfassungssystem gesetzlich verankert. Die treffende Begründung: »Wenn wir mehr darüber wissen, wer wir sind, können wir besser auf uns aufpassen.«

Videokameras haben längst keine Schwierigkeiten mehr, schräge Aufnahmewinkel und Gesichtsveränderungen durch Alter, Bartwuchs oder Brille digital zu kompensieren und zu namenlosen Gestalten in der Masse die Passdaten zu liefern. Kasinos in Las Vegas setzen schon jetzt darauf, allzu gewitzte Spieler am Gesicht zu erkennen. Und auch unsere Emotionen werden wir künftig nicht mehr ohne weiteres verbergen können. Maschinen werden sie lesen, berechnen und deuten. Das US-Unternehmen Affectiva hat bereits Millionen Gesichter aus aller Welt gescannt, um den Ausdruck von Gefühlen über kulturelle und ethnische Unterschiede hinweg zu erforschen. Ziel ist ein universales Modell menschlicher Mimik. 2014 ging Affectiva eine Partnerschaft mit Millward Brown ein, dem zweitgrößten Marktforschungsunternehmen der Welt, das unter anderem für Kunden wie Unilever, Kelloggs und Pepsi tätig ist.[20] Unaufhaltsam, so scheint es, schreitet die Vermessung und Vermarktung des Menschen voran. Anonymität? Das war einmal. In ihrer Allgemeinen Erklärung der Menschenrechte schrieben die Vereinten Nationen 1948 noch das Recht auf Privatheit fest. Heute sagt Mark Zuckerberg: »The age of privacy is over.«

Wenn aber jeder jederzeit durch Maschinen identifizierbar ist, ist Wohlverhalten im Wortsinne programmiert. Soziale Daten, sagt Alphabet-Chef Eric Schmidt, seien »ein machtvoller Einflussfaktor für das Verhalten«. Aber eben nicht nur für das Verhalten des Gelegenheitsdiebs und des Gewalttäters, sondern für unser aller Verhalten. Wer weiß, dass er unter stetiger Beobachtung steht, kann nicht mehr unbefangen feiern, flirten oder abweichende Meinungen äußern. Dann greift die Selbstzensur. Und das, noch bevor seine persönlichen Daten womöglich missbraucht werden können.

Seltsamerweise jedoch scheint das den von Ängsten ummauerten Weltbürger nicht weiter zu stören. Während er immer größeren Aufwand betreibt, um sich, seine Kinder und sein Hab und Gut zu schützen, nimmt er die Dauerdurchleuchtung – und alle damit verbundenen Risiken – offenbar achselzuckend hin. »Im Sorgenkatalog der Bevölkerung rangieren Ängste vor dem Missbrauch ihrer persönlichen Daten bestenfalls im Mittelfeld«, registrierte 2015 das Meinungsforschungsinstitut Allensbach. Nur einer von vier Bundesbürgern fürchte, Privatunternehmen könnten seine intimsten Daten ausnutzen, noch weniger mochten das den Geheimdiensten unterstellen. Und die Ängste nahmen eher ab als zu.[21]

Dabei hatten nicht einmal zwei Jahre zuvor die von Edward Snowden veröffentlichten Dokumente allen, die es wissen wollten, vor Augen geführt, dass Geheimdienste mühelos jeden Winkel der digitalen Welt ausleuchten und dabei jederzeit auf freundliche Unterstützung aus dem Silicon Valley zählen können. An Warnungen hat es auch sonst nicht gemangelt. »Über die ganze Gesellschaft legt sich nach und nach ein unsichtbares Überwachungsnetz«, sagt der ehemalige Bundesdatenschutzbeauftragte Peter Schaar.[22] »Wir sind nicht nur vollkommen gläsern geworden, wir haben uns auch erpressbar und manipulierbar gemacht«, schreibt die Computerexpertin Yvonne Hofstetter. »Big Data läutet einen neuen Bund ein: Es ist der Bund zwischen Kapitalismus und Diktatur mit der Verheißung neuer, profitabler Geschäftsmodelle der totalen Überwachung.« Aber der exzessiven Datensammelwut begegneten die meisten von uns mit »bürgerlicher Gleichgültigkeit«.[23]

Wieso eigentlich?

Ein möglicher Grund liegt für den Internetskeptiker Evgeny Morozov darin, dass Datenmissbrauch in aller Regel ein unsichtbares Vergehen sei. Von einem »victimless crime«, einem Verbrechen ohne Opfer, spricht der weißrussische Publizist. Was so zwar nicht stimmt, wie etwa der peinliche Hack im Juli 2015 bewies, als Unbekannte 33 Millionen Nutzerdaten des Seitensprungportals Ashley Madison erbeuteten. In der Folge schnellte die Zahl der Scheidungen vorübergehend in die Höhe, Menschen, die dem Aufruf des Portals – »Life is short. Have an affair!« – anstandslos gefolgt waren, sollen sogar Selbstmord begangen haben. Was Morozov jedoch meint, ist, dass die Folgen von Datenmissbrauch vielfach nur mittelbar, zeitversetzt und schwer zu enträtseln sind. Wer etwa keinen Bankkredit bekommt, obwohl er solvent ist, ahnt womöglich nicht, dass der Computer für sein Postleitzahlengebiet eine überdurchschnittliche Ausfallquote berechnet hat. Wer als Jobbewerber übergangen wird, hat früher vielleicht zu viele Partybilder auf Facebook gepostet. Und wer schwanger ist und Babywerbung im Briefkasten findet, mag das für Zufall halten.

Es gibt aber noch eine weitere Antwort auf die Frage, weshalb die große Mehrheit der Bundesbürger der fröhlich voranschreitenden Datafizierung der Welt weitgehend sorgenfrei gegenübersteht. Sie findet sich ebenfalls in der erwähnten Allensbach-Studie: Das Bedrohungsgefühl der Bevölkerung, heißt es darin, steige seit Jahren stetig. Kriminelle, Radikale, Terroristen gefährden demnach unablässig unsere Sicherheit. Und wenn man zum Schutz vor ihnen ein paar persönliche Daten opfern muss, dann ist das wohl ein Preis, den viele gerne zahlen. Das ist also der Deal. Daten gegen Sicherheit. Gut möglich allerdings, dass die meisten dabei das Kleingedruckte überlesen.

Für die Unternehmen aber ist die Angst des Einzelnen das perfekte Einfallstor in die letzten Winkel der Privatsphäre. Das findige Forschungsunternehmen Google X zum Beispiel verspricht nichts weniger, als früher oder später den Krebs zu besiegen. Die Firma, die zum Riesenreich des neuerdings Alphabet (vormals Google) genannten Konzerns gehört, experimentiert dafür mit Früherkennungssystemen wie einer Kamera in der Dusche, die allmorgendlich den Körper nach Hautkrebsanzeichen absucht. Oder mit Nanopartikeln, die in die Venen injiziert werden, um Krebszellen im Organismus frühzeitig zu erkennen.

In der Südtiroler Provinz Trentino machen sich seit 2012 mehr als 100 Familien freiwillig gläsern, indem sie so gut wie jeden Alltagsprozess von ihrem Smartphone registrieren lassen und sämtliche Daten miteinander »teilen«. Sie nutzen dafür Apps, etwa »Familink«, um den »diversen Herausforderungen«, die eine Elternschaft mit sich bringt, mit Schwarmintelligenz zu begegnen. Oder »Second Nose«, um jederzeit die Atemluft in Trentino zu kontrollieren. Jeder Bürger werde so

»zum Sensor seiner Umgebung«, heißt es euphorisch auf der Website des Projekts »Trentino as a lab«.[24]

Die Forscher um Alex Pentland vom MIT Media Lab versprechen den Menschen nichts weniger als ein preiswerteres und sorgenfreieres Leben. Die Rund-um-die-Uhr-Überwachung werde nicht nur helfen, Abfall zu vermeiden, die Umwelt zu schonen und Geld zu sparen – sondern auch frühzeitig Epidemien, Börsencrashs und sogar Revolutionen vorhersagen.

Und natürlich wird Big Data auch die offenbar drängendsten Probleme der Menschheit irgendwann per Knopfdruck lösen: Terror und Kriminalität. Die Datenkraken aus dem Silicon Valley haben diesbezüglich auch kaum Berührungsangst vor staatlichen Lauschern und Überwachern. Es dient ja alles einem guten Zweck. Anfang 2016 etwa steckten unter anderem Vertreter von Apple, Facebook, Twitter und Microsoft ihre Köpfe mit Gesandten der US-Regierung zusammen, um zu erörtern, ob sich mit Hilfe der Fantastillionen gesammelter Daten nicht ein hübscher kleiner Anti-Terror-Algorithmus erschaffen lässt. Ein Programm also, das Alarm schlägt, sobald sich irgendwo auf der Welt ein Nutzer womöglich zu sehr für Al-Qaida, den »Islamischen Staat« oder auch nur für Sprengstoff interessiert. Für Suizidgefährdete hatte etwa Facebook bereits ein Frühwarnsystem entwickelt: Wer stetig düster werdende Gedanken postet, muss seither damit rechnen, gemeldet und mit Heile-Welt-Propaganda traktiert zu werden. Wäre es nicht schön, man könnte auch angehende Terroristen auf diese Weise bekehren? Das Weiße Haus und seine Geheimdienste jedenfalls scheinen begeistert vom Sicherheitsversprechen, das etwa Jared Cohen, Chef von Google Ideas, so zusammenfasst: Künftig könnte es möglich sein, IS-Sympathisanten beizeiten »abzulenken, sie zu stören und ihnen ein anderes Produkt zu verkaufen«.[25] Womit die Welt wieder mal per Knopfdruck ein Stückchen sicherer wäre.

Im Fall der Kriminalität brüsten sich Konzerne wie IBM oder Accenture, aber auch zahllose Start-up-Unternehmen, schon heute, mit Hilfe von Kommissar Algorithmus Verbrechen bekämpfen zu können, bevor sie geschehen sind. Ganz so, als wollten sie Steven Spielbergs Science-Fiction-Vision »Minority Report« im echten Leben imitieren. Dort hießen die ätherischen Wesen, die im Pool liegend den nächsten Mord weissagten, noch »Precogs«. Im echten Leben handelt es sich etwas unspektakulärer um eine Software namens »Precobs«. In etlichen Bundesländern experimentieren die Polizeibehörden bereits damit.[26]

Das Verfahren klingt denkbar einfach: Der Computer wird mit allen möglichen Polizeidaten der vergangenen Jahre gefüttert. Wo wurde beispielsweise wie eingebrochen? Zu welcher Tageszeit? Mit welchen Werkzeugen? Waren es Einzeltäter oder Banden? Was wurde gestohlen? Kamen Menschen zu Schaden? Dann rechnet die Software und geht dabei nach einem ähnlichen Prinzip wie der Online-Versandhändler Amazon vor: Je mehr ein einzelner Kunde dort in der Vergangenheit geshoppt hat, desto besser kann der Computer vorhersagen, was ihn wann als Nächstes interessieren wird. Im Fall von »Predictive Policing« heißt das dann: Wenn hier geklaut wurde, dann demnächst voraussichtlich auch da. Sobald die Software eine erhöhte Wahrscheinlichkeit für einen Raubzug in einem Wohnquartier berechnet hat, schlägt sie Alarm. Dann setzen sich gute alte Streifenbeamte in Bewegung, um das Gebiet zu kontrollieren. In Zeiten knapper Kassen erscheint »Precobs« wie die Lösung vieler Sorgen: weniger Kriminalität, ohne mehr Beamte einstellen zu müssen – Wunderwelt der Technik.

Günter Okon, der die Software im bayerischen Landeskriminalamt getestet hat, ist denn auch sicher, dass der computergestützten Verbrechensbekämpfung die Zukunft gehört. Allerdings werde es nie so sein, »dass wir auf einen Knopf drücken und dann der Täter rausfällt«. Man arbeite wohlweislich nicht mit personenbezogenen Daten, der Kampf gelte einstweilen dem Verbrechen, nicht dem Verbrecher. In den USA und Großbritannien ist man schon einen Schritt weiter: Dort berechnen Polizisten bereits mit freundlicher Unterstützung der Konzerne, wie wahrscheinlich es ist, dass ein bestimmter Mensch in Zukunft zum Täter – oder zum Opfer – eines Verbrechens wird. Auch die »Echtzeit«-Überwachung von Tatorten und Tätern liegt längst im Bereich des Möglichen.[27]

Kann man dagegen ernsthaft etwas einwenden? Man kann, findet die Bundesdatenschutzbeauftragte Andrea Voßhoff. Selbst die »anscheinend harmlosen Daten«, die für Precobs verwendet werden, könnten bereits »zu einer Stigmatisierung von Menschen führen«.[28] Wer sich rein zufällig in einer Gegend aufhalte, die der Computer zum Risikogebiet erklärt habe, werde so automatisch zum Verdächtigen.

Man dürfe auch nicht vergessen, dass die Vorhersage-Software immer noch von Menschen geschrieben werde, sagt Jens Hälterlein vom Zentrum Technik und Gesellschaft der TU Berlin. »Und damit fließen immer die Vorurteile und das Unwissen des Programmierers mit ein.« Wer etwa nicht wisse oder bewusst ignoriere, dass Migranten überdurchschnittlich häufig kontrolliert würden und auch deshalb häufiger in Polizeistatistiken auftauchten, sorge womöglich dafür, dass die Software bestimmte Wohngebiete bevorzugt als Gefahrenzonen ausweise. Dort sei die Polizei dann verstärkt im Einsatz, wodurch die Statistik weiter verfälscht werde und die Prophezeiung sich selbst erfüllt. »Das erscheint dann objektiv«, sagt Hälterlein. »Einer Software würde ja niemand vorwerfen, sie sei rassistisch.«[29]

Dem gegenüber steht allerdings die – unbewiesene – Behauptung der Konzerne, dass die Kriminalitätsrate in den

Testgebieten um bis zu 30 Prozent gesunken sei. Sollte man dafür die eine oder andere Verwechslung oder Unschärfe nicht in Kauf nehmen? Für Menschen wie Mark Zuckerberg ist das keine Frage: »Wer nichts zu verbergen hat, hat auch nichts zu befürchten«, sagt der Facebook-Gründer. Was nicht zufällig genauso klingt wie das Credo des Alphabet-Vorsitzenden Eric Schmidt: »Wenn es Dinge gibt, von denen du nicht willst, dass irgendjemand etwas darüber erfährt, dann lass' sie bleiben.« *It's the security, stupid!*

Deshalb würden die Versicherungsvertreter aus dem Silicon Valley auch so gerne noch so viel mehr für die Menschheit tun. Wenn man sie denn ließe. Aber immer kommen irgendwelche Schlaumeier um die Ecke und bremsen die Euphorie mit Verweis auf blöde Vorschriften. Google-Gründer Larry Page hat deshalb schon 2013 laut über gewaltige exterritoriale Plattformen im Ozean nachgedacht, auf denen er mit einem Häuflein Erwählter seine Vision von der Gesellschaft der Zukunft ausprobieren möchte – ohne Datenschutz, demokratisches Kleinklein und Intimsphäre. Auch daran wird längst ernsthaft gearbeitet. Es sollte ein paar Orte geben, wo man nach Herzenslust neue Dinge ausprobieren kann, findet Page, und »wo wir sicher sind« – wobei sicher in dem Fall vor allem meint: vor Bedenkenträgerei und Strafverfolgung. Konzerne als Staatsgründer? »Die neuen Masters of the Universe«, schreibt der Spiegel, »unterscheiden sich grundlegend von ihren Vorgängern: Es geht ihnen nicht in erster Linie ums Geld. Macht durch Reichtum genügt ihnen nicht. Sie wollen nicht bloß bestimmen, was wir konsumieren, sondern wie wir konsumieren und wie wir leben. Sie wollen nicht nur eine Branche erobern, sondern alle (...) Sie verabscheuen die Politik und halten Regulierung nicht nur für ein Hindernis, sondern für einen Anachronismus.«[30]

Weil es bis zu den Vereinigten Staaten von Alphabet aber noch ein paar Jährchen dauern wird, arbeiten der Konzern und seine noch verbliebenen Konkurrenten fieberhaft daran, die herkömmlichen Gesellschaften durch und durch transparent zu organisieren. Wie weit sie dabei schon vorangekommen sind, zeigt beispielhaft die wachsende Zahl jener Menschen, die ihre Wohnungen und Häuser zu digitalen Trutzburgen umrüsten. Die sogenannten Smart Homes, in denen alles mit allem zusammenhängt – die Zahnbürste mit dem Kühlschrank, die Kloschüssel mit dem Fernseher –, sind in Ländern wie den USA, Brasilien, China und Südkorea bereits der letzte Schrei. Die Deutschen, die immer noch datenskeptischer sind als die meisten anderen, zögern, aber auch hier geht es voran. Bis 2018 soll bereits jeder vierte Haushalt der Bundesbürger intelligent vernetzt sein. In Umfragen geben die Aufgeschlossenen vor allem zwei Gründe für ihr Interesse an: Die totale Heimvernetzung soll ihnen, wenn möglich, Heiz- und Stromkosten einsparen – und das persönliche Sicherheitsgefühl erhöhen.

Das lassen sich die Unternehmen nicht zweimal sagen und richten ihre Strategie auf den Sorgenbürger aus. Ganz so, wie es Ulrich Beck vorausgesagt hat: »Die *Angstwirtschaft* wird sich an dem allgemeinen Nervenzusammenbruch bereichern. Der misstrauische (...) Bürger wird dankbar sein müssen, wenn er zu *seiner Sicherheit* gescannt, abgelichtet, durchsucht und ausgefragt wird. Sicherheit wird wie Wasser und Strom zu einem öffentlich und privatwirtschaftlich organisierten gewinnträchtigen Verbrauchsgut.«[31]

Wie recht er hat, zeigte sich etwa Anfang 2014, als der Google-Konzern zunächst die Firma Nest Labs erwarb, die smarte Rauchmelder und Raumthermostate vertreibt. Ein paar Monate später blätterte der Konzern zudem 555 Millionen Dollar für den Kamera-Hersteller Dropcam hin. Er schloss damit elegant eine Überwachungslücke: Während GoogleEarth schon seit Jahr und Tag verfolgen kann, welche Menschen sich auf welchen Straßen und Plätzen tummeln, kann der Dachkonzern nun auch noch herausfinden, wann dieselben Menschen in welches Haus gehen und was sie darin tun. Und im Zweifelsfall kann das nicht nur der Dachkonzern, sondern jeder. Denn viele der Hunderttausenden Heimkameras, die sich besorgte Bürger bereits ins Wohn- und Kinderzimmer geschraubt haben, verfügen über eine bedauerliche Sicherheitslücke: Sie sind spielend leicht zu hacken. Dieselben besorgten Bürger nehmen es zudem in zahllosen Fällen mit dem Passwort-Schutz nicht so genau. Das Ergebnis lässt sich sehr anschaulich über die Internet-Suchmaschine »Shodan« betrachten. Manche Eltern staunen, wenn sie dort Livebilder ihrer schlafenden Säuglinge entdecken, die sich gleichzeitig auch ganz andere Menschen ansehen können.

Dabei braucht es im vernetzten Haus nicht einmal Kameras, um von außen eine sehr genaue Vorstellung vom Treiben hinter den vier Wänden zu bekommen, schreibt Yvonne Hofstetter. Dafür müsse man nur einen banalen Luftfeuchtigkeitsmesser betrachten. Zeigt der geringe Luftfeuchtigkeit an, bedeutet das, das Haus steht leer. Erhöhte Luftfeuchtigkeit heißt entsprechend, Menschen sind zu Hause. Nimmt nun die Luftfeuchtigkeit im Schlafzimmer deutlich zu, »weiß« der Sensor, dass es dort offenbar gerade zu körperlichen Aktivitäten kommt. Aber will man auch, dass er das weiß? Viele offenbar schon. Der Forbes-Autor Marco Chiapetti sagt zwar, er fürchte sich vor Googles Eindringen ins Eigenheim, »aber dafür habe er nun keine Angst vor Einbrechern mehr«.[32] Und, siehe oben: Wer nichts zu verbergen hat …

Aber wer sagt eigentlich, dass die Zeiten ein für alle Mal vorbei sind, in denen es nottut, auch mal etwas – oder jemanden – zu verbergen? Dazu ein kleines Gedankenspiel des Sozialpsychologen Harald Welzer: In der bleiernen Zeit des Nationalsozialismus, so gibt er zu bedenken, hätten zahlreiche verfolgte Juden auch deshalb überlebt, weil sie von Bürgern teilweise über lange Zeiträume hinweg in ihren Wohnungen versteckt wurden. Hätte es die Segnungen von Google, Nest und Dropcom schon damals gegeben, wären die Gesuchten mutmaßlich schon wegen des Wasser- oder Stromverbrauchs nach kurzer Zeit entdeckt worden. Andere Zeiten, fürwahr.

Andererseits weiß man heute, dass der »Arabische Frühling« auch deshalb ein kurzer war, weil zahllose Menschen, die in Nordafrika und Nahost gegen autokratische Regime aufbegehrten, eher früher als später in einem engmaschigen Überwachungsnetz zappelten. In Bahrain wurden Menschenrechtler verhaftet und mit SMS und Telefonmitschnitten konfrontiert, die ihre Teilnahme am Aufstand zweifelsfrei belegten. Während der »Grünen Revolution« in Iran wurden Oppositionsführer verhaftet, von denen die Geheimdienste detaillierte Bewegungsprofile angefertigt hatten. In Ägypten sah es nicht viel anders aus. Und die Überwachungstechnik, mit der auf diese Weise demokratische Bestrebungen in Schach gehalten wurden, stammte in aller Regel aus westlichen Demokratien – allen voran die Vereinigten Staaten, Frankreich, Großbritannien und Deutschland. Im August 2014 räumte die Bundesregierung ein, in den zehn Jahren zuvor mindestens 25 Mal Ausfuhrlizenzen für Überwachungstechnik erteilt zu haben. Die meisten Empfängerstaaten waren solche, in denen Menschenrechte zum Teil massiv mit Füßen getreten wurden. Schon wahr: Auch in diesen Ländern herrscht Angst – die Angst der Machthaber vor ihrem Volk.

In Deutschland dagegen könne der Einzelne beruhigt sein, versichert die Regierung, und seine Daten freimütig preisgeben. Genau genommen wäre es sogar besser, wenn das Ganze noch etwas freimütiger geschähe, findet Bundeskanzlerin Angela Merkel. Auf dem CDU-Kongress zum digitalen Wandel im Herbst 2015 pries sie Daten als »Rohstoff der Zukunft«, vor allem Kundendaten versprächen noch satteres Wirtschaftswachstum. »Wenn wir aber die Verbindung zum Kunden dann nicht richtig aufbauen, dann wird uns ein wesentlicher Teil der Wertschöpfung verloren gehen«, so Merkel. Kurz darauf zog auch der Koalitionspartner SPD nach und präsentierte das allererste digitale Grundsatzprogramm der Bundesrepublik. Die Öffentlichkeit staunte. Hatten doch die Sozialdemokraten den Bürgern bislang stets zu Datenaskese geraten. Nun plötzlich hieß es, zu viel Scheu trübe die wirtschaftlichen Aussichten: »Eine Politik, die einseitig auf Vermeidung von Daten und Datensparsamkeit setzt, würde diese Chancen gefährden.« Eine kaum verhohlene Aufforderung an die Bürger, noch stärker als bislang digitalen Mitbewohnern Haus und Hof zu öffnen.

DAS PERFEKTE VERBRECHEN

Und wenn Deutschlands Immobilien erst mal vernetzt sind, dann werden die Mobilien folgen. Kaum eine Innovation hat die Wirtschaftsblätter des Landes zuletzt mehr elektrisiert als das »selbstfahrende Auto«. Wobei der Begriff im Grunde doppelgemoppelt ist, bedeutet Automobil doch nichts anderes als »sich selbst bewegend«. Insofern kommt er nun erstmals bei sich selber an: gemeint ist ein Auto, das nicht einmal mehr einen Fahrer braucht, um sich fortzubewegen, das übernimmt künftig der Computer. Spätestens seit Google/Alphabet im Sommer 2015 erste Prototypen auf die Straße brachte, befinden sich die Konzerne in einem milliardenschweren Wettlauf.

2020 sollen die führerlosen Fahrzeuge zum ganz normalen Straßenbild gehören.

Das Faszinierendste an dieser Entwicklung ist nicht etwa die Technik. Sondern die Tatsache, dass den Autokonzernen und ihren digitalen Kooperationspartnern offenbar mühelos die atemberaubende Umwidmung des emotionssattesten Gebrauchsgegenstands zu gelingen scheint. Bewarben die Unternehmen ihre Automobile über Jahrzehnte als blechgewordenes Symbol für individuelle Freiheit, als potente Beeindruckungsmaschinen und als wilde Alternative zum öden ÖPNV, bejubeln sie nun die Selbstverzwergung ihrer Lieblingsspielzeuge zu regelkonformen Mini-Bussen. Und dass das Publikum dabei mitzuziehen scheint, ist wieder einmal einem schier unschlagbaren Argument zu verdanken: der Sicherheit.

Schon wahr, für den zackigen Straßencowboy von heute wird es eine Zumutung sein, wenn der Computer als Pilot künftig tatsächlich 50 fährt, wenn 50 erlaubt ist, nur dort links abbiegt, wo eine Linksabbiegespur existiert und am Ende womöglich sogar vor Zebrastreifen bremst – aber dafür verspricht er eben, seine Insassen unverletzt ans Ziel zu bringen. Und das bedeutet in angstbesetzten Zeiten immerhin eine Sorge weniger. Die Rand Corporation geht davon aus, dass durch führerlose Fahrzeuge künftig 90 Prozent aller Unfälle verhindert werden können. Andere Experten in Deutschland orakeln, die Zahl der Verkehrstoten – bislang immerhin rund 3300 jährlich – werde sich auf Null reduzieren. Viele Fragen sind zwar noch ungelöst, darunter rechtliche, technische und sogar ethische. Nehmen wir das klassische Beispiel für ein moralisches Dilemma: Ein Güterzug rast auf einen vollbesetzten Waggon zu und man selbst hat die Möglichkeit, gerade noch rechtzeitig die Weichen so umzustellen, dass der Tod zahlreicher Menschen verhindert wird – durch die Umleitung würde allerdings ein Gleisarbeiter überrollt. Im selbstfahrenden Auto wird man sich in vergleichbaren Situationen die Frage nicht mehr stellen müssen, ja nicht einmal können, stattdessen entscheidet der Computer. Mit unabsehbaren Folgen auch für die Rechtsprechung. Aber unbestritten ist, dass die Zahl gewöhnlicher Unfälle auf diese Weise drastisch sinken wird. Womit freilich noch nichts über ungewöhnliche Unfälle gesagt ist.

Im Juli 2015 schockten die beiden Hacker Charlie Miller und Chris Valasek die Autowelt mit der Nachricht, dass es ihnen gelungen war, einen Jeep Cherokee während der Fahrt fernzusteuern. Die beiden Tüftler hatten sich zu diesem Zweck in das »Uconnect«-System des Geländewagens gemogelt, welches das Infotainment im Auto steuert. So konnten sie von Pittsburgh aus die Scheibenwischer des Jeeps an- und ausschalten, der gerade im rund 1000 Kilometer entfernten St. Louis unterwegs war. Im Auto saß ein vorab eingeweihter Journalist, der tatenlos miterleben musste, wie die Hacker Wasser auf die Scheiben spritzten und schließlich mitten auf der Autobahn den Motor ausschalteten. Später bewiesen Miller und Valasek auch auf einem Parkplatz, dass sie jederzeit mühelos in die Lenkung des Wagen eingreifen können. Das Tollste dabei: Für die feindliche Übernahme eines Autos genügen ein Laptop, ein Internetanschluss und eine Schwachstelle im Softwarecode eines Unterhaltungsprogramms. Und derartige Schwachstellen gibt es nicht nur wie Sand am Meer, das Wissen um sie wird auch auf einem Schwarzmarkt für zum Teil sechsstellige Summen gehandelt. Jeep-Hersteller Fiat Chrysler rief in der Folge 1,4 Millionen Autos zurück in die Werkstatt. Die Sicherheitslücke konnte fürs Erste geschlossen werden.

Was aber heißt das für eine Zukunft, in der Autos rollende Computer sein werden? Und in der sie vernetzt sein werden mit Garagentoren und Rollläden, mit Zahnbürsten, Spielkonsolen und Alarmanlagen? Schon jetzt benutzen mehr Maschinen als Menschen das Internet, 2020 sollen es 50, vielleicht auch schon 150 Milliarden miteinander vernetzte Gegenstände sein. Macht Hunderttausende zusätzliche Hebel für Manipulation, Sabotage und andere nahezu perfekte – weil im Zweifelsfall nicht nachweisbare – Verbrechen. Macht das irgendjemandem Angst? Natürlich nicht. Denn das große Versprechen der Unternehmen ist ja, dass die Welt – einmal vollständig vernetzt – ein bombensicherer und behaglicher Ort sein wird.

Kritiker dagegen weisen schon seit Jahren darauf hin, dass dieselben Unternehmen wenig dafür tun, das Versprechen auch einzulösen, dass die Euphorie für das »Internet der Dinge« nicht mal in Ansätzen korrespondiert mit den Anstrengungen, es zu schützen. Schlampiges Software-Design, Unternehmen, denen es nicht billig genug sein kann, und Endkunden, die vor lauter Sorge zwar ihr Haus zur Festung machen, aber als Passwort für ihr Steuerungssystem »123456« oder »Passwort« verwenden, öffneten Missbrauch und Cyberattacken Tür und Tor. Und damit sind weniger spektakuläre digitale Raubzüge gemeint wie der maßgeschneiderte Hackerangriff auf den Deutschen Bundestag im Jahr 2015. Sondern einfache, schmutzige und billige Manipulationen, für die man kein Geld, kaum Sachverstand und nur ein klein wenig kriminelle Energie benötigt. Was allein damit anzurichten ist, kann man zum Beispiel in Saarbrücken erfahren.

DIE ROTE KARTE

An einem Vormittag Ende 2015 sitzt Marco di Filippo in seinem Büro und hat die Wahl. Er könnte jetzt, irgendwo in Süddeutschland, die Kirchturmglocken zum Läuten bringen, 100 Kilometer östlich die Pumpen eines Wasserwerks hochfahren oder die Beleuchtung des Berliner Doms ausknipsen.

»Und schauen Sie hier«, ruft di Filippo: Er ist nun, ganz legal, in ein Privathaus eingedrungen, der Temperaturregler zeigt 21,7 Grad. »Ein bisschen zu warm, finden Sie nicht?« Er könnte es ändern. Er lässt es bleiben – und klappt sicherheitshalber sein Notebook zu.

Marco di Filippo ist ein freundlicher Mann mit Zehntagebart, Karohemd und Knopfaugen, der von Berufs wegen digitale Schwachstellen sammelt. Seit Frühjahr 2015 hat er es in seinem Büro hinterm Saarbrücker Hauptbahnhof auf ein beeindruckendes Konvolut gebracht, seine Deutschlandkarte ist mit Tausenden roten Punkten übersät. Und jeder Punkt steht für eine Fabrik, eine Schleuse, ein Wohnhaus, eine Schule, die jeder jederzeit manipulieren könnte, weil sie nicht geschützt sind, nicht einmal per Passwort. Die feuerrote Karte steht für flächendeckende Sorglosigkeit. »Gegen Cyberattacken«, sagt di Filippo, »sind wir in Deutschland nicht besonders gut gewappnet.« Um das zu verstehen, reicht ein Blick auf die rote Karte, die der IT-Spezialist im Rahmen des Forschungsprojekts »RiskViz« erstellt.

»RiskViz« steht für »Risikolagebild der industriellen IT-Sicherheit in Deutschland«. Um das zu überblicken, haben sich im März 2015 mehrere Universitäten, Institute und Unternehmen zusammengeschlossen. Darunter die Hochschule Augsburg und di Filippos Koramis GmbH. 4,4 Millionen Euro soll das Projekt bis 2018 kosten, den Großteil schießt das Bundesforschungsministerium zu. Das Ziel sei, »irgendwann eine schöne grüne Deutschlandkarte zu haben«, sagt di Filippo. Es gäbe dann keine Schwachstellen mehr. Er ahnt: Das kann dauern.

Als sich das Bundesamt für Sicherheit in der Informationstechnik (BSI) 2015 unter deutschen Unternehmen nach dem Stand der Cybersicherheit erkundigte, stieß es auf ein merkwürdiges Paradox. Fast 60 Prozent der Firmen gaben im

Schutz der Anonymität zu, in jüngster Vergangenheit mindestens einmal Opfer von Cyberattacken geworden zu sein. Nahezu jeder zweite Angriff war erfolgreich – eine deutliche Steigerung gegenüber der vorherigen Befragung. Drei Viertel der Unternehmen bewerteten das Cyberrisiko folgerichtig als zunehmend. Besondere Anstrengungen, ihr digitales Nervensystem zu schützen, unternahmen allerdings die wenigsten. Jede sechste Firma antwortete auf die Frage, wie viele Mitarbeiter mit IT-Sicherheit befasst seien: keiner.

Insofern sei es auch kein Wunder, dass er sich nahezu beliebig durch Wasserwerke und vernetzte Eigenheime klicken könne, sagt di Filippo, der selbst eine Smart Watch trägt, die regelmäßig bimmelt. Einmal stieß er in Norddeutschland auf ein Schwimmbad, dessen Babybecken er mit einer Taste auf 88 Grad hätte erhitzen können. Er hat dann sofort das BSI alarmiert. Die gute Nachricht sei: Die Steuerungssysteme von Atomkraftwerken oder Verkehrsbetrieben könne keiner ohne weiteres übernehmen. Die schlechte: »Es würde reichen, die bekannten Schwachstellen zu kompromittieren, um eine fatale Kettenreaktion in ganz Deutschland auszulösen.«

Dass es genügend Cyberkriminelle gibt, die skrupellos auch tödliche Attacken durchführen würden – wenn man sie ließe –, demonstrierte die Koramis GmbH mit ihrem Projekt »Honeytrain«. Dafür erfand die Firma ein kommunales Verkehrsunternehmen namens »Nahverkehr Saar«, stellte eine professionelle Website in Netz und schützte die Steuerungssysteme mit herkömmlichen Firewalls. Innerhalb von sechs Wochen registrierten die Experten fast 2,8 Millionen Zugriffsversuche aus aller Welt, die allermeisten automatisiert und erfolglos. In acht Fällen jedoch überwanden die Angreifer die Sicherheitsbarrieren, begannen damit, Züge fernzusteuern, oder änderten Signale von Rot auf Grün. Züge wohlgemerkt, von denen sie dachten, dass sie wirklich existieren. Und einmal, bei einer Attacke aus Malaysia, lotsten die Hacker einen Personenzug auf ein Nebengleis – und ließen ihn mit einem anderen kollidieren.

In Saarbrücken beobachteten die »Honeytrain«-Erfinder das Treiben mit wachsendem Staunen: Neben ihren Großrechnern hatten sie dort eine Modelleisenbahn-Landschaft aufgebaut, die jeden Zugriff sichtbar machte. Noch heute setzt sich dort gelegentlich ein Zug wie von Geisterhand in Bewegung.

Nicht erst seit dieser Episode ist sich Marco di Filippo sicher, dass Cyberwar die Behörden künftig noch häufiger beschäftigen werde, als ihnen lieb sei. Es sei zwar zynisch, aber noch könne man von Glück reden, dass für Terroristen Bomben und Kalaschnikows die Mittel der Wahl seien. »Mich wundert, ehrlich gesagt, dass sie es sich nicht einfacher machen.«

3. Das Spiel der Medien – wie ein Branche angesichts ihrer eigenen Krise ganz auf Krise setzt

Als am Vormittag des 24. März 2015 ein Airbus von den Radarschirmen der französischen Flugsicherung verschwand, begann in Deutschland ein Wettlauf gegen die Zeit. Um 11.36 Uhr setzte die Nachrichtenagentur Reuters die erste Eilmeldung über einen Flugzeugabsturz in Südfrankreich ab, danach folgten fast im Sekundentakt Informationsschnipsel über die Katastrophe in den provenzalischen Alpen: dass die vermisste Maschine zur Airline Germanwings gehörte; dass sie auf dem Weg von Barcelona nach Düsseldorf war; dass 150 Menschen an Bord waren; dass etwa die Hälfte davon aus Deutschland stammte; dass mutmaßlich niemand überlebt hatte; dass die Maschine kurz vor dem Absturz rapide an Höhe verloren hatte; dass sie am Bergmassiv Trois-Évêchés zerschellt war.

Bereits wenige Stunden nach dem Unglück saßen die ersten deutschen Reporter in Flugzeugen nach Nizza, Genf und Lyon. Kurz darauf mutierte das Bergdorf Prads-Haute-Bléone zu einem Basislager für Hunderte internationale Journalisten, die hofften, sich von dort aus zur Absturzstelle durchkämpfen zu können. In den Tagen, die folgten, mussten französische Ermittler ein ums andere Mal Reporter davon abhalten, durch Leichen- und Trümmerteile zu kraxeln.

In Deutschland machte sich eine Karawane von Übertragungswagen auf nach Haltern am See. Von dort stammten 16 Schüler und zwei Lehrer des Joseph-König-Gymnasiums, die an Bord des Germanwings-Flugs 4U9525 gewesen waren. Haltern trauerte fortan öffentlich. Wenig später war auch das Städtchen Montabaur im Westerwald fest im Griff zahlloser Medienvertreter. Dort lebten die Eltern des Copiloten, der das Flugzeug eigenmächtig zum Absturz gebracht hatte. Das aber stellte sich erst später heraus.

Am 24. März wusste zunächst niemand, was an Bord des Flugzeugs geschehen war. Dessen ungeachtet strahlten die TV-Anstalten im Land Sondersendung über Sondersendung aus, in denen sogenannte Experten wortreich ihre Hypothesen unterbreiteten, unterbrochen immer wieder von Nahaufnahmen geschockter, verzweifelter, weinender Angehöriger. Interviewpartner erörterten, woran Ermittler den Unterschied zwischen einer Bombe an Bord und einem Abschuss von außen erkennen können. Terrorexperten fachsimpelten über islamistische Attentäter, Ingenieure spekulierten über technische Mängel – während am Bildrand der Liveticker niemals stillstand. Darunter Eilmeldungen wie die, dass Stefan Raab aus Pietätsgründen seine Sendung ausfallen lasse. Die Wochenzeitung *Die Zeit*, die am Abend Redaktionsschluss hatte, entschied sich dazu, die Katastrophe auf ihre Titelseite zu heben: »Absturz eines Mythos« stand dort, die Autoren stellten die These auf, Lufthansa habe Germanwings zur Billig-Airline heruntergespart und so womöglich fatale Sicherheitsmängel in Kauf genommen. Selten lag das hochseriöse Blatt so weit daneben.

Als dann endlich der offenbar psychisch kranke Copilot als mutmaßlicher Verursacher ausgemacht war, beschäftigten sich die nächsten Sondersendungen und Sonderseiten mit jeder Einzelheit seines Lebens. Zahllose TV-Anstalten, Zeitungsredaktionen und Radiostationen zögerten keine Minute, den vollen Namen des Mannes zu nennen, ausführlich aus seiner Krankenakte zu zitieren und sich Vorschläge zu eigen zu machen, in Fällen wie diesen die ärztliche Schweigepflicht aufzuheben. Im letzten Akt des Dramas schließlich forderten auch Journalisten von Politik und Wirtschaft ultimativ, die Wiederholung eines solchen Unglücks durch geeignete Maßnahmen auszuschließen – und sei es, indem man psychisch Kranke grundsätzlich von potentiell gefährlichen Posten entferne.

Beim Deutschen Presserat gingen unterdessen so viele Beschwerden ein wie noch nie seit seiner Gründung im Jahr 1956.

Die besinnungslosen Tage im März 2015 gelten Medienwissenschaftlern heute als plastisches Beispiel für die Entwicklung einer Branche, die immer häufiger vor Überhitzung durchzubrennen scheint. Und in der es mitunter – zunehmend auch in seriösen Verlagen – zum guten Ton gehört, zu schießen, bevor man zielt. Sogar viele Journalisten betrachten die Ereignisse rückblickend mit Bauchgrimmen. So schrieb etwa Götz Hamann in der Zeit: »Vielleicht wird man einmal sagen, dass der Absturz der Germanwings-Maschine ein Wendepunkt war. Dass das Publikum von nun an genug hatte vom Skandal. Und dass Journalisten wieder Erfolg damit hatten, sich zurückzuhalten.«[33]

Vielleicht aber auch nicht. Hamann schrieb diese Zeilen im Sommer 2015. Ein halbes Jahr später lief eine Silvesterfeier auf der Kölner Domplatte aus dem Ruder, über die noch zu reden sein wird. Über Wochen hinweg war völlig unklar, was in dieser Nacht tatsächlich passiert war. Und über Wochen hinweg taten Medien – genau wie etliche Politiker und unzählige »besorgte Bürger« – so, als wüssten sie es genau und verurteilten ganze Volksgruppen, bevor auch nur ein Täter zweifelsfrei identifiziert war.

DIE SELBSTGEMACHTE VERTRAUENSKRISE

Dass Medien sich mit dieser Art von Hau-ruck-Journalismus keinen Gefallen tun, dass sie drauf und dran sind, ihre eigene Glaubwürdigkeit mutwillig zu untergraben, wissen die meisten. Aber offenbar können sie nicht anders. Im manischen Bemühen, schneller, besser und lauter zu sein als die Konkurrenz, durchlöchern viele inzwischen fast schon lustvoll ihre eigenen Qualitätsstandards und beschleunigen damit den Niedergang, den aufzuhalten ihr ganzes Bestreben gilt. Das Germanwings-Unglück und die Silvesternacht von Köln sind damit auch Medienkatastrophen. Sie stehen nicht nur für die Angst vorm Fliegen und die Angst vor sexuellen Übergriffen – sondern genauso für die Angst einer Branche um sich selbst. Eine Angst, für die es offenbar gute Gründe gibt.

Tatsächlich blutet vor allem der Print-Journalismus seit Beginn des 21. Jahrhunderts in atemberaubendem Tempo aus. Die verkaufte Auflage der Tageszeitungen sinkt stetig, sie hat inzwischen das Niveau der 1960er Jahre erreicht. Wirtschaftswerbung und Kleinanzeigen sind zum größten Teil ins Internet abgewandert, für dessen spezifische Anforderungen die Verlage trotz fieberhafter Suche noch immer kein nachhaltiges Geschäftsmodell entwickelt haben. Tausende Journalisten sind inzwischen arbeitslos, es wird gestrichen, ausgelagert, gespart, fusioniert. Landauf, landab werden Redaktionen sogar dann, wenn sie inhaltlich nichts miteinander gemein haben, zusammengepfercht. Manche Zeitungen überleben nur deshalb, weil sie einen großen Teil ihrer Artikel von miserabel bezahlten Pauschalisten und freien Autoren verfertigen lassen. Als Unternehmer ihrer selbst müssen diese nicht nur Zeitungstexte, sondern auch mehrfach zu aktualisierende Onlinemeldungen und Videoschnipsel produzieren, um irgendwie über die Runden zu kommen.

Der schrumpfenden Legion festangestellter Redakteure steht auf der anderen Seite ein stetig wachsendes Heer von Lobbyisten, politischen Beratern und PR-Strategen gegenüber. Nicht mehr lange, und es gibt im Land mehr Pressesprecher als Pressevertreter, denen sie ihre Botschaften unterjubeln können. Die freilich sind in der Regel eines nicht: ausgewogen und objektiv. Sie müssen abgeklopft, auf ihren Wahrheitsgehalt hin überprüft und eingeordnet werden – die ureigenste Aufgabe eines Journalisten. Aber eine, der wegen des Zeit- und Spardrucks immer weniger nachkommen können. Und so finden sich immer häufiger Pressemeldungen, notdürftig umformuliert, im redaktionellen Teil scheinbar unabhängiger Zeitungen wieder. Eine Entwicklung, die der Glaubwürdigkeit des Berufsstandes nicht eben zugutekommt.

Wie schlecht es darum bestellt ist, zeigt eine Studie von Infratest Dimap im Auftrag der *Zeit*. Demnach haben 53 Prozent der Befragten »wenig« und weitere sieben Prozent »gar kein« Vertrauen mehr in die Politikberichterstattung in Deutschland. Mit anderen Worten: Nur zwei von fünf Bundesbürgern glauben noch, was sie so lesen. Die Ungläubigen aber trauen den Medien inzwischen fast alles zu: dass sie bewusst falsch informieren und manipulieren (27 Prozent), dass sie nur mehr einseitig berichten (20 Prozent), dass sie schlecht recherchieren (15 Prozent) und dass sie, auch wenn sie es behaupten, nicht unabhängig sind (10 Prozent).[34]

Man würde das, zumal als Journalist, gerne pauschal zurückweisen. Allein, nach Lage der Dinge lassen sich für alle Vorwürfe eben doch immer mal wieder Belege finden. Nehmen wir den – völkerrechtswidrigen – Irakkrieg 2003: Damals galt es unter manchen Journalisten als verwegen, und irgendwie auch heldenhaft, im Tross der US-amerikanischen Kriegsmaschine bis nach Bagdad zu rollen – bezeichnenderweise nannte sich diese Art der umsorgten Medienberichterstattung »embedded«, eingebettet. Aber war sie auch unabhängig? Nehmen wir die Finanzkrise 2008: Schon Jahre zuvor hatte es ernstzunehmende Hinweise gegeben, dass sich eine globale Immobilienblase aufbläht, deren Platzen die gesamte Weltwirtschaft gefährden würde. Man hätte das sehen können. Wenn man gewollt hätte. Genauso wie man jetzt recherchieren könnte, dass sich im Grundsatz an den asozialen Hochrisikogeschäften der Investmentbanken wenig geändert hat und dass fast alle Zutaten, die zu der Katastrophe führten, inzwischen wieder in einem Topf vor sich hin simmern. Hollywood hat mit »The Big Short« einen phantastischen Film daraus gemacht – viele der klassischen Informationsmedien jedoch begegnen dem Treiben wieder mit ähnlichem Gleichmut wie zuvor.

Oder nehmen wir den Ukraine-Konflikt, der seit 2014 Europa in Atem hält: Obwohl die tatsächlichen Gründe für die Krise bis heute zum Teil im Dunkeln liegen, wussten viele Journalisten bereits erstaunlich früh ganz genau, wer die Guten und wer die Schlechten in diesem Machtpoker waren. Oder der Terroranschlag in Oslo und Utoya im Juli 2011, bei dem 77 Menschen durch die Hand eines Einzeltäters starben: Als die Hintergründe noch völlig unklar waren, ließen ARD und ZDF ihre Experten beharrlich mutmaßen, die Attacke sei das Werk islamistischer Terroristen.

Sogar für die bewusste Manipulation durch Medien meint der Wahlforscher Matthias Jung – keiner der üblichen Verschwörungstheoretiker – Belege zu haben. Man muss dafür noch nicht einmal die unsäglichen »Pleite-Griechen« der *Bild*-Zeitung bemühen. Es geht auch subtiler. So habe etwa kurz vor den Berliner Abgeordnetenhauswahlen im Sommer 2011 unter Hauptstadt-Journalisten »Unzufriedenheit und Langeweile« über das politische Einerlei geherrscht, sagt Jung, der Leiter der Forschungsgruppe Wahlen. Als Ventil für ihren Unmut hätten die Medien dann plötzlich die Piratenpartei entdeckt. Danach hätten sich positive Berichterstattung und gute Umfragewerte in kurzer Zeit »von null auf hundert« hochgeschaukelt. Am Ende stürmten die Piraten das Berliner Parlament und in der Folge drei weitere Landtage. »Dabei war die Partei in dieser Größenordnung ein Medienphänomen«, so Jung.[35] Heute interessiert sich für sie fast niemand mehr.

DER VORMARSCH DER FÜNFTEN GEWALT

Trifft es also zu? Das Wort von der »Lügenpresse«, das 2014 zum Unwort des Jahres wurde und seither eine noch steilere Karriere auf den Marktplätzen der Republik hingelegt hat? Stecken »die« Journalisten und »die« Politiker tatsächlich unter einer Decke, tut man also gut daran, sie zu prügeln und zu quälen, wie es der hassbegabte Autor Akif Pirinçci empfiehlt? Hat die Lüge System, um das Volk vom Blick hinter die Machtkulissen abzuhalten? Vermutlich ist es nicht einmal halb so spektakulär.

Denn so peinlich die beschriebenen Beispiele für die Medienbranche auch sind, so wenig spricht dafür, dass ihnen eine mutwillige systematische Verdummungsstrategie zugrunde liegt. Es braucht schon enormen verschwörungstheoretischen Aufwand, um schlüssig begründen zu wollen, dass etwa *Spiegel*, *Bild* und *taz* mit vierjährig wechselnden Regierungen gemeinsame Sache machen. Dass ARD und RTL mit CSU und Linken regelmäßig homogene Strategien aushecken. Und dass das alles, trotz zahlloser Mitwisser, über Jahre geheim bleiben konnte, bis ein einzelner tapferer Paria die große Verschwörung in dem schon erwähnten Buch über »Gekaufte Journalisten« enthüllte.

Die Wahrheit ist prosaischer. Sie handelt von Journalisten, die einer stetig wachsenden Informationsflut, einem stetig wachsenden Zeit- und Konkurrenzdruck mit immer weniger Mitteln und Möglichkeiten gegenüberstehen. Woraus die meisten nach wie vor versuchen, das Beste zu machen. Manche ziehen aber auch das Einfache dem Komplexen vor und nehmen dabei Fehler und Unschärfen in Kauf. Und einige sind bequem oder anmaßend und glauben, die Welt auch ohne aufwendige Recherche erklären zu können. Sie verkennen ihre vornehmliche Aufgabe – »Medium« steht sprachwissenschaftlich nicht zufällig für eine Handlung zwischen aktiv und passiv –, werden bereitwillig von Beobachtern zu Mitspielern und ersetzen immer häufiger Ahnung durch Meinung. Oder schlimmer noch: durch die kritiklose Übernahme offizieller Lesarten.

Allzu oft machen sich meinungsbildende Journalisten ohne Vorgabe, ohne Absprache, ohne Not gemein mit den Mächtigen, die sie doch kontrollieren sollten, übernehmen deren Gerede von der »Alternativlosigkeit« politischer Entscheidungen, nennen »Realpolitik«, was oft nur Skrupel- oder Prinzipienlosigkeit ist, und jedes Ausscheren aus der vermeintlich heilbringenden Mitte »populistisch« oder »radikal«. Aber wenn schon Vorschläge, die Europäische Union zu demokratisieren oder die Reichen stärker zu besteuern, »Populismus« geheißen werden, ist es zur Denkfaulheit nicht mehr weit. »Populismus ist der Vorwurf der notorisch Unpopulären«, sagt der CSU-Altvordere Peter Gauweiler. Gelegentlich lohnt es sich, den Begriff zu hinterfragen. Wer das nicht tut, obwohl es seinem Beruf entspricht, merkt nicht, dass er allmählich eingelullt wird von einer regierenden Kaste, die vor allem eines will: ihre Ruhe.

Mit anderen Worten, es menschelt im Journalismus, der sich viel zu lange daran gewöhnt hatte, dass seine Rolle als »vierte Gewalt« im Staat ganz grundsätzlich nicht in Frage gestellt wird. Und der seit einigen Jahren verblüfft feststellt, dass er für seine Fehler vom immer weniger geneigten Publikum zur Rechenschaft gezogen wird. Ein Publikum, das nicht zu Unrecht längst als »fünfte Gewalt« bezeichnet wird. Ihre Plattform ist das Internet.

Diese fünfte Gewalt, sagt der Tübinger Medienwissenschaftler Bernhard Pörksen, »besteht aus den vernetzten Vielen des digitalen Zeitalters, die längst zur publizistischen Macht geworden sind, zu einer *Publikative* eigenen Rechts. Sie verändern und beeinflussen die Agenda und das Tempo des klassischen Journalismus, veröffentlichen auf Blogs, Wikis, in sozialen Netzwerken, werden als Medienkritiker und Meinungskorrektiv aktiv, bilden Protestgemeinschaften, treiben bei Bedarf die Entlarvungs- und Enthüllungsarbeit voran.«[36]

Den Rohstoff Information, auf den die klassischen Medien so lange das Monopol zu halten schienen, vertreiben nun also plötzlich zahllose Einzelpersonen und Gruppen im Netz. Sie sind nicht nur schneller, lauter und schriller als der herkömmliche Journalismus. Sie sind auch an keinen Redaktionsschluss gebunden, an keine Qualitätsstandards, an keine teuren Vertriebswege. Sie sind einfach da und können ihre Botschaften viral verbreiten. Das spricht nicht zwangsläufig gegen sie, wie allein das Beispiel VroniPlag[37] zeigt, auf dem sich Menschen zusammengeschlossen haben, die Doktorarbeiten unter Plagiatsverdacht untersuchen. Das Beispiel zeigt allerdings auch, dass zwischen Kritik und Pranger ein hauchdünner Grat verläuft.

Vor allem aber ist es mit dem Aufkommen der neuen Medien für den Einzelnen noch schwieriger geworden, zwischen Tatsachen und bloßen Behauptungen, zwischen Gerücht und gesicherter Erkenntnis zu unterscheiden. Da im Netz jeder selbst zum Medium werden kann, kann auch jeder zum Manipulator werden und Menschen für seine Zwecke instrumentalisieren. Stellen wir uns einen Bürger vor, der vor Krieg und

Elend geflüchteten Menschen eher skeptisch gegenübersteht und als Informationsquellen seiner Wahl den Blog »Politically Incorrect«, das Magazin »Compact« und den Facebook-Auftritt der AfD bevorzugt: Nach einer Woche wird er glauben, glauben müssen, dass Migranten in seiner Heimatregion zahllose Straftaten begangen, deutsche Frauen belästigt und die Polizei verhöhnt haben, dass der Zuzug der Hilfesuchenden über die nächsten Jahre immer weiter anschwellen wird und die Politik es tatenlos geschehen lässt. Schaut derselbe Bürger zwischendurch bei *Spiegel Online* oder *tagesschau.de* vorbei, wird er feststellen, dass dort über die vermeintlichen Straftaten nichts oder fast nichts steht. Er wird denken: Da ist sie wieder, die Lügenpresse.

Von einem drohenden »Dialog- und Kommunikationsinfarkt« spricht der Medienwissenschaftler Pörksen, »der einer offenen Gesellschaft gefährlich werden kann«.[38] Eine Demokratie lebe vom Grundvertrauen in ihre Informationsmedien. Dieses Vertrauen jedoch erodiert. Es erodiert, weil die klassischen Medien unter Spardiktat an dem Ast sägen, auf dem sie sitzen. Es erodiert, weil mit der fünften Gewalt ein agiler Konkurrent in Erscheinung getreten ist. Und es erodiert, weil der herkömmliche Journalismus auf diese Herausforderung die falsche Antwort gefunden hat. Statt sich auf seine Rolle als präziser Aufklärer und fundierter Einordner der Weltläufte zu besinnen, ist er längst selbst immer schneller, immer aggressiver und immer schriller geworden. Er hat sich entpolitisiert und ist vielfach nicht mehr nachdenklich, sondern vorlaut. Es fehlt ihm oft schlicht die Zeit, bisweilen auch der Wille, hinter den vielen kleinen Lügen der Einflussreichen die große Wahrheit zu entdecken. Stattdessen baut er immer stärker auf dramatische – oder dramatisierte – Ereignisse: Skandale, Katastrophen, Seuchen, Terror. Also alles, was gemeinhin Angst macht.

Nehmen wir eine beliebige Zeitung. Nehmen wir einen beliebigen Tag Anfang 2016. Nehmen wir den 19. Januar. Einen Dienstag.

Da prangt auf Seite 1 der *Süddeutschen Zeitung* ein gelber Filzball auf rotem Grund, daneben die Bildzeile »Falsches Spiel«. Es geht um mögliche Manipulationen im Profi-Tennis, auch das offenbar kein weißer Sport mehr. Der Aufmacher der Zeitung beschäftigt sich mit dem Abgasskandal beim Autobauer VW, darunter ein Bericht darüber, weshalb Herzinfarktpatienten eine geringere Überlebenschance haben, wenn sie in einem Hochhaus ganz oben kollabieren. Unten auf der Seite der nächste Wasserstand beim Dauerkrisenthema Flucht und Asyl.

Die Seite 2, das »Thema des Tages«: die sexuellen Übergriffe in der Silvesternacht von Köln, die zu diesem Zeitpunkt bereits seit gut zwei Wochen die Republik verstören. Dazu ein Gastbeitrag über den »langen Schatten von Ebola«.

Auf Seite 3 eine Reportage über Widerstandskämpfer gegen die Terrormiliz »Islamischer Staat«.

Seite 4, die Meinungsseite: Tennis, Massenarbeitslosigkeit in Frankreich, Krise in Spanien, Feinstaubalarm in Stuttgart, das Zika-Virus. Dann der Politikteil: Terrorprozess in Frankfurt, »Soziale Spaltung« unter Kindern, die Abhörpraktiken des BND, noch einmal Köln, der Ukraine-Konflikt, Terror in Marokko und ein Zweispalter mit der Überschrift »Das Beginn vom Ende«, es geht um den drohenden Zerfall Europas.

Hinten dann die bunte Seite »Panorama«: Wüste Schlägerei bei einem Kinder-Fußballspiel, fünf Tote Soldaten bei einem Lawinenabgang, ein tödlicher Medikamententest in Frankreich.

So geht das weiter, Seite für Seite, Feuilleton, Wirtschaft,

Sport: die Übermacht amerikanischer IT-Konzerne, noch mal Zika, noch mal Zerfall Europas, Hetze im Netz, Verfall des Ölpreises, russische Rezession, japanische Stagnation, französische Manipulationen, Wimbledon. Am Ende freut man sich fast, das wenigstens Uli Hoeneß vorzeitig aus dem Gefängnis darf.

Wie gesagt, ein beliebiger Tag. Eine beliebige Zeitung. Wer sie liest, kann nicht anders, als über den Zustand der Welt besorgt zu sein.

Um Missverständnisse zu vermeiden: Keiner der genannten Artikel ist erdichtet oder erlogen, allen liegen reale Anlässe zugrunde. Und am fraglichen Tag sah es in so unterschiedlichen Zeitungen wie der *Frankfurter Rundschau*, der *Frankfurter Allgemeinen Zeitung*, der *taz*, der *Welt* und der *Bild* nicht viel anders aus. Krisen, wohin man auch schaut. Zufall, glauben Medienwissenschaftler und Soziologen, sei das nicht. Tatsächlich spiegele die sorgengetränkte Berichterstattung klassischer Medien »unsere beispiellose Beschäftigung mit dem Begriff Risiko wieder«.[39]

Der Soziologe Frank Furedi durchsuchte in der zweiten Hälfte der 1990er Jahre britische Zeitungen nach dem Wörtchen »bedroht« (at risk) und machte eine erstaunliche Entdeckung: Während der Begriff im Lauf des Jahres 1994 gerade 2037 Mal auftauchte, gab es sechs Jahre später bereits 18 003 Treffer. Für Worte wie »Plage«, »Epidemie« und »Syndrom« galt dasselbe.

Zu einem ganz ähnlichen Ergebnis kam der US-amerikanische Journalist Bob Garfield, als er ein Jahr lang die Berichterstattung über ernsthafte Krankheiten in den Zeitungen *Washington Post*, *New York Times* und *USA Today* auswertete. Er rechnete aus, dass 59 Millionen Amerikaner an Herzkrankheiten leiden, 53 Millionen an Migräne, 25 Millionen an Osteoporose, 16 Millionen an Fettleibigkeit und drei

Millionen an Krebs. Außerdem hatten weitere zehn Millionen US-Bürger so ungewöhnliche Krankheiten wie eine Kraniomandibuläre Dysfunktion, einen mitunter schmerzhaften Kiefergelenkschaden, und bei zwei Millionen war eine Gehirnverletzung diagnostiziert worden. Als Garfield diese und etliche weitere Leiden seiner Landsleute addierte, stellte sich heraus, dass 543 Millionen Amerikaner schwer erkrankt sind – eine schockierende Zahl angesichts der Tatsache, dass es zu diesem Zeitpunkt nur 266 Millionen von ihnen gab. »Entweder sind wir als Gesellschaft dem Untergang geweiht«, schloss Garfield, oder irgendetwas anderes stimme hier nicht.[40]

Und die genannten Beispiele stammen sogar noch aus der Zeit vor dem 11. September 2001, dem Tag der Terroranschläge in den USA, der der westlichen Welt einen bis dahin beispiellosen Angstschub bescherte. Seither haben nahezu alle Medien in Industrienationen den Alarmzustand zum Normalzustand erhoben, Berichte über exotische Seuchen, Umweltkatastrophen, dramatische Unglücke und unwahrscheinliche Kriminalfälle machen seither im Stundentakt die Runde. Als Durchlauferhitzer erwiesen sich dabei die digitalen Netzwerke, durch die jedes Erdbeben, jede Massenkarambolage, jede gesunkene Fähre ihre Erregungswellen sendet. »Früher blieben diese Katastrophen entweder völlig unbeachtet, weil keine Beobachter in der Nähe waren, um sie uns zu berichten, oder sie wurden nur im lokalen Umfeld verbreitet. Heute sind wir dagegen Zeugen einer globalisierten Wirklichkeit.«[41] Eine Wirklichkeit, die – wie es scheint – nur noch aus quietschbunten Selfie-Erfahrungen oder Beinahe-Apokalypsen besteht.

Und die deutschen Medien sind besonders eifrig, wenn es darum geht, Zeugnis vom katastrophalen Zustand der Welt abzulegen. Das fand der Ökonom Walter Krämer heraus, als er ähnlich wie seine angelsächsischen Vorgänger den Umgang mit angstbesetzten Themen in europäischen Medien untersuchte.

Krämer wählte dafür vier große Angstkomplexe des neuen Jahrtausends aus: die Asbestbelastung von Gebäuden, die Rinderseuche BSE, Dioxin in Lebensmitteln und die Schweinegrippe. Anschließend zählte er, wie oft die dazugehörigen »Angstvokabeln« in den Jahren 2000 bis 2010 in verschiedenen europäischen Tageszeitungen vorkamen. Nach seiner Rechnung kam die *Süddeutsche Zeitung* auf 4221 Begriffe, die *Frankfurter Rundschau* auf 3864, die *Frankfurter Allgemeine Zeitung* auf 2856. Die drei deutschen Blätter belegten damit im europäischen Ranking die Plätze 1, 2 und 4, nur der italienische *Corriere de la Sera* (3822) schob sich noch dazwischen. Die britische *Times* dagegen brachte es auf 2009 Angstvokabeln, die spanische *El País* auf 1367, die polnische *Gazeta Wyborcza* auf 1297 und der französische *Le Figaro* auf 1014.[42]

Wieder einmal zeigt sich: Die Angst steht in Deutschland hoch im Kurs. Wobei nicht zweifelsfrei auszumachen ist, ob die Risikoberichterstattung der Risikowahrnehmung vorausgeht – oder umgekehrt. Vermutlich ist es ein sich selbst verstärkendes System. Klar ist aber auch: Angst zahlt sich aus, sie schaudert das geneigte Publikum, gibt ihm zugleich aber das wohlige Gefühl, dem Untergang gerade noch mal entkommen zu sein. In unseren Breitengraden herrscht mittlerweile ein derart hohes Sicherheitsniveau, dass wir in zunehmendem Maße dazu neigen, Gefahren zu simulieren, denen wir im alltäglichen Leben kaum mehr ausgesetzt sind. Es mag paradox klingen, aber das tut uns sogar gut: »Biologen haben nachgewiesen, dass Menschen mit Glückshormonen belohnt werden, wenn sie Gefahren erfolgreich überstanden haben.«[43] Vielleicht huldigen auch deshalb so viele Menschen fast schon fetischartig jeder Art von Krimi in Literatur und Fernsehen.

Den Medienmachern ist diese neue Angstlust nicht entgangen. Und ob Zufall oder nicht: Viele Zeitungen, Sender und Radiostationen bedienen sie mit immer größerer Kreativität, seit sie selbst in die Krise geraten sind. Und setzen dabei vor allem auf Themen aus dem Rot- und Blaulichtmilieu und der Gesundheit, das geht immer. »If it bleeds, it leads«, heißt die Losung unter angelsächsischen Journalisten, also etwa: Wenn es blutet, läuft's. Daher vermutlich die »plötzliche, totale Präsenz des Schreckens« in den Informationsmedien des Landes.

Mit den tatsächlichen Krisen und Katastrophen im 21. Jahrhunderts allein – allen voran 9/11 und die Finanzkrise – lässt sich diese Entwicklung nicht erklären. Wären ausschließlich sie verantwortlich für die mediale Lust am Untergang, hätte die Anzahl entsprechender Artikel und Sendungen früher oder später nachlassen müssen. So laufen Erregungswellen im Journalismus normalerweise: Sie schlagen unmittelbar nach einem dramatischen Ereignis hoch, bleiben anschließend auf einem beachtlichen Niveau und ebben, wenn der Auslöser nicht noch einmal getoppt wird, bald wieder ab. So war es etwa nach der Enttarnung des rechtsterroristischen Mörderbande NSU, und so war es, nachdem Edward Snowden die Überwachungspraktiken des US-Geheimdienstes National Security Agency aufgedeckt hatte. Insgesamt jedoch sitzt die Angst in unseren Medien seit Jahren auf einem aufsteigenden Ast. Das verdeutlicht etwa der Dresdener Linguistik-Professor Joachim Scharloth am Beispiel von *Spiegel Online*: Seit Beginn des Jahrtausends sei dort ein stetiger Anstieg von angstbesetzten Wörtern und Wendungen zu verzeichnen, die unter anderem um die Themengebiete Terror, Kriminalität, Umweltkatastrophen, Islamismus, Seuchen und Arbeitslosigkeit kreisen. Heute, so Scharloth, befinde sich der Angst-Index 50 bis 70 Prozent über dem Niveau des Jahres 2000. In der Printausgabe der *Zeit* machte der Sprachexperte nach 9/11 einen steilen Anstieg der Angstberichterstattung aus. Sie ließ anschließend nach, schnellte mit der Finanzkrise nach oben und verharrt seither auch dort auf einem deutlich erhöhten Plateau.[44]

Angst, sagt der Soziologe Furedi, werde nicht durch Medien ausgelöst, aber sie könne durch sie verstärkt oder abgeschwächt werden.[45] Und wie die Dinge stehen, überwiegen derzeit offenbar die Gründe, sie größer zu machen, als sie ist. Zum einen haben tatsächliche Krisen das Bedrohungsgefühl in einer Gesellschaft verstärkt, in denen auch Journalisten Moden und Meinungen unterworfen sind. Zum anderen ist Angst ein Verkaufsargument einer Branche, die um sich selbst bangt. Und schließlich bietet die vernetzte Welt ein nahezu grenzenloses Reservoir an dramatischen und dramatisierbaren Vorfällen. »In den USA leben 300 Millionen Menschen, in der Europäischen Union 450 Millionen, in Japan 127 Millionen (…) Das bedeutet, Redakteure und Produzenten, die für die Nachrichten verantwortlich sind, können aus einer unerschöpflichen Fülle seltener, aber dramatischer Todesfälle wählen. Und das nur, wenn sie sich aus regionalen oder nationalen Quellen bedienen. Betrachtet man es international, kann jede Zeitung, jeder Sender in einen Schauplatz unwahrscheinlicher Tragödien verwandelt werden.«[46] Siehe etwa die Schweinegrippe. Oder das Darmbakterium Ehec, das die Medienbranche im Jahr 2011 über Monate hinweg gut beschäftigte. Die Angst vor der spanischen Gurke steigerte sich seinerzeit bis an den Rand der Hysterie. Wie sich später herausstellte, war sie zwar gar nicht Träger des gefährlichen Keims – aber da war die iberische Agrarindustrie bereits in die Krise gestürzt worden.

Trotz der unablässig sprudelnden Skandalquellen bleibt jedoch festzuhalten: Es gibt doch nie so viele Katastrophen wie Zeitungsausgaben, Sendetermine oder gar Online-Aufmacher. Oft müssen deshalb Scheinskandale herhalten, um die Angstlust zu befriedigen. Und dabei profitieren Medien – wie auch viele Angstmacher in Wissenschaft, Wirtschaft und

Politik – von der grassierenden Zahlenschwäche ihres Publikums. Nehmen wir beispielsweise einen Leitartikel, in dem sich die seriöse Londoner *Times* mit durch Ausländer verübten Morden befasste. Die Zahl dieser Verbrechen, hieß es darin, habe binnen acht Jahren um ein Drittel zugenommen. Eine tatsächlich beängstigende Entwicklung. Betrachtet man jedoch die absoluten Zahlen, die viel weiter hinten genannt wurden, so hatte es einen Anstieg von 99 auf 130 Morde gegeben. Auch das, noch immer, eine beunruhigende Tatsache. Mussten die Briten also fürchten, dass die Wahrscheinlichkeit, Opfer eines Gewaltverbrechens zu werden, dramatisch in die Höhe geschnellt war? Das nun auch wieder nicht. Setzt man die Zahl der Morde nämlich ins Verhältnis zu den rund 60 Millionen Einwohnern Großbritanniens, so war das Risiko von 0,0001 Prozent auf 0,00015 Prozent gestiegen. Seine Wirkung auf das Publikum jedoch hatte der Leitartikel sicher nicht verfehlt.[47]

Wie nachhaltig Journalisten die Risikoeinschätzung ihrer Leser, Zuschauer und Hörer beeinflussen können, wiesen die Psychologen Paul Slovic und Sarah Lichtenstein schon 1970 nach. Die meisten Testpersonen, die sie seinerzeit befragten, waren überzeugt davon, dass ungefähr gleich viele Menschen durch Unfälle und durch Krankheiten sterben. Tatsächlich jedoch war die Zahl der Todesfälle durch Krankheiten 17 Mal höher. Noch viel deutlicher daneben lagen die Probanden, als sie tödliche Autounfälle und den Tod durch Diabetes vergleichen sollten: 350 Mal mehr Menschen stürben im Straßenverkehr, glaubten die meisten – in Wirklichkeit sind es nur eineinhalb mal so viele. Die Wahrnehmung der Menschen war dabei ganz offensichtlich durch das geprägt, was sie jeden Tag im Fernsehen sahen und jeden Tag in der Zeitung lasen. Dort wimmelte es von lodernden Autowracks, Massenkarambolagen, umgestürzten Bussen. Aber wann je hätte es ein Herzinfarkt, ein Asthma- oder ein Diabetes-Tod in die Abendnachrichten geschafft – sofern er keinen Prominenten ereilte?

Dass die Menschen bei der Abwägung realer Risiken sogar ganz und gar erfundenen Bedrohungen auf den Leim gehen, verdeutlichte der US-Kommunikationsforscher George Gerbner in einem Experiment. Er teilte dafür Versuchspersonen in zwei Gruppen ein. Die erste betrachtete täglich mehrere Stunden Krimis, Sitcoms und Spielfilme, die andere schaute insgesamt weniger fern und dann vor allem Informationssendungen. Anschließend verteilte Gerbner Fragebögen, auf denen die Probanden schätzen sollten, wie viele Gewaltverbrechen in den USA jährlich verübt werden. Sie hatten dafür zwei Zahlen zur Auswahl: Die tatsächliche Zahl aus der Kriminalitätsstatistik und eine sehr viel höhere, die sich aus der Addition der im Fernsehen gezeigten Verbrechen ergab. Gruppe A entschied sich schließlich mehrheitlich und mit großer Überzeugung für die fiktionale Zahl, Gruppe B für die korrekte.[48]

Insofern ist es wenig überraschend, dass sich in Zeiten, in denen Hollywood und *heute-journal* uns beständig mit Katastrophen, Krisen und Terrorgefahren berieseln, das ohnehin vorhandene Unbehagen an der Welt bisweilen zum Horror weitet. Zumal jeder von uns, als Teil der fünften Gewalt, jederzeit zum Angstverstärker werden kann, indem er verwackelte Bilder von Polizeieinsätzen, Erdbeben, Hai-Attacken von überall her auf unsere Mobiltelefone sendet. So trägt selbst der Massentourismus im Zweifel zur großen Verunsicherung bei, schreibt Ulrich Beck: »Er (...) lässt im Duo mit den modernen Kommunikationstechnologien die Katastrophe für diejenigen, die Tausende Kilometer davon entfernt leben, zu einer ganz und gar persönlichen Angelegenheit werden.«[49] So gesehen ist es dann fast konsequent, wenn die Deutschen nach einem Reaktorunfall in Japan in großem Stile Jodtabletten aufkaufen. Mehr sogar als die Japaner.

Das Tor zur Angst steht sperrangelweit offen. Und Journalisten, die als »Gatekeeper« die Allgemeinheit vor den allzu durchsichtigen Manövern mächtiger Interessengruppen schützen sollten, geben den Schlüssel dazu immer leichtfertiger aus der Hand. Dabei haben vor allem sie die Ausbildung, das Wissen, die Recherchemöglichkeiten und auch immer noch das Vertrauen, gründlich zu unterscheiden zwischen echter Gefahr auf der einen, Popanz und Panikmache auf der anderen Seite. Dem guten alten Satz »Zu keiner Zeit bestand Gefahr für die Bevölkerung« sollte man gelegentlich mal wieder Geltung verschaffen. So wie es jetzt läuft, heißt es meistens: »Zu keiner Gefahr bestand Zeit für die Bevölkerung.« Wer aber immer nur Alarm ruft, dem hört irgendwann keiner mehr zu.

»Wir zeichnen ein falsches Bild von der Welt«, sagt Ulrik Haagerup, der Nachrichtenchef des Dänischen Rundfunks. »Eine gute Story braucht nicht zwingend Bösewichte, Skandale, Konflikte.«[50] Indem die meisten Zeitungen, Radiosender und Fernsehanstalten dennoch die Panikmache zum Programm erklärten, schaufelten sie sich nach und nach ihr eigenes Grab. Gerade in Krisenzeiten lechzten die Menschen nach positiven, lösungsorientierten Nachrichten, sagt Haagerup. Zuhause in Kopenhagen hat er den Beweis angetreten: Nachdem er den kriselnden Sender übernommen hatte, ordnete er an, dass täglich mindestens ein konstruktiver Beitrag ausgestrahlt werden solle. Die Zuschauerquote ist seither wieder gestiegen. Über seine Erfahrungen hat Haagerup ein Buch geschrieben, es heißt »Constructive News« – und im Untertitel: »Warum *bad news* die Medien zerstören und wie Journalisten mit einem völlig neuen Ansatz wieder Menschen berühren.«

Dabei gehe es nicht darum, Skandale oder Missstände zu verschweigen, sagt Haagerup, sondern darum, die Welt mit beiden Augen zu sehen. »Nehmen Sie unser Bild von Afrika: Krieg, unfassbare Grausamkeit, Hunger, HIV-Infektionen und andere Seuchen, Überbevölkerung, Armut. All das gibt es und wir dürfen es nicht verschweigen. Das wahre Bild Afrikas ist ein anderes. In vielen Staaten Afrikas gibt es gewaltiges Wirtschaftswachstum – und inzwischen sogar stark zunehmende Wohlstandskrankheiten.«[51]

In Haagerups Heimat folgen inzwischen immer mehr Medienmacher, mit ähnlichem Erfolg, seinem Beispiel. Und auch andernorts scheint sich die Idee vom »konstruktiven Journalismus« ganz allmählich auszubreiten. Mit »Positive News« und »De Correspondent« gründeten Journalisten in Großbritannien und den Niederlanden Online-Plattformen, die sich mit fundierten Recherchen ausdrücklich vom gängigen Katastrophenjournalismus distanzieren möchten. Die *Huffington Post* lancierte bereits 2012 ihre erfolgreiche Rubrik »Good News«, die *Washington Post* zog 2015 mit »The Optimist« nach, in der Schweiz präsentiert der *Tagesanzeiger* regelmäßig »Die Lösung«, in Deutschland räumte der *Spiegel* eine halbe Seite für die wöchentliche Graphik »Früher war alles schlechter« frei. In den letztgenannten Fällen handelt es sich allerdings zumeist um kleine Zuversichts-Inseln in einem Meer der Verderbtheit und des Chaos.

Konsequent auf Gemütsaufhellung setzt in Deutschland das Start-up-Unternehmen »Perspective Daily«, das zeigen will, »wie die Welt heute ist und morgen sein könnte«.[52] Die über Crowdfunding realisierte Plattform will ausschließlich mit konstruktiven Artikeln gegen das »zu negative Weltbild« der meisten Menschen anschreiben. Dass das Projekt von einer Neurowissenschaftlerin, einem Psychologen und einem Naturwissenschaftler ersonnen wurde, kann man durchaus als Kampfansage an den herkömmlichen Journalismus interpretieren. Allerdings ging »Perspective Daily« im Juni 2016 mit gerade mal einer Handvoll Beiträgen pro Woche an den Start. Zu wenig, um der omnimedialen Tristesse im Land trotzen zu können. Die publizistische Aufmerksamkeit jedoch, die der Initiative zuteil wurde, lässt vermuten, dass auch in den etablierten Medienhäusern inzwischen Überdruss am skandalgetriebenen Journalismus grassiert. Zumal auch dieser – bei Lichte betrachtet – den schleichenden Abstieg der Branche nicht aufhalten konnte.

»Was ist die Idee einer Zeitung«, fragt der Medienwissenschaftler Bernhard Pörksen. »Ich würde sagen: Es handelt sich – idealerweise – um einen entschleunigten, nachdenklichen Journalismus. Zeitungen sind gerade in Zeiten hektischer Dauerkommunikation Medien des zweiten Gedankens; sie leisten die tiefenscharfe Recherche und eine genaue, unabhängige Beobachtung, die diese Gesellschaft dringend braucht. Für diese Idee der Zeitung lohnt es sich zu streiten.«[53]

4. Das Spiel der Politik – warum im Machtpoker so oft die Angst den Ausschlag gibt

1997 stand in Hamburg eine Frau vor Gericht, die in einer Nacht den Lack zehn parkender Autos zerkratzt hatte. Ein Delikt, das es in Deutschland immer mal wieder zu beklagen gibt, die Delinquenten kommen, zumal wenn sie nicht vorbestraft sind, in der Regel mit einer Bewährungsstrafe davon. Die Frau aus Hamburg jedoch hatte Pech. Obwohl sich im Lauf des Prozesses herausstellte, dass sie psychisch labil war, ließ der Richter keine Nachsicht walten. Sein Urteil lautete 30 Monate – ohne Bewährung. Die *Hamburger Morgenpost* jubelte: »Richter Gnadenlos« räume endlich in der Hansestadt auf. Es war der Beginn einer rauschenden politischen Party, aus der Hamburg erst fünfeinhalb Jahre später mit einem üblen Kater wieder erwachte.

Umjubelt von der Lokalpresse und hofiert von Hamburgs Geld-Adel gefiel sich Ronald Barnabas Schill, so hieß der Richter, fortan in der Rolle des knochenharten Kriminalitätsbekämpfers. Einen nicht vorbestraften Pflegehelfer, der mit anderen Linken zwei Polizisten zur Herausgabe eines Ausweises genötigt hatte, schickte er für 15 Monate in den Knast. Einen Mann aus Niger, der einen falschen Pass benutzt hatte, ließ er für zwei Jahre und zwei Monate wegsperren – vor Gericht hatte er den Afrikaner mit den Worten begrüßt, als Schwarzer stehe er »von vornherein im Verdacht, kriminell zu sein«. Hamburg war entzückt. Die *Bild* fragte rhetorisch: »Brauchen wir mehr von seiner Sorte?«

Im Jahr 2000 ging Schill dann politisch in die Offensive und das im Wortsinn. Mit einem Häuflein Gleichgesinnter gründete er die »Partei Rechtsstaatliche Offensive«. Deren wichtigster – und einziger – Programmpunkt: Hamburgs Kriminalitätssumpf trockenzulegen. Der hatte sich, folgte man Schill und seinen medialen Cheerleadern, wie eine Fäulnis über die gesamte Stadt ausgebreitet. Nach Jahren unter rot-grünen Laschmännern sei die Stadt »psychosozial traumatisiert«, schrieb die Boulevardpresse, Hamburg zur »Hauptstadt des Verbrechens« geworden. Das stimmte zwar nicht. Aber Schill wusste Fälle wie die des »Crash-Kids« Dennis oder die Ermordung eines Tonndorfer Lebensmittelhändlers durch zwei polizeibekannte Jugendliche virtuos auszuschlachten. Er forderte, verurteilte Sexualstraftäter zu kastrieren, bevor sie freigelassen werden, und versprach, die Kriminalität binnen 100 Tagen zu halbieren.

Und so waren am Ende viele Bürger bereit, dem Richter zu folgen. Als der Düsseldorfer Sozialwissenschaftler Karl-Heinz Reuband mitten im Wahlkampf das Sicherheitsgefühl der Hamburger mit dem der Düsseldorfer und Dresdener verglich, entdeckte er Erstaunliches: In allen drei Städten fühlten sich die Bürger zwar relativ sicher. Entsprechend hielten in Dresden nur sechs Prozent der Leute Kriminalität für das wichtigste Problem, in Düsseldorf 17 Prozent – in Hamburg dagegen mehr als die Hälfte. Die »Mobilisierung der Bürger durch Akteure des politischen Geschehens und die Medien« haben die Hamburger ihrer inneren Sicherheit beraubt, schloss Reuband.[54]

Kurz vor der Bürgerschaftswahl wurde dann noch bekannt, dass vier der Attentäter, die Amerika in seinen Grundfesten erschüttert hatten, aus Hamburg stammten. Zu Schills Schaden war es nicht. Am 23. September 2001 kam er aus dem Stand auf 19,4 Prozent der Stimmen. Und weil es damit für die CDU unter Ole von Beust und die FDP nicht zu einem Regierungswechsel reichte, holte Beust den Richter skrupellos mit ins Boot. Schill wurde Innensenator und Zweiter Bürgermeister der ehrwürdigen Hansestadt Hamburg. Danach sank sein Stern so rapide, wie er aufgegangen war. Den behaupteten Rückgang der Kriminalität erreichte er unter anderem mit Zahlentricks. Bundesweit machte er auf sich aufmerksam, indem er russisches Narkosegas für den Kampf gegen den Terror forderte und im Bundestag tönte, die Politik habe zu wenige Rücklagen für Katastrophenfälle gebildet. Eine Kokainaffäre überstand der Jurist leidlich. Als er jedoch Ende 2003 Oberbürgermeister von Beust wegen dessen Homosexualität zu erpressen versuchte, platzte erst dessen Kragen, dann die Koalition. Kurz darauf verschwand Schill nach Südamerika und tauchte nur noch sporadisch als Witzfigur im Dschungel-Camp oder als wirrer Autor seiner Biographie auf (»Mein Schwanz brach mir das Genick«).

Und die Hauptstadt des Verbrechens? Ist heute eine der lebenswertesten Städte der Welt. Meldet die *Bild*-Zeitung.

EIN IDIOTENSICHERES SYSTEM

Wie konnte ein notorisches Großmaul und politisches Federgewicht wie Ronald Schill über Jahre hinweg das als weltoffen geltende Hamburg in Geiselhaft nehmen? Die Antwort ist eigentlich ganz einfach: Schill hatte die Angst als Wahlhelfer entdeckt – so wie viele Politiker vor ihm und viele Politiker nach ihm. Es gehört zum Standardrepertoire insbesondere konservativer und populistischer Parteien, kurz vor entscheidenden Wahlen innere und äußere Bedrohungen zu erfinden oder hochzureden und liberale oder linke Konkurrenten als Schlaffsäcke zu verhöhnen, denen der Mumm fehle, im Zweifelsfall hart durchzugreifen. Das so verunsicherte Publikum dankt es in der Regel mit wohlwollendem Zuspruch an der Wahlurne.

Es ist ein so idiotensicheres System, dass es auch in Europa in den vergangenen Jahren zunehmend zur Anwendung kam. So wenig auch der regierende ungarische Bürgerbund Fidesz, der sich quer durch Frankreich siegende Front National, die nicht minder erfolgreiche dänische Volkspartei oder die schweizerische SVP miteinander gemein haben mögen, etwas eint sie über alle Grenzen hinweg – ihr schonungsloses Spiel auf der Angstklaviatur. Und kein Thema versprach zuletzt sattere Gewinne als die Kriminalität, das Schreckgespenst des Normalbürgers, dem mit Fakten oder Statistiken niemand mehr zu kommen braucht, denn sein Bauchgefühl sagt ihm: Es wird immer größer. Ein gefundenes Fressen für die Bauchredner der Politik, für die die Angst immer das letzte Wort hat.

Es mag heute womöglich etwas in Vergessenheit geraten sein, aber ein einziges, lange zurückliegendes Verbrechen beförderte beispielsweise George W. Bush den Älteren 1988 ein großes Stück näher heran ans Weiße Haus. Zwei Jahre zuvor war Willie Horton, ein Sträfling aus Massachusetts, während eines kurzen Hafturlaubs in ein Haus eingedrungen, hatte den Besitzer gefesselt und dessen Frau vergewaltigt. Der Gouverneur des Neuengland-Staates hieß seinerzeit Michael Dukakis, er unterstützte nach Hortons Tat, ohne zu zögern, die Forderung, Hafturlaube für lebenslänglich Verurteilte abzuschaffen. Das nutzte ihm aber nichts. Als Dukakis 1988 zum Präsidentschaftskandidaten der Demokratischen Partei gekürt wurde, entwarf der republikanische Spin Doctor Roger Ailes, der später Chef von Fox News wurde, das Bild eines Gefängnisses von Massachusetts mit Drehtür. Seht her, lautete die Botschaft, so geht der verweichlichte Dukakis mit Schwerverbrechern um. In der heißen Wahlkampfphase erschien dann eine Wahlwerbung, in der die Fahndungsfotos von Horton auftauchten, dass es sich beim ihm um einen Schwarzen handelte, schadete den Angstmachern nicht. Bushs Leute bestritten, irgendetwas damit zu tun zu haben, aber die Wirkung war die erwünschte. Das singuläre Verbrechen half Bush senior ins Amt. Die Pointe der Geschichte ist jedoch, dass nicht etwa die Republikaner die Horton-Story als Wahlmunition entdeckt hatten. Das war Dukakis' Rivale um die demokratische Nominierung vorbehalten – sein Name: Al Gore.[55]

Aus fast allen Wahlkämpfen der Gegenwart gibt es ähnliche Vorfälle zu berichten. So zeichnete etwa Tory-Chef Michael Howard, als er 2005 Premierminister werden wollte, das Bild eines Britanniens am Abgrund. Und niemand konnte ihn daran hindern. Nicht der Erzbischof von Canterbury, der in einem offenen Brief alle Parteivorsitzenden im Land mahnte, Wahlkampagnen sollten nicht in einen Wettbewerb darüber münden, »wer die Wähler am effektivsten ängstigt«. Ja, noch nicht einmal hohe britische Polizeibeamte, die Howard in einem ungewöhnlichen Schritt vorwarfen, er täusche die Öffentlichkeit über das wahre Ausmaß der Kriminalität. Unbeirrt davon zog der Konservative durchs Land, versprach, unter ihm würden Polizisten Verbrechern auch körperlich hart zusetzen, und warf Regierungschef Tony Blair »pussyfooting« gegenüber Kriminellen vor – ein Wort, dass sich am ehesten mit Duckmäusertum oder Arschkriechen übersetzen lässt.[56]

Allein, es half Howard nichts. Was vor allem daran lag, dass der einstmals eher linke Blair sich spätestens seit 9/11 zu einem beinharten Law-and-Order-Politiker gewandelt hatte.

Dass der Schrei nach der ganzen Härte des Gesetzes nicht mehr ausschließlich eine Domäne der Rechten ist, zeigte sich auch 2007 während der Präsidentschaftswahlen in Frankreich. Damals versuchte die sozialistische Kandidatin Ségolène Royal zu punkten, in dem sie vorschlug, jugendliche Straftäter in militärisch bewachte Erziehungslager zu sperren.[57] Auch das ein Rohrkrepierer: Die Wähler zogen das ruchlose Original Nikolas Sarkozy der immer noch vergleichsweise milden Kopie vor.

Angst ist ein politischer Verkaufsschlager. Wer Sicherheit verspricht, dem laufen verunsicherte Menschen zu. Insofern ist es nicht überraschend, dass auch in Deutschland im Grunde fast alle mehr oder weniger erfolgreichen Parteineugründungen der letzten Jahrzehnte – mit Ausnahme vielleicht der Piraten – das Angstticket lösten: angefangen beim »Bund freier Bürger« über die Schill-Partei, Bremens »Bürger in Wut«, Pro NRW und Pro Deutschland bis hin zur islamfeindlichen »Freiheit«, die allesamt das Fürchtet-euch zu ähnlich lautenden Wahlprogrammen aufblähten. Dass ihr Erfolg bislang stets nur ein vorübergehender war, erklärt sich Klaus-Peter Schöppner, der Geschäftsführer des Meinungsforschungsinstituts Emnid, so: »Angst war bislang zwar immer ein guter Wahlgewinner, meist jedoch ein schlechter Politikgestalter.«[58] Am mangelnden Potential jedenfalls liegt es nicht. Die Zahl der Nichtwähler im Land wächst kontinuierlich. Bei der Bundestagswahl 2013 verweigerten 28,5 Prozent der Deutschen die Abstimmung und damit mehr Bürger, als für die stärkste Partei CDU gestimmt hatten. Auf Landesebene ist die Entwicklung noch eklatanter: In Schleswig-Holstein gab es beim bislang letzten Urnengang 39,9 Prozent Nichtwähler, in Hamburg 43,1 Prozent, in Thüringen 47,3 Prozent und in Sachsen 50,8 Prozent. Ein Großteil der Menschen, die sich hinter diesen Zahlen verbergen, hat sich längst angewidert abgewandt vom Politikbetrieb. Die Ansicht, nicht zu zählen, abgehängt zu sein und niemanden zu haben, der die eigenen Interessen vertritt, ist weit verbreitet. Den nächsten Versuch, die Resignierten zurückzuholen sowie Wut und Angst in Wählerstimmen umzumünzen, unternimmt seit 2013 die »Alternative für Deutschland«. Deren Vorsitzende Frauke Petry bekannte auf dem Parteitag im November 2015 unumwunden: »Wir brauchen die Ängstlichen, um Mehrheiten zu bewegen.« Eine Strategie, die bislang aufzugehen scheint.

DER JUGENDLICHE KRIMINELLE

Wie das geht, Angst auf die eigenen Mühlen zu lenken, um damit Wahlen zu gewinnen, das konnte sich Petry unter anderem beim ehemaligen hessischen Ministerpräsidenten Roland Koch abschauen. Der Christdemokrat setzte bei seiner Wiederwahl im Jahr 2008 auf eine noch perfidere Spielart der Verunsicherungspolitik: auf die Angst vor kriminellen Jugendlichen, noch präziser vor ausländischen kriminellen Jugendlichen. Seit der Wiedervereinigung ein Klassiker unter Deutschlands Law-and-Order-Sprachrohren.

Legt man die Zahlen der Polizeilichen Kriminalstatistik (PKS) zugrunde, dann war die Straffälligkeit von Jugendlichen (14 bis 18 Jahre) und Heranwachsenden (18 bis unter 21 Jahre) seit 1990 tatsächlich ein wachsendes Problem. Wobei sich hinter der steigenden Kurve in den allermeisten Fällen leichte und Bagatell-Delikte verbargen, also etwa Ladendiebstahl oder Schwarzfahren. Die »typischen Täter des Drogen-, Waffen- und Menschenhandels und weiterer Spielarten der Organisierten Kriminalität, der Gewalt in der Familie, der Korruption, der Wirtschafts- und Umweltkriminalität« waren und sind jedoch seit jeher Erwachsene, sagt der Kriminologe und Rechtswissenschaftler Wolfgang Heinz.[59] Von Steuerhinterziehung im großen Stil ganz zu schweigen.

Nur liegt es in der Natur der Sache, dass derartige Delikte deutlich schwerer zu entdecken und nachzuweisen sind als etwa der gemeine Ladendiebstahl.

Dazu kommt, dass die Polizeiliche Kriminalstatistik eine Verdachtsstatistik ist, das heißt, sie beruht im Wesentlichen auf Anzeigen aus der Bevölkerung. Wie sonst auch folgen die meisten Menschen in ihrem Bedrohungsgefühl Moden und Konjunkturen, wann immer etwa ein drastischer Fall von Kindesmissbrauch, Betrug, Vergewaltigung oder Körperverletzung publik wird, häuft sich in der Folge die Zahl der Anzeigen signifikant. So kann ein verzerrtes Bild in der Polizeistatistik entstehen, das seinerseits wieder Einfluss darauf hat, wo Menschen die größten Gefahren vermuten.

Im Fall der Jugendkriminalität entwickelte sich in den 1990er Jahren ein regelrechter politischer Wettstreit um die Frage, wer noch schneller, noch härter, noch schneidiger das Problem anzugehen gedenke. Es war die hohe Zeit der regierenden Alphatiere in den Staatskanzleien und Innenministerien der Bundesländer, die allesamt noch Großes mit sich in der Politik vorhatten, allen voran Edmund Stoiber, Gerhard Schröder, Oskar Lafontaine, etwas später auch Roland Koch. Und das Thema straffällige Jugendliche hatte gleich mehrere Vorteile: Sie sind seit Jahrhunderten in jeder Gesellschaft und jeder Generation zumindest quantitativ krimineller als Erwachsene, sie triggern deren Ängste – und sie dürfen noch nicht wählen. Jugendkriminalität wurde so nach und nach zu einem sich selbst verstärkenden Phänomen. Spektakuläre Einzelfälle schienen die Annahme zu bestätigen, dass unsere Kinder zunehmend außer Rand und Band geraten. So wurde etwa der »Fall Mehmet« politisch und medial über viele Monate hinweg ausgeschlachtet, er handelte von einem Jungen, der bereits vor seinem 14. Geburtstag mehr als 60 Delikte begangen hatte, darunter Diebstähle, Einbrüche, Erpressungen, Raubüberfälle und Körperverletzungen. Die Verunsicherung wuchs entsprechend. Der Kriminologe Heinz sagt, es könne »begründet angenommen werden, dass jedenfalls ein nicht unerheblicher Teil des Anstiegs in den vergangenen beiden Jahrzehnten darauf beruht, dass vermehrt angezeigt und infolgedessen auch polizeilich registriert wurde«.[60]

Dumm nur für Angstpolitiker, dass die von der Polizei registrierte Jugendkriminalität seit Mitte der 2000er Jahre wieder abnahm. Politische Hardliner aber beharrten darauf: Auch wenn es weniger Fälle geben sollte, zeugten viele der verbliebenen von einer »neuen Qualität« der Gewalt. Und eine besondere Verrohung lasse sich unter ausländischen Jugendlichen beobachten. Auch hier sei jedoch wieder zu fragen, »ob junge Migranten tatsächlich häufiger straffällig oder nur häufiger angezeigt und entdeckt werden«, sagt Heinz. Was allerdings stimme, sei, dass viele Jugendliche mit Migrationshintergrund »gewaltlegitimierende Männlichkeitsnormen« verinnerlicht hätten, eine geringere Schulbildung besäßen und oft genug selbst Opfer von Gewalt geworden seien. Berücksichtige man solche Faktoren, sei im Vergleich zu kriminellen deutschen Jugendlichen kaum noch ein Unterschied feststellbar, die einzige Lösung sei demnach »Prävention durch Integration«.

Kurzum: »Welche der verschiedenen Messinstrumente auch immer gewählt werden – sie zeigen, dass Jugendkriminalität in ihren leichten Formen (...) bagatellhaft und vor allem episodenhaft ist. Einen empirischen Beleg gibt es weder für eine zunehmende Brutalisierung noch für eine Zunahme des Anteils der Mehrfachtäter. Vor allem zeigen die vorliegenden Zahlen, dass für eine Dramatisierung der Jugendkriminalität und für eine Verschärfung des Strafrechts kein Anlass besteht.«[61]

All das interessierten Roland Koch und die hessische CDU jedoch nicht, als sie 2008 ihre »Wiesbadener Erklärung« veröffentlichten. Darin forderten sie medienwirksam einen »Warnschussarrest«, also eine Art vierwöchigen Probeknast für junge Delinquenten. Außerdem kündigten die Christdemokraten an, kriminelle Jugendliche ohne deutschen Pass künftig schneller abzuschieben. Die Höchststrafe für kriminelle Jugendliche schließlich sollte von zehn auf 15 Jahre erhöht werden. Dass Kriminologen und Soziologen unisono warnten, Knast sei erst die Schule des Verbrechens und die Rückfallquote derer, die einmal drin saßen, betrage mehr als 70 Prozent, bekümmerte Koch nicht. Genauso wenig wie der Vorwurf des Generalsekretärs des Zentralrats der Juden, Hessens CDU betreibe einen Wahlkampf im Stil der rechtsextremistischen NPD.

Koch, seit 1999 im Amt und mit absoluter Mehrheit regierend, wähnte sich in einer Zwangslage. Die Umfragen standen Spitz auf Knopf, und mit Andrea Ypsilanti von der SPD stand eine Herausforderin bereit, die bei den Konservativen unter Kommunismusverdacht stand. Also entschied sich Koch, einen Angstwahlkampf zu führen, wie es ihn so in Deutschland noch nicht gegeben hatte. Und die Hessen gingen ihm auf den Leim: Mit einem hauchdünnen Vorsprung von 0,1 Prozentpunkten gewann er am Ende die Wahl.

Von der Jugendkriminalität ist in Deutschland seither im Übrigen immer weniger zu hören. Hin und wieder geistert sie noch durch parlamentarische Debatten oder Talkshows – aber zum großen Aufreger taugt sie nicht mehr.

Sie ist längst einem anderen Thema gewichen, das noch viel stärker an die Angst in uns allen appelliert.

1. Der permanente Schrecken – weshalb nach 9/11 wirklich nichts mehr so war wie zuvor

Können Sie sich noch an die ersten acht Monate des Jahres 2001 erinnern? An die »Angst vor dem Euro« (*Berliner Morgenpost*) vielleicht, dessen Einführung unmittelbar bevorstand? An die »Angst vor der Maul- und Klauenseuche« (*Mitteldeutsche Zeitung*) oder die »Angst vor Gift-Shrimps« (*Bild*)? Wissen Sie noch, wie Sie angesichts der immer mehr werdenden Handys »Mobilfunkangst« (*Frankfurter Rundschau*) empfanden oder wegen der Zuwanderung aus dem Osten »Angst vor zu vielen Polen« (*Die Zeit*)? Wie steht es mit Ihrer »Angst vor Rocker-Horden« (*Tagesspiegel*)? Der »Angst vor Börsen-Krach« (*Bild*)? Der »Krokodil-Angst im Rhein« (*Bild*)? Hatten Sie »Angst vor Gentechnik« (*tageszeitung*), »Angst vor BSE« (*Neues Deutschland*) oder gar »Angst vor der Zukunft« (*Der Spiegel*)? Wissen Sie es noch? Nein?

Dann schließen Sie jetzt für einen Moment die Augen. Erinnern Sie sich an den 11. September 2001? Sehen Sie es: das Flugzeug, das einfach so im Hochhaus verschwindet, den Feuerball, die schwarzen Punkte, die vom strahlend blauen Himmel zu regnen scheinen? Haben Sie das zweite Flugzeug vor Augen, die gewaltige Rauchsäule, das Nichts, das dahinter zum Vorschein kommt, und die Staubgesichter der fliehenden Menschen? Hören Sie die erstickten Schreie, das Schluchzen und immer wieder dieses ungläubige »Oh my God«? Sie wissen es noch, nicht wahr? Sie werden es nie vergessen.

Was an diesem Herbstmorgen des Jahres 2001 geschah, muss nicht mehr beschrieben werden. Es war einer der monströsesten Massenmorde der Moderne, verübt an vier Orten gleichzeitig, 2753 Tote, Tausende Verletzte, Millionen Traumatisierte. Ein Anschlag, den Menschen auf allen Kontinenten in Echtzeit verfolgten. Und der danach Menschen auf allen Kontinenten verfolgte. »Der Unverwundbarkeitsglaube der größten Militärmacht der Welt wurde live hingerichtet«, schreibt Ulrich Beck. Und jeder, der es sah, wusste: »Gegen alle Wahrscheinlichkeit ist so etwas wirklich möglich, das heißt, es kann sich zu jedem Zeitpunkt überall wiederholen.«[1] Wenn es in der westlichen Wohlstandswelt der Moderne je einen Grund gab, nacktes, unmittelbares Entsetzen zu empfinden, dann in den Morgenstunden des 11. September 2001. Am Tag darauf schrieb ein Kommentator der *Los Angeles Times*, das »nächste große Ding« werde nicht irgendeine technologische oder medizinische Erfindung sein, sondern »vermutlich die Angst«.[2]

Tatsächlich schien es in den Tagen und Wochen, die folgten, auch allen Grund dafür zu geben. Als die Börsenkurse weltweit einbrachen, als in amerikanischen Regierungsstellen plötzlich Umschläge mit weißem Pulver anlandeten, die den tödlichen Milzbranderreger Anthrax enthielten, als auch in Deutschland mehrfach Milzbrandalarm ausgerufen wurde, war es so, als erfüllte sich die Prophezeiung selbst, dass fortan nichts mehr so sein würde wie zuvor. Die Deutschen, in deren Mitte vier der Attentäter unbemerkt gelebt hatten, lernten schnell ein neues Wort kennen: den »Schläfer« – eine tickende Zeitbombe auf zwei Beinen. Keine vier Wochen nach den Anschlägen zog der Westen dann, angeführt von den Vereinigten Staaten, in den Krieg. Die Bundesregierung unter Gerhard Schröder hatte »uneingeschränkte Solidarität« gelobt und beteiligte sich selbstverständlich an der Operation »Enduring Freedom«. An immerwährende Freiheit jedoch glaubte damals in Wirklichkeit niemand. Im Gegenteil, wahrscheinlich werde alles noch schlimmer werden, mahnte Großbritanniens Premier Tony Blair: »Wir wissen, dass sie, wenn sie es könnten, noch weiter gehen und chemische, biologische oder gar nukleare Massenvernichtungswaffen einsetzen würden.« Die Welt wartete auf den nächsten Angriff der Terroristen im Westen.

Der jedoch blieb – gegen jede angenommene Wahrscheinlichkeit – zunächst aus. 2002 kam es auf Bali zu einem verheerenden Anschlag, aber Amerika und seine Alliierten blieben fürs Erste verschont. Die Menschen atmeten auf und fanden in erstaunlichem Tempo zurück zur Normalität, selbst in New York, in dessen Mitte noch auf Jahre ein gewaltiges Loch klaffen sollte. Auch die Weltwirtschaft, deren Zusammenbruch manche befürchtet hatten, erholte sich nahezu im Handumdrehen. Bereits 40 Tage nach 9/11 stand der Dow Jones Index wieder auf dem Niveau vom 10. September. Als wäre alles nur ein Albtraum gewesen, setzten wir unsere Art zu leben fort.

Was blieb, war die Angst.

Als sich der 11. September 2006 näherte, und damit der fünfte Jahrestag von 9/11, machte das Meinungsforschungsinstitut Gallup eine verblüffende Entdeckung. Obwohl Amerika auf wundersame Weise von weiteren Attacken verschont geblieben war, antworteten die Amerikaner auf die Frage, für wie wahrscheinlich sie einen Terrorakt innerhalb der nächsten Wochen halten, zu 50 Prozent mit »sehr wahrscheinlich« oder »ziemlich wahrscheinlich«. Das waren nahezu genauso viele wie kurz nach 9/11. Verblüffend war das deshalb, weil Angst normalerweise ein flüchtiges Wesen ist: Nach einem traumatisierenden Ereignis schnellt sie in die Höhe, bleibt eine Wiederholung jedoch aus, lässt sie immer stärker nach. In diesem

Fall war das nicht so. Im Gegenteil. Das zeigte sich, als die Gallup-Leute nach der persönlichen Risikoeinschätzung der Amerikaner fragten. 44 Prozent antworteten, sie hätten große oder sehr große Angst davor, dass sie oder ihre Familien Opfer eines Anschlags werden könnten – das waren deutlich mehr als die 35 Prozent, die dasselbe kurz nach 9/11 befürchtet hatten. Die Angst hatte mit der Zeit nicht abgenommen, sie war sogar größer geworden.[3]

Wie kann das sein?

Ja, es stimmt, im März 2004 hatten zehn Terroristen in Madrid mehrere Sprengsätze in Vorortzügen gezündet und 191 Menschen getötet; und in London hatten im Juli 2005 Bomben in drei U-Bahnen und einem Bus 56 Menschen das Leben gekostet. Aber aus amerikanischer Perspektive waren beide Anschlagsorte weit weg und die Anschläge selbst nicht ansatzweise so monströs wie 9/11 gewesen. Es muss also noch einen anderen Grund dafür geben, wieso Amerika auf einem derart hohen Angstniveau verharrte. Alles spricht dafür, dass er im Weißen Haus zu suchen ist.

Bereits am 12. September 2001 hatte US-Präsident George W. Bush in seiner Ansprache an die Nation erklärt, die Ereignisse des Vortages seien »mehr als ein Akt des Terrors« gewesen – sie seien ein »Akt des Krieges«. Eine Lesart, die weltweit von fast niemandem ernsthaft in Zweifel gezogen wurde. Nicht von den Führern anderer westlicher Nationen, allen voran Tony Blair, die fortan jeden größeren Terroranschlag als Kriegserklärung werteten.* Und auch nicht von den globalen Leitmedien, die sich in großer Mehrheit mit Bushs vermeintlich guter Sache gemeinmachten. Etliche US-amerikanische Journalisten erweckten nicht einmal mehr den Anschein ob-

---

* So etwa der französische Präsident François Hollande, der kurz nach den Terroranschlägen von Paris im November 2015 sagte: »Konfrontiert mit Krieg muss die Nation angemessene Maßnahmen ergreifen.«

jektiver Abwägung, als sie »mit der US-Flagge im Revers und Tränen in den Augen (…) die Behauptung der Regierung wiederholten, dass die Anschläge einen fundamentalen Wendepunkt in der Geschichte der Menschheit bedeuteten«.[4] Bush hatte die Melodie vorgegeben, die fortan in allen westlichen Ländern bereitwillig nachgesungen wurde.

Dabei war Bushs Wort vom Krieg nicht nur semantisch bedeutsam. Er schuf damit erst die Voraussetzung für einen völkerrechtlich umstrittenen Waffengang gegen Afghanistan, später dann auch gegen den Irak. Die Charta der Vereinten Nationen (UN) regelt explizit, dass ein Kriegsakt vom UN-Sicherheitsrat autorisiert werden muss. Die einzige Ausnahme ist das Recht auf Selbstverteidigung für den Fall, dass ein Land von einer anderen Nation angegriffen wurde. Am 11. September aber hatte nicht Afghanistan die USA attackiert, ja die 19 Attentäter waren noch nicht einmal Afghanen. Gleichwohl fielen keine vier Wochen später die ersten Bomben auf das Land am Hindukusch.

Seine Angstrhetorik setzte Bush in der Folge unbeirrt fort. Im Januar 2002 ließ er die Nation wissen, sie stehe vor »nie dagewesenen Gefahren«, Amerikas Zukunft werde von Terroristen bedroht, die über die »zerstörerischsten Waffen der Welt« verfügten. 2003 zog er in seiner Rede eine direkte Linie vom Terrorismus zum »Hitlerismus« und zum Kommunismus. Und aus Furcht, unsolidarisch, unamerikanisch und weich zu sein, ließen ihn Freunde und Gegner gewähren.

Lediglich Bushs republikanischer Parteikollege John McCain, der 2008 Präsidentschaftskandidat wurde, stach zwischenzeitlich aus der Riege der Angstmacher heraus, indem er den Amerikanern riet: »Benutzt die verfluchten Fahrstühle! Fliegt mit den verdammten Flugzeugen! Berechnet die Wahrscheinlichkeit, von einem Terroristen verletzt zu werden! Sie ist ungefähr so groß wie die, von einer Flutwelle erwischt zu werden.«[5] Seine Einsichten freilich schrieb McCain lediglich 2004 in einem Buch nieder. Öffentlich mutierte er mehr und mehr zu einem Falken, der Terroristen persönlich den Hals umdrehen würde, wenn man ihn ließe.

Das Spiel mit der Angst trieb die Bush-Regierung bis zum Exzess. Sie erließ ein Sicherheitsgesetz nach dem anderen und hebelte andere, moderate Rechtsvorschriften aus. Sie schuf das »Department of Homeland Security«, dessen Befugnisse weit über alles zuvor Dagewesene hinaus reichten. Sie erfand eine »Achse des Bösen«, den Iran, Irak und Nordkorea betreffend. Sie duldete, dass ihre Geheimdienste vermeintlich Terrorverdächtige aus aller Welt entführten und allen möglichen Formen von Folter unterzogen. Sie trat, mit anderen Worten, die westlichen Werte, die von den Terroristen 2001 angeblich angegriffen worden waren, mit Füßen. Und sie belog den UN-Sicherheitsrat, fälschte einen Kriegsgrund gegen den irakischen Diktator Saddam Hussein und trug so entscheidend zur Entstehung eines ihrer heute schlimmsten Feinde bei: dem »Islamischen Staat«. Nicht einmal Tony Blair, Bushs treuester Verbündeter, will das heute noch bestreiten. In einem bemerkenswert offenen CNN-Interview räumte Britanniens Ex-Premier ein: »Natürlich kann man nicht behaupten, dass jene von uns, die Saddam 2003 stürzten, keine Verantwortung für die Situation 2015 tragen.« Die Behauptung, der Irakkrieg habe den Aufstieg des »Islamischen Staates« verursacht, enthalte »Elemente der Wahrheit«.[6]

FÜR WEN SICH DER TERROR AUSZAHLT

Ganz nebenbei bescherte die US-Regierung der heimischen Wirtschaft mit ihrer exzessiven Sicherheitspolitik ein nahezu beispielloses Konjunkturprogramm, in dem sie das Geschäft mit dem Krieg rigoros privatisierte. In den Vororten Washingtons schossen in Windeseile zahllose graue Gebäude hoch, in denen sich zum Teil hastig gegründete Sicherheitsfirmen niederließen. Die Zahl der Unternehmen, die sich auf Überwachung und das Aufspüren von Übeltätern im Netz spezialisierten, verhundertfachte sich in wenigen Jahren. Der neue Klondike hieß Potomac. Allein zwischen September 2001 und 2006 vergab das Heimatschutzministerium Aufträge in Höhe von 130 Milliarden Dollar an private Sicherheitsunternehmen – »Geld, das (…) in der Summe das Bruttosozialprodukt Chiles oder der Tschechischen Republik übertraf«.[7] Als segensreich bei diesem Boom der Sicherheitsindustrie erwies sich, dass Bushs engste Weggefährten über die nötigen Kontakte in die Wirtschaft verfügten. So war etwa Dick Cheney Vorstandsvorsitzender des Militärdienstleisters Halliburton, bevor er Bushs Vizepräsident wurde.

Nach Recherchen des US-Journalisten James Risen profitieren heute rund 2000 Firmen von der Privatisierung des Anti-Terror-Kampfes. 850 000 Menschen hätten direkten Zugang zu Geheimakten, und deren »einziges Geschäftsmodell« sei der Krieg. »Die Privaten haben ein großes Interesse daran, die Terrorgefahr nicht kleinzureden«, sagt Risen, eine öffentliche Debatte darüber finde nicht statt.[8] Sie würde der ohnehin gebeutelten Wirtschaft des Landes schaden.

Was die US-Regierung bei ihrer Outsourcing-Orgie offenbar nicht bedachte, ist, dass sie auf diese Weise neue Sicherheitslücken schuf. Der Whistleblower Edward Snowden jedenfalls, der viele Jahre später den NSA-Skandal ins Rollen brachte, arbeitete bei der privaten Technologiefirma Booz Allen Hamilton. Ohne den unter Bush begonnenen Wildwuchs im Sicherheitsgeschäft wäre er niemals an die streng geheimen Akten gelangt, die er der Öffentlichkeit übergab.

Man muss Bush heute zugutehalten, dass auch er und seine

Leute unter dem Eindruck der beispiellosen Verheerungen des 11. September 2001 standen, als sie den »Krieg gegen den Terror« ausriefen. Mit Gewissheit konnte in diesem amerikanischen Herbst niemand sagen, ob sich weitere Attentäter im Land befinden und über welche Mittel sie verfügen. Dass sie in dieser Situation dem Prinzip »better safe than sorry« folgten und den Sicherheitsapparat sukzessive ausbauten, ist bis zu einem gewissen Grad verständlich. Die Methodik jedoch, mit der die Regierung ihr Volk dauerhaft im Klammergriff der Angst hielt und auch nach Jahren ohne weitere Terroranschläge mantraartig die unmittelbare Bedrohung beschwor, macht dann doch stutzig.

Zu Bushs Schaden jedenfalls war die Politik des Daueralarms nicht. 2004 veröffentlichte das Magazin *Current Research in Social Psychology* eine interessante Studie. Sie zeigte, dass mit der wachsenden Zahl an Terrorwarnungen auch die Zustimmungsraten des ehedem so unbeliebten Präsidenten stiegen. Im Wahlkampf desselben Jahres machte sich Bush dieses Phänomen einmal mehr zunutze. Im Mai, kurz vor dem Parteitag der konkurrierenden Demokraten, warnte Generalbundesanwalt John Ashcroft in einem dramatischen Statement, Al-Qaida habe den nächsten großen Angriff auf Amerika bereits zu 90 Prozent geplant. Unmittelbar nach dem Parteitag veröffentlichte dann das Heimatschutzministerium die nächste Terrorwarnung – was die Aufmerksamkeit der Öffentlichkeit erneut weglenkte vom demokratischen Präsidentschaftskandidaten John Kerry.

Zufall? Eher nicht. Jahre später verfasste Tom Ridge, der erste Chef des Heimatschutzministeriums, seine Memoiren. Darin offenbarte er, dass hochrangige Leute aus Bushs Garde ihn 2004 dazu gedrängt hätten, die Terrorwarnstufe jeweils in Schlüsselmomenten des Wahlkampfs heraufzusetzen.[9] 2007 wiederum bekannte Bushs ehemaliger Sicherheitsberater Zbigniew Brzeziński in der *Washington Post* freimütig: »Der ständige Bezug auf den *Krieg gegen den Terror* führte zu einem wichtigen Ziel: Er begünstigte die Entstehung einer Kultur der Angst. Angst verdrängt Vernunft, verstärkt Emotionen und macht es für demagogische Politiker einfacher, die Öffentlichkeit für genau jene Politik zu gewinnen, die sie vorantreiben wollen.«[10]

2004 wurde Bush, mit hauchdünnem Vorsprung, wiedergewählt. Und folgte danach »dem Beispiel von Rockgruppen, die Jahr für Jahr überleben, indem sie ihren einzigen Hit wieder und wieder spielen«.[11] Mit zynischem Kalkül setzte er im Krieg gegen den Terror selbst auf Terror – bei dem es ja um nichts anderes geht als die systematische Verbreitung von Schrecken. In seinem Post-9/11-Song »A Few Words In Defense Of My Country« machte sich Randy Newman einen eigenen Reim darauf:

»A President once said,
the only thing we have to fear is fear itself.
Now, we're supposed to be afraid,
it's patriotic in fact and color-coded.
And what are we supposed to be afraid of?
Of being afraid.
That's what terror means, doesn't it?«

Je länger indes die nächste große Terrorattacke auf amerikanischem Boden ausblieb, desto größere Anstrengungen mussten die Republikaner unternehmen, um die Angst am Leben zu halten. Für die Midterm-Wahlen im Jahr 2006 erfanden sie den Slogan: »Sicherer – aber noch immer nicht sicher«. Und im Sommer desselben Jahres veröffentlichte das Heimatschutzministerium eine Liste mit sage und schreibe 77 000 potentiellen Terrorzielen in den Vereinigten Staaten – darunter die jährliche Maultierparade von Columbia/Tennessee, der Old-McDonald-Streichelzoo in Woodville/Alabama, ein Bohnenfestival in Arkansas und eine Popcornfabrik der Amish People in Indiana. Das war ziemlich genau zu der Zeit, als das Gallup-Institut die Amerikaner nach ihrem persönlichen Bedrohungsgefühl befragte.

Und so bewahrheitete sich nach und nach, was Al-Qaida-Führer Osama bin Laden bereits in einer Videobotschaft kurz nach 9/11 gesagt hatte: »Amerika ist voller Angst, von Norden nach Süden, von Westen nach Osten. Allah sei Dank!«

Die Hoffnung, Terror bereits in seiner Entstehung verhindern zu können, wuchs sich allmählich zu einer regelrechten Obsession aus. Im Fokus stand dabei aber nicht etwa die Frage, welche sozialen, kulturellen und psychologischen Faktoren zur Radikalisierung des Einzelnen beitragen, sondern allein die Verhinderung der Tat. Die konnte, so das Mantra, von jedem, jederzeit an jedem Ort begangen werden. In einer bis heute unerreichten sprachlichen Verrenkungsübung erklärte das der damalige US-Verteidigungsminister Donald Rumsfeld so: »Es gibt bekanntes Bekanntes; es gibt Dinge, von denen wir wissen, dass wir sie wissen. Wir wissen auch, dass es bekannte Unbekannte gibt. Das heißt, wir wissen, es gibt Dinge, die wir nicht wissen. Aber es gibt auch unbekanntes Unbekanntes – Dinge also, von denen wir nicht wissen, dass wir sie nicht wissen.«

Klingt wirr? War es aber keineswegs. Rumsfelds Worte waren nichts weniger als die Umschreibung einer Doktrin, die den totalitären Überwachungsansatz der NSA, der 2013 durch Edward Snowdon bekannt wurde, vorwegnahm: Da jeder potentiell gefährlich ist, muss auch jeder im Zweifelsfall überwacht werden können. Eine nicht erkannte Gefahr, so sah es auch der langjährige NSA-Chef Keith Alexander, könne daher niemals Grund für eine Entwarnung sein. Man müsse nur den Heuhaufen stetig größer machen, dann werde man schon eine Nadel darin finden. Dieser Logik verdankte auch der »lone wolf« seine steile Karriere, der unscheinbare Einzelgänger, der so lange in der Masse verschwindet, bis er den Zeitpunkt zum Zuschlagen gekommen sieht. Kurzum: Weil in jedem ein Attentäter schlummern könnte, muss eben auch jeder Einzelne zum Wohle des Ganzen im Zweifelsfall Einschränkungen seiner persönlichen Freiheit hinnehmen. Die Paranoia wurde zum Staatsmodell. Spätestens von da an spielte es, so Ulrich Beck, keine Rolle mehr, »ob wir in einer Welt leben, die *objektiv* sicherer ist als alle vorangegangenen – die inszenierte Antizipation von Zerstörung und Katastrophen verpflichtet zu vorbeugendem Handeln«.[12]

Ein Dogma, das sich zu allem Überfluss nicht nur der Staat und seine Sicherheitsbehörden zu eigen machten. Auch andere gesellschaftliche Mitspieler entdeckten in der Folge den Terror als Generalschlüssel zur Lösung ihrer Probleme. So warnten Umweltaktivisten, die im Kampf gegen die Atomkraft auf verlorenem Posten standen, Terroristen könnten Flugzeuge auch auf Reaktoren stürzen lassen. Das Worldwatch Institute startete derweil eine Kampagne gegen die industrielle Landwirtschaft: Da diese fast vollständig zentralisiert sei, sei es ein Leichtes für Terroristen, mittels Biowaffen ein Massensterben auszulösen; die dazugehörige Presseerklärung trug passenderweise den Titel »Der Bioterror in deinem Burger«. »Egal, welches Thema: Entwicklungshilfe für Afrika, Klimawandel – irgendwie hing nun alles mit Terrorismus zusammen.«[13] Mit den zusätzlichen Ängsten, die das auslöste, standen die Menschen alleine da. Und je mehr Zeit verging, desto schwieriger wurde es, »klar und verbindlich zu unterscheiden zwischen Hysterie und gezielter Angstpolitik einerseits und angemessener Furcht und Vorsorge andererseits«.[14]

Im Frühjahr 2007, nach fast sechsjährigem Alarmzustand, stieg dann Barack Obama, ein junger Senator aus Illinois, ins Rennen um die US-Präsidentschaft ein. Vor Unterstützern aus

Iowa erklärte seine Frau Michelle, weshalb sie voll und ganz hinter seiner Kandidatur stehe: »Wissen Sie, warum ich ja gesagt habe?«, rief sie den Menschen im Städtchen Des Moines zu. »Weil ich es leid bin, Angst zu haben. Ich bin es leid, in einem Land zu leben, in dem jede Entscheidung der letzten zehn Jahre getroffen wurde, weil uns Leute sagten, ihr müsst dieses oder jenes fürchten. Wir mussten Menschen fürchten, die anders aussehen als wir, die an etwas anderes glauben als wir, Menschen, die im selben Hinterhof leben wie wir. Ich bin so erschöpft von der Angst, und ich will nicht, dass meine Mädchen in einem Land leben oder in einer Welt, die auf Angst basiert.«[15]

Im Februar 2011 jedoch – Obama war bereits zwei Jahre im Amt – sprach die neue Heimatschutzministerin Janet Napolitano zur Öffentlichkeit. Die Bedrohung durch den Terrorismus, ließ sie die Amerikaner wissen, sei »in vieler Hinsicht so hoch wie nie« seit 9/11. Und wiederum eineinhalb Jahre später konterte der Präsident weltweite Kritik am Überwachungsfetischismus seiner Geheimdienste, immerhin hätten diese zahllose terroristische Anschläge in den USA und bei ihren Verbündeten verhindert. Nachprüfbar war das kaum. Stets beriefen sich die Offiziellen auf »glaubwürdige« und »verlässliche« Quellen.

Bush war nun fort. Die Angst war immer noch da.

2. Die Globalisierung des Terrors – wieso uns keine Gefahr größer erscheint als der religiöse Fanatismus

Aber ist diese Angst nicht berechtigt? Schießen im neuen Jahrtausend nicht überall auf der Welt neue Terrorgruppen aus dem Boden, eine ruchloser als die andere? Drohen sie nicht in ihren Internet-Botschaften wieder und wieder, den »großen Satan« Amerika und seine Verbündeten überall und jederzeit anzugreifen? Und kommen die Einschläge nicht immer näher heran an die Metropolen westlicher Lebensart? Es scheint so.

Im Juli 2006 detonierten in Mumbai sieben Bomben und rissen 209 Menschen in den Tod. Im Sommer 2007 konnte Londons Polizei offenbar im letzten Moment zwei Autobombenanschläge verhindern. Im November 2008 war erneut Mumbai Schauplatz einer verheerenden Attacke mit 174 Toten. An Weihnachten 2009 entgingen die Passagiere des Northwest-Airline-Fluges 253 vor der Landung in Detroit wohl nur knapp einem Sprengstoffanschlag. Im Mai 2010 zündete eine am New Yorker Times Square platzierte Autobombe nicht. Im März 2011 erschoss ein Attentäter am Frankfurter Flughafen zwei US-Soldaten. Im April 2013 detonierte beim Zieleinlauf des Bostoner Marathons eine Bombe, drei Menschen starben. Im Mai 2014 stürmte ein Bewaffneter das Jüdische Museum in Brüssel und erschoss vier Menschen. 2015 wurde Paris gleich zweimal von Terroristen heimgesucht, bei der Anschlagsserie im November ließen 130 Frauen und Männer ihr Leben. Im März 2016 starben 35 Menschen in Brüssel, als Terroristen am Flughafen und in einer U-Bahn-Station Bomben zündeten.

Und Dutzende weitere Male schlugen Terroristen in all den Jahren in Afrika und dem Nahen Osten, am Hindukusch und in Südostasien zu.

Einen Anschlag allerdings, der mit 9/11 vergleichbar wäre, gab es bis zum Frühsommer 2016 nie wieder. Und auch die düsteren Prophezeiungen von Bush oder Blair, Terroristen könnten jederzeit mit schmutzigen Bomben, chemischen oder biologischen Massenvernichtungswaffen ein Inferno anrichten, bewahrheiteten sich glücklicherweise nicht. Nicht einmal in Israel, das wie kein anderes Land umzingelt ist von glühendem, besinnungslosem Hass, musste in den zurückliegenden Jahrzehnten ein derartiges Szenario gewärtigen. Dabei steht wohl außer Frage: Könnten Terroristen wie Al-Qaida, der »Islamische Staat« oder Boko Haram Massenvernichtungswaffen nutzen – sie würden es, ohne zu zögern, tun. Dass es ihnen so lange nicht gelungen ist, lässt vermuten, dass die vielfach beschworene Gefahr eines terroristischen GAUs kleiner ist, als die Marktschreier der Angst uns glauben machen.

Es war ausgerechnet eine Expertenrunde aus den Vereinigten Staaten, die schon früh zu dem Ergebnis kam, dass die Fähigkeiten internationaler Terroristen begrenzt sind. In ihrem jährlichen Bericht an die Regierung stellte die Gilmore-Kommission des US-Kongresses 1999 unmissverständlich fest: »Massenvernichtungswaffen herzustellen (…) erfordert fortgeschrittenes Universitätswissen in entsprechenden wissenschaftlichen und technischen Disziplinen, signifikante finanzielle Mittel, erwerbbare, aber gleichwohl hochkomplexe Materialien und Anlagen, die Fähigkeit, die Wirkung solcher Waffen belastbar zu testen sowie die Entwicklung und Verwendung effektiver Maßnahmen zu ihrer Verbreitung.« Diese Anforderungen seien derart hoch, dass nicht nur die allermeisten Terroristen daran scheitern würden, sondern auch ein Großteil der Nationalstaaten.[16]

In den 1990er Jahren gab es eine Terrorgruppe, die fast alle diese Fähigkeiten auf sich zu vereinen schien: Omu Shinrikyo, in Deutschland besser bekannt als »Aum-Sekte«. Zu ihren Hochzeiten verfügte die aus Japan stammende Gruppierung über rund 60 000 Mitstreiter, außerhalb ihres Mutterlandes unterhielt sie Niederlassungen in Deutschland, Russland und sogar in New York. Das Barvermögen der Sekte belief sich auf etwa 700 Millionen Dollar. Mindestens 20 gutausgebildete Wissenschaftler arbeiteten für Aum an biologischen Massenvernichtungswaffen, weitere acht an chemischen. Nach allem, was man heute weiß, unternahm die Sekte mindestens neun Versuche, eine verheerende Terrorattacke mit biologischen Waffen durchzuführen – alle scheiterten. In der Folge begann sie, große Mengen der Nervengifte Senfgas, VX und Sarin zu horten. Mit der Gesamtmenge hätten im Extremfall 4,2 Millionen Menschen getötet werden können. Und genau darauf legten es die Aum-Terroristen an. Aber es gelang ihnen nie, eine wirklich große Zahl von Menschen zu ermorden. Den aus ihrer Sicht erfolgreichsten Anschlag führte die Sekte am 20. März 1995 durch: Seinerzeit bestiegen fünf Mitglieder mit Schirmen und Plastiksäcken voller Sarin fünf verschiedene U-Bahnen in Tokio. Während der Fahrt stachen die Terroristen Löcher in die Säcke und flohen. Zwölf Menschen starben, 42 wurden schwer verletzt, 984 leicht.[17] Furchterregende Zahlen – aber nicht in Ansätzen das, was sich die Aum-Führer erhofft hatten.

Reiche, klandestine und hochgerüstete Organisationen wie Aum sind nach wie vor die Ausnahme im weltweiten Geschäft mit dem Terror. Im Normalfall haben die Behörden es mit Einzeltätern und Kleinstgruppen zu tun, denen es zwar nicht an Mordlust mangeln mag, aber oft genug an den Mitteln – und am Grips. Als Wissenschaftler etwa im Jahr 2012 für die Heritage-Foundation mehrere Dutzend bekannt gewordene und gescheiterte Terrorpläne näher untersuchten, stießen sie fast ausschließlich auf eine Legion größenwahnsinniger Wirrköpfe: Schurken, die per E-Mail oder Video ihre bevorstehenden Heldentaten hinausposaunt hatten, Übeltäter, die sich hier und da erkundigten, wo man am besten eine Al-Qaida-Fahne platzieren kann, Möchtegern-Terroristen, die sich von Undercoveragenten Bombenattrappen oder harmloses Pulver statt Sprengstoff hatten unterjubeln lassen.[18]

Es bleibt dabei, zahllose Menschenleben auf einen Schlag auslöschen zu können, ist einstweilen das Privileg hochgezüchteter Militärapparate. 9/11 war ein historischer Ausnahmefall.

DIE KALKULIERTE GEFAHR

Und dennoch: Der Terror ist da. Er scheint allgegenwärtig. Und immer bedrohlicher. Ende 2015 veröffentlichte das Institut für Wirtschaft und Frieden der US-Universität Maryland den »Global Terrorism Index« und stellte fest, dass die Zahl der weltweiten Todesfälle durch Terrorismus im Vorjahr um 80 Prozent gestiegen war. Sie befand sich damit auf einem neuen Höchststand.[19] 32658 Menschen ließen 2014 bei Terroranschlägen ihr Leben, ohne jede Frage eine furchtbare Zahl. Allerdings schränkten die Autoren der Studie selbst ein: »Terrorismus konzentriert sich auf eine sehr kleine Zahl von Staaten.«

Und tatsächlich, betrachtet man etwa die im Bericht abgebildete Weltkarte des Terrorismus, fällt auf, dass der gesamte Nahe Osten, große Teile Afrikas, Jemen, Afghanistan, die Philippinen und Teile von Pakistan blutrot gefärbt sind, Europa ist dagegen nahezu flächendeckend grün – mit einer Ausnahme: Nordirland. Unter den von Terroristen am meisten heimgesuchten Ländern befanden sich seit der Jahrtausendwende genau zwei Mal westlich geprägte Nationen: 2001 die USA und 2003 Israel.

Schauen wir uns die Zahlen des Instituts noch einmal genauer an. 2014 starben demnach in Nahost und Nordafrika 13 426 Menschen durch das Zerstörungswerk von Terroristen; in Subsahara-Afrika waren es 10 915 Menschen, in Südasien 6713, in Russland und den ehemaligen GUS-Staaten 724. Der Westen hatte insgesamt 37 Terrortote zu beklagen, darunter 18 in den USA, je vier in Australien, Kanada und Belgien, je zwei in Kosovo und Österreich, je einen in Frankreich, Tschechien und Albanien. Nirgendwo jedoch wird die Terrorgefahr mit größerem Aufwand beschworen als in ebenjenem Westen.

Es stimmt schon, in der Statistik der Terrorforscher waren die 142 Menschen, die im Jahr 2015 in Paris ermordet wurden, noch nicht eingerechnet.* Aber so unwahrscheinlich es auch klingen mag: Sie hätten an dem vergleichsweise geringen Risiko, im Westen Opfer einer Terrorattacke zu werden, so gut wie nichts geändert.

Folgen wir für einen Moment dem Ratschlag John McCains, rechnen wir die Sache durch: 142 Terrortote sind selbstverständlich eine furchterregend hohe Zahl. Aber setzt man sie ins Verhältnis zu den 66 Millionen Einwohnern Frankreichs, ergab sich für das – in terroristischer Hinsicht herausragende – Jahr 2015 eine statistische Wahrscheinlichkeit von 1:464 789, dort Opfer eines Anschlags zu werden. In den Jahren zuvor war das Risiko für die Franzosen noch sehr viel geringer, was, mit Ausnahme von Israel, für alle westlichen Nationen gilt. Es lag beispielsweise in Deutschland bei 1:82 000 000 und in den von Terrorangst beherrschten Vereinigten Staaten bei

---

* Im Januar 2015 stürmten Attentäter das Satiremagazin *Charlie Hebdo* in Paris, einen Tag später schossen sie im Süden der Hauptstadt um sich – zwölf Menschen starben. Bei einer weiteren Anschlagsserie im November kamen insgesamt 130 Menschen ums Leben.

1:17 700 000. »Vergleichen Sie das mit der Wahrscheinlichkeit, vom Blitz getroffen zu werden: 1:79 746; oder durch eine giftige Pflanze oder ein giftiges Tier zu sterben: 1:39 873; oder in der Badewanne zu ertrinken: 1:11 289; oder Selbstmord zu begehen: 1:119; oder in einem Autounfall ums Leben zu kommen: 1:84.«[20] Mit anderen Worten: Das Risiko, im Straßenverkehr zu sterben, ist mehr als 200 000 Mal so hoch wie das, von Terroristen ermordet zu werden. Dass wir uns vom einen ins Bockshorn jagen lassen, vom anderen nicht, hängt vor allem damit zusammen, dass das große Sterben im Straßenverkehr ein schleichender, dezentraler Prozess ist, der in der Regel auch keinerlei Widerhall in unseren Medien findet, während die Terroristentat viele Menschenleben auf einen Schlag auslöscht und über Wochen Sondersendungen und Talkshows nach sich zieht. Und dennoch fällt sie statistisch nicht annähernd so deutlich ins Gewicht.

Darf man so rechnen? Natürlich nicht, sagen die Vertreter von Sicherheitsbehörden. Die Todeszahlen durch Terror wären schließlich sehr viel höher, hätten die Staaten in den vergangenen Jahrzehnten nicht ihr Überwachungsnetz dichter gezogen, hätten sie nicht sehr viel enger beim Austausch von Daten und Erkenntnissen international kooperiert, hätten sie nicht etliche Gesetze erlassen, um Terroristen früher und schneller auf die Schliche zu kommen. Allein in Deutschland konnten nach Angaben des Bundeskriminalamts zwischen den Jahren 2000 und 2015 elf Terrorpläne vereitelt werden – darunter ein Anschlag auf das jüdische Gemeindezentrum in Berlin, Kofferbombenattentate in Hamm und Koblenz und der Massenmord, den die sogenannte Sauerland-Gruppe anrichten wollte. Außerdem gab es noch einen vermeintlichen Terrorplot im November 2015, als es hieß, mehrere Selbstmordattentäter wollten sich während des Fußballländerspiels Deutschland-Niederlande im Stadion von Hannover in die

Luft sprengen und dann mitten in der Nacht noch eine Bombe am Hauptbahnhof zünden. Den Hinweis auf die bevorstehende Tat hatte seinerzeit der israelische Geheimdienst geliefert, er wurde von Ermittlern zwar als geradezu »absurd präzise« beschrieben. Aber wer weiß?

Nehmen wir an, alle elf oder zwölf Pläne wären verwirklicht worden – eine schaurige Vorstellung. Gleichwohl gilt, selbst wenn man es nicht glauben mag: Auch danach hätte man in Deutschland vergleichsweise sicher davon ausgehen können, sein Leben leben zu können, ohne von einem derart schrecklichen Tod heimgesucht zu werden. Bei aller Angst gilt es sich eines immer wieder bewusst zu machen: Selbst wenn Terroristen einmal im Monat in den USA oder Europa ein Flugzeug entführten und zum Absturz brächten, wäre die tödliche Bedrohung für jeden einzelnen Bürger im Westen weitaus geringer als etwa jene, durch Passivrauchen, falsche Ernährung, Feinstaub oder ganz gewöhnliche Verbrecher ums Leben zu kommen.

Man sollte Menschenleben nicht auf Zahlen reduzieren. Und dennoch hilft diese Rechnung zu verstehen, dass weder unsere Angst vor dem Terrorismus noch der ungeheure Aufwand, den unsere Regierungen betreiben, in einem vernünftigen Verhältnis zur tatsächlichen Bedrohung stehen. Wann je hätten Politiker etwa zur Eindämmung des tödlichen Straßenverkehrs ähnlich viel Geld investiert, ähnlich viele Gesetze erlassen, ähnliche viele Überwachungsmaßnahmen gebilligt, ähnliche viele Freiheitsrechte eingeschränkt, ähnlich viel Militär eingesetzt und ähnlich oft vor unabsehbaren Folgen gewarnt, wie sie es seit Jahren im Fall des Terrorismus tun. Und doch sind in westlichen Nationen Automobile weit tödlichere Waffen als die Kalaschnikows und Sprengstoffgürtel von Terroristen.

Zwar sank die Zahl der Todesfälle im deutschen Straßenverkehr seit 1990 deutlich. Aber noch immer sterben dort rund 3500 Menschen pro Jahr, und das auch deshalb, weil ein generelles Tempolimit zu den großen Tabuthemen der Politik gehört. Zehnmal so viele Bundesbürger, nämlich 35 000, kommen jährlich durch Ozon und Feinstaub ums Leben, der zu einem großen Teil vom Straßenverkehr verursacht wird. Zwar sind die Kommunen nach EU-Recht angehalten, »Luftreinhaltepläne« zu schmieden. Aber Papier ist geduldig. Als in Stuttgart, einer der meistbelasteten Städte Europas, Anfang 2016 »Feinstaub-Alarm« ausgerufen wurde, begnügten sich die Behörden damit, Autofahrer zu bitten, auf Bus und Bahn umzusteigen. Kaum jemand kam der Bitte nach. Hätte zur selben Zeit Terroralarm geherrscht, wäre die Innenstadt binnen Stunden abgeriegelt worden.

Schon wahr: Man kann den schleichenden Gifttod, den Autounfall und den Terroranschlag nicht miteinander vergleichen. Aber für alle drei Todesarten gilt: Man wird sie nie ganz verhindern können. Während man es in den ersten beiden Fällen, wenn überhaupt, jedoch nur halbherzig versucht, ist man im anderen offenbar bereit, einen sehr hohen Preis zu zahlen.

VON GESETZES WEGEN

Die Zahl der Antiterrorgesetze, die seit 9/11 in den USA und allen anderen westlichen Staaten erlassen wurden, ist kaum noch zu überschauen. Fast allen ist gemeinsam, dass sie die Eingriffsschwelle des Staates weit vor eine mögliche Straftat verlegt haben. Für Sicherheits- und Justizbehörden ist nun nicht mehr allein entscheidend, ob ein begründeter Verdacht besteht, dass eine Person sich strafbar gemacht hat, sondern ob er eine terroristische Tat begehen könnte. »Im Zweifelsfall muss am Ende der vermutliche Terrorist, also jeder, seine Unschuld beweisen.«[21] Und der Staat schickt sich an, eine Straftat nicht nur zu verfolgen, sondern zu verhindern. Er begibt sich damit rechtlich auf sehr dünnes Eis, wie etwa das Beispiel des jungen Engländers Rizwaan Sabir zeigt, der im Frühjahr 2008 festgenommen und für eine Woche weggesperrt wurde. Der Masterstudent der Universität Nottingham hatte sich für ein Forschungsprojekt ein 140-seitiges Al-Qaida-Handbuch aus dem Internet heruntergeladen und es mit der Bitte um einen Ausdruck an einen Kommilitonen weitergeleitet. Kurz darauf erhielten beide einen Hausbesuch der britischen Polizei. Dass Sabir das Handbuch auf der Website des US-Heimatschutz-ministeriums entdeckt hatte, verhinderte Schlimmeres. Dennoch musste der junge Mann dreieinhalb Jahre prozessieren, bis ihm für die unrechtmäßige Haft eine Entschädigung zugesprochen wurde.

Seither hat sich die Situation in Großbritannien Stück für Stück verschärft. So ist es zum Beispiel seit Sommer 2015 gesetzlich vorgeschrieben, dass nicht nur Kommunen und Gefängnisse, sondern auch Bildungseinrichtungen und der Nationale Gesundheitsdienst dabei helfen müssen, die Ausbreitung von Extremismus zu stoppen. Universitätspersonal ist ausdrücklich dazu aufgefordert zu verhindern, dass Studenten »vom Terrorismus angezogen« werden – was angeblich keinerlei Einschränkung der akademischen Lehre mit sich bringt. Zuvor bereits hatte Innenministerin Theresa May angekündigt, sie werde künftig nicht nur gewalttätige Gruppierungen im Land verbieten, sondern auch solche, deren »Ideen« zu Terrorismus führen »könnten«. Zudem sollten die Programme von Fernsehanstalten fortan vor der Ausstrahlung auf extremistische Inhalte überprüft werden. Zensur? Ach was, eine reine Vorsichtsmaßnahme. Und so fand Ministerin May vermutlich auch nichts dabei, als die britische Polizei Anfang 2016 in der Grafschaft Lancashire die Wohnung eines zehnjährigen muslimischen Jungen durchsuchte. Der Schüler hatte in einem Aufsatz versehentlich geschrieben, er lebe in einem »terrorist house« – ein Schreibfehler, gemeint war ein »terraced house«. Der Lehrer rief sicherheitshalber die Polizei.

Einen ganz ähnlichen Fall gab es in Frankreich nach den Anschlägen im November 2015. Seinerzeit nahm die Polizei einen Achtjährigen fest, der das Wort »Dschihad« in den Mund genommen hatte. Es war der Tiefpunkt einer hysterischen Debatte, in der die regierenden Sozialisten nahezu täglich hart erkämpfte Bürgerrechte im Namen der Sicherheit opferten. Präsident François Hollande witterte die Chance, als beinharter Krisenmanager das nahezu vollständig verlorengegangene Vertrauen seines Wahlvolks zurückzuerlangen. Mit unverhohlener Kriegsrhetorik machte er den Ausnahmezustand – der in Frankreichs Geschichte zuvor nur zweimal verhängt worden war und der bis dato von Gesetzes wegen nur zwölf Tage dauern durfte – zum Monate währenden Dauerzustand. Er erlaubt es der Polizei unter anderem, Versammlungen zu verbieten, Wohnungen ohne richterlichen Beschluss zu durchsuchen und Menschen unter Hausarrest zu stellen, die eine Gefahr für die öffentliche Ordnung darstellen. In Paris begann eine schleichende Militarisierung des Straßenbildes, wie man sie in westlich geprägten Staaten bislang nur von Israel kannte: Schwerbewaffnete Spezialeinheiten patrouillierten ohne Unterlass durch die Wohnviertel der Stadt. Die ohnehin schon strikten französischen Antiterrorgesetze wurden noch einmal und nahezu widerstandslos verschärft. Hollande kündigte sogar an, verurteilten Terroristen mit doppelter Staatsbürgerschaft den französischen Pass entziehen zu wollen.* Seine Umfragewerte stiegen danach zum ersten Mal seit langem wieder an.

* Das Ansinnen wurde letztlich vom Parlament gestoppt.

DIE AUSWEITUNG DER BEKÄMPFUNGSZONE

Die beiden Terroranschläge des Jahres 2015 in Frankreich hatten auch unmittelbare Auswirkungen auf die deutsche Innenpolitik. Im Frühjahr 2016 verkündete die Bundesregierung, die Sicherheitsbehörden, die Geheimdienste und die Bundeswehr mit Tausenden neuen Stellen hochzurüsten. Zuvor bereits hatten die in Berlin mitregierenden Sozialdemokraten quasi über Nacht ihren jahrelangen Widerstand gegen die umstrittene Vorratsdatenspeicherung aufgegeben. Die ermöglicht den Sicherheitsbehörden den Zugriff auf sogenannte Verbindungsdaten – sie können also im Verdachtsfall detailliert rekonstruieren, wer wann von wo aus wie lange mit wem telefoniert, gechattet oder gemailt hat. Ein ganz ähnliches Gesetz hatte das Bundesverfassungsgericht zwar 2010 schon einmal gekippt. Mit einigen kosmetischen Änderungen wurde es nun gleichwohl erneut auf den Weg gebracht. Darüber hinaus kündigte die Große Koalition an, den Terrorismus mit weiteren drastischen Schritten eindämmen zu wollen.

Unter dem Eindruck der Ereignisse von Paris wurden so auch fast beiläufig die Antiterrorbefugnisse deutscher Sicherheitsbehörden – deren größter Teil nach 9/11 vorgeblich temporär eingeführt worden war – um weitere fünf Jahre verlängert. Es handelt sich um einen beachtlichen Katalog von Überwachungs- und Verfolgungsinstrumenten, der seit eineinhalb Jahrzehnten beständig dicker wird. Polizei- und Verfassungsschutzbehörden, die seit Gründung der Bundesrepublik getrennte Aufgaben wahrnehmen müssen, arbeiten seither bei der Terrorbekämpfung Hand in Hand und tauschen dafür mehr Daten aus als jemals zuvor. Das Bundeskriminalamt (BKA) ist zudem seit 2008 nicht mehr nur für die Strafverfolgung zuständig, sondern auch für die Gefahrenabwehr – es kann damit praktisch wie ein Geheimdienst operieren.

An Kritik daran mangelt es nicht. Etliche Male zogen Gegner der Strafverschärfungen vor Gericht, und etliche Male bekamen sie recht. Allein das Bundesverfassungsgericht kippte seit 2001 in 15 Fällen Antiterrorgesetze, so auch im Frühjahr 2016, als es das BKA-Gesetz in Teilen für verfassungswidrig erklärte – was den Richtern prompt den Vorwurf eintrug, sie erleichterten Terroristen das Geschäft mit dem Tod. Dabei war 2013 sogar eine Expertenkommission, die von der Bundesregierung selbst eingesetzt worden war, zum Ergebnis gekommen, dass sich die Behörden mit ihren neuen Befugnissen rechtlich auf dünnem Eis bewegten. In Deutschland, so hieß es im Bericht der Kommission, stünden inzwischen sogar Handlungen unter Strafe, »die weder besonders gefährlich sind noch einen äußerlich erkennbaren Bezug zu einer terroristischen Gewalttat haben« – strafbar mache sich nun im Zweifelsfall sogar, wer sich die falschen naturwissenschaftlichen Erkenntnisse oder andere technische Fertigkeiten aneigne. Noch jeder Terroranschlag indes, und sei es ein weit entfernt verübter, hat derlei Kritik schnell verstummen lassen.

So ist es nicht weiter verwunderlich, dass es im wiedervereinigten Deutschland seit Anfang der 1990er Jahre Dutzende gesetzliche Strafverschärfungen gegeben hat, aber keine einzige Abschwächung. Damit offenbare der Gesetzgeber nicht nur »einen dramatischen Mangel an Phantasie«, schreibt der Journalist Christian Bommarius, sondern auch »seinen heimlichen Auftraggeber, die Angst«. Diese gehe nicht etwa um in Deutschland, sie habe sich längst festgesetzt – »sie sitzt in den Köpfen nicht nur der Politiker, ebenso gut der Bevölkerung, die tagtäglich Zeitungen, Radio, Fernsehen und das Internet alarmieren, die Angst sei noch nicht groß genug, größer als die Angst seien allemal die Gefahren, die schneller wüchsen als die Angst«.[22] Wie zur Bestätigung dieser These meldete das Meinungsforschungsinstitut YouGov im Mai 2016, die Angst vor einem Terroranschlag sei fast nirgendwo in Europa größer als in Deutschland. 76 Prozent der Bundesbürger fürchteten sich davor, nur die zu diesem Zeitpunkt dauerhaft im Ausnahmezustand lebenden Franzosen (83 Prozent) waren in dieser Hinsicht noch ängstlicher.[23]

ANGST, DIE ANGST MACHT

Ob allerdings die Vielzahl an Gesetzen, Restriktionen, Durchsuchungen, Überwachungsmaßnahmen und – im Fall der Vereinigten Staaten – gar der gezielten Tötungen tatsächlich zum gewünschten Ergebnis geführt und die Terrorgefahr gebannt hat? Erstaunlicherweise bestreitet das inzwischen sogar eine Institution, die seit Jahrzehnten im Antiterrorkampf an vorderster Front operiert: der Bundesnachrichtendienst (BND). Anfang 2016 zitierte die *Süddeutsche Zeitung* aus einer vertraulichen Analyse des deutschen Auslandsgeheimdienstes, in der der klassische Ansatz der Terrorismusbekämpfung verblüffender Weise als gescheitert bezeichnet wird.[24] Der »gewaltige Ressourceneinsatz« des Westens in den vergangenen Jahrzehnten hätte nach dessen eigener Logik zu weniger Terrorismus und weniger Terroristen führen müssen, schreibt der BND. Tatsächlich sei das Gegenteil der Fall. Man müsse daher »weg von der Aufmerksamkeit für autoritäre Herrscher, hin zur Ertüchtigung und Unterstützung arabischer Bürger«.

Das freilich wäre eine Strategiewechsel, der nicht nur unzählige Menschen im westlichen Sicherheitsapparat auf einen Schlag beschäftigungslos machen könnte. Er erforderte zudem das Eingeständnis führender Politiker, über Jahre hinweg auf dem Holzweg gewesen zu sein. Ein Eingeständnis, zu dem –

siehe Tony Blair und sein reumütiger Blick auf den Irakkrieg – Spitzenpolitiker in der Regel erst dann in der Lage sind, wenn ihre Karriere hinter ihnen liegt. Einstweilen ist daher nicht zu erwarten, dass das schlichte Motto des Antiterrorkampfes – viel hilft viel – in absehbarer Zeit durch komplexere Ansätze ersetzt werden könnte.

Dabei hat die Militär-, Justiz- und Überwachungsmaschinerie, die für den Kampf gegen den Terror in den vergangenen Jahrzehnten hochgezüchtet wurde, schon jetzt einen Teil jener Werte unter sich begraben, die zu verteidigen die westliche Welt für sich in Anspruch nimmt. Ironischerweise bedroht sie in letzter Konsequenz sogar den alles überragenden Wert der individuellen Freiheit. Die Angst vor dem Terrorismus, schreibt Heribert Prantl in seinem Buch »Der Terrorist als Gesetzgeber«, habe den Westen zu Reaktionen getrieben, vor denen man Angst haben müsse.

Die Individuen jedoch begehren dagegen nicht wirklich auf, weil das große Sicherheitsversprechen in Zeiten der Unsicherheit so verheißungsvoll klingt. Freiheit? Schön und gut. Aber im Vergleich zur Sehnsucht nach einem Vollkasko-Leben ist sie für eine Mehrheit im Land nicht mehr das Wichtigste. Anfang 2016 gaben erstmals 51 Prozent der Bundesbürger in einer Allensbach-Umfrage an, wichtiger als Freiheit sei ihnen allemal Sicherheit. Knapp vier Jahre zuvor hatten das erst 44 Prozent der Menschen so gesehen.[25] Dass das wohlige Sicherheitsversprechen der Autoritäten nicht haltbar ist und nicht mal unter den Bedingungen eines totalitären Überwachungsregimes je haltbar wäre, machen sich die meisten offenbar nicht bewusst. »Wie Pavlowsche Hunde, die speicheln, wenn das Glöckchen läutet, reicht die Angst vor Terror und die Aussicht auf *Sicherheit*, um sich am Flughafen durchleuchten, von Kameras verfolgen und im Internet ausspähen zu lassen.«[26]

Diese Angst erst hat im Äußeren jene völkerrechtswidrigen Kriege gegen »Schurkenstaaten« möglich gemacht. Diese Angst hat im Inneren zur Entfesselung der Geheimdienste beigetragen, die längst bedenklich weit eingedrungen sind in die Privatsphäre des Einzelnen. Und diese Angst hat nach und nach überall den Antiterrorkampf zu einer feindlichen Auseinandersetzung mit einer ganzen Religionsgemeinschaft gemacht.

3. Der unheimliche Muslim – wie eine
Religionsgemeinschaft unter pauschalen Verdacht geriet

Am 12. September 2001, keine 30 Stunden nach den Terroranschlägen in Washington und New York, geht dem US-Ge-
heimdienst FBI ein vermeintlich dicker Fisch ins Netz. Der
Mann, der an diesem Tag von den kanadischen Behörden
an die US-Kollegen übergeben wird, ist in hohem Maße verdächtig: Er stammt aus Algerien, war dort Offizier der Luft-
waffe, lebte monatelang ohne Aufenthaltsgenehmigung in
New York – und er ist, wie die Attentäter von 9/11, Moslem.
Benamar Benatta, so heißt der Verdächtige, wird ins Metro-
politan Detention Center in Brooklyn gebracht. Wie die anderen Gefangenen auch unterzieht man ihn dort wochenlang der
Folter, rammt seinen Kopf gegen die Wand, weckt ihn nachts
alle halbe Stunde aus dem Schlaf, sperrt ihn in eine Isolations-
zelle, verweigert ihm den Kontakt zu einem Anwalt. Trotz in-
tensivster Ermittlungen steht für das FBI nach zwei Monaten
fest: Benatta hat nichts mit den Anschlägen vom September
zu tun, auch sonst besteht keinerlei Terrorverdacht gegen ihn.
    Der Luftfahrtelektroniker war im Frühjahr 2001 mit einer
Gruppe algerischer Offiziere in die USA eingereist, um sich
beim Rüstungsunternehmen Northrop Grumman fortbilden zu
lassen. Im April setze er sich ab und tauchte in New York unter,
um in Amerika ein neues Leben zu beginnen. Wenige Tage vor
dem 11. September übertrat er die Grenze nach Kanada und
stellte dort einen Asylantrag. Dass er den Behörden in diesem
finsteren Herbst als mutmaßlicher Terrorist erscheint, versteht

er sogar selbst. Gemessen an den Umständen, so Benatta, habe man schon »ein bisschen Verdacht« schöpfen können.[27]

Im November, nachdem dieser Verdacht ausgeräumt wurde, geschieht jedoch etwas Seltsames: Benatta bleibt in Haft, ohne Angabe von Gründen. Einen Anwalt darf er noch immer nicht sprechen. Der Algerier wird nun zwar nicht mehr misshandelt, aber er muss weiter in seiner kleinen Zelle hocken, monatelang hofft er auf einen Prozess – den er nicht bekommt. Erst zwei Jahre später nimmt sich ein Amtsrichter seines Falles an und wirft den US-Behörden ein »Täuschungsmanöver« vor. Die Haftgründe gegen Benatta grenzten an »Lächerlichkeit«, den Mann weiter gefangen zu halten hieße, »zum Mitspieler der Scharade zu werden«. Der Richter empfiehlt dringend die Freilassung. Die Empfehlung wird gehört – und beiseitegewischt.

Weitere Jahre vergehen. Und obwohl auch die Öffentlichkeit inzwischen Notiz vom Fall Benatta genommen hat, bleiben die Justizbehörden hartleibig. Erst im Juli 2006, nach 1780 Tagen, lassen sie den Mann, der nichts anderes verbrochen hat, als ein ungültiges Visum zu besitzen, laufen. Er ist damit trauriger Rekordhalter: Kein anderer Verdächtiger saß in den USA jemals länger ohne jeden Beweis im Gefängnis.

Benamar Benatta ist heute kanadischer Staatsbürger. Er glaubt, dass er damals »Gefangener der Terrorismus-Panik« wurde. Und: »Ich wurde zum Terroristen erklärt, weil ich Moslem bin.«

ISLAM = TERROR

In den Wochen und Monaten, die auf die Terroranschläge von 9/11 folgten, waren zahllose amerikanische Staatsbürger mit »arabischem« Aussehen oder muslimischem Namen

Opfer einer beispiellosen Hetzjagd. Nachdem die Täter der Anschläge als Islamisten, die zum Großteil aus Saudi-Arabien stammten, identifiziert worden waren, wurden etliche islamische Einrichtungen in den USA mit Brandbomben beworfen. In Tausenden Fällen wurden Muslime auf offener Straße bespuckt, beleidigt und bedroht, manche von ihnen sogar ermordet. Sogar Nicht-Muslime, die irgendwie arabisch wirkten, konnten ihres Lebens nicht mehr sicher sein. So erschoss etwa ein 42-jähriger Boeing-Beschäftigter am 15. September den Tankstellenbetreiber Balbir Singh Sodhi in Mesa / Arizona: Dem aus Indien stammenden Sikh waren sein Turban und sein Bart zum Verhängnis geworden. So groß war in diesen Tagen der Hass, dass sich sogar US-Präsident Bush genötigt sah, am 17. September eine Moschee zu besuchen und zu Toleranz gegenüber muslimischen US-Bürgern aufzurufen. Bushs Justizminister John Ashcroft ließ jedoch gleichzeitig Tausende Muslime im ganzen Land festnehmen und ohne Angabe von Gründen ins Gefängnis werfen. Dort saßen die meisten von ihnen wochen- und monatelang, manche, wie Benatta, auch mehrere Jahre.

Es war zwar nicht die erste große Krise in der Geschichte der Vereinigten Staaten, auf die die Behörden mit einem Pauschalverdacht gegen ganze Volks- oder Religionsgruppen reagierten. Schon 1798 etwa hatte es zahllose vermeintlich radikale Einwanderer aus Frankreich und Irland getroffen, darunter Jugendliche ab 14 Jahren, die mit Hilfe des »Alien Enemies Act« aufgegriffen und außer Landes geschafft wurden. Die Kommunismus-Angst nach dem Ersten Weltkrieg mündete im Januar 1920 in eine der größten Verhaftungswellen, die sogenannten Palmer Raids, vor allem gegen russischstämmige Bürger. Und im Zweiten Weltkrieg inhaftierten US-Polizisten phasenweise mehr als 100 000 Menschen, die aus Japan eingewandert waren.

Was jedoch nach dem 11. September 2001 in den USA geschah, hatte eine neue Qualität. Anders als frühere Hysteriewellen nämlich ebbte diese nicht nach einiger Zeit ab, als keine neue islamistische Bedrohung auf amerikanischem Boden auszumachen war. Ja mehr noch als das: In den Jahren, die folgten, rückten die Begriffe »Islam« und »Terror« in der Öffentlichkeit immer enger zusammen, bis sie in den Köpfen vieler Menschen letztlich miteinander verschmolzen. Und auch in der medialen Wahrnehmung der Welt war Terror fortan zuallererst das Werk bärtiger Fundamentalisten aus dem Orient. Eine Einschätzung, die sich nach und nach in allen westlichen Ländern durchsetzte.

VOM VERSCHWINDEN DES RECHTSTERRORISMUS

Was heute kaum noch jemand weiß: In den vier Jahren seit 9/11 gingen angeblich 22 von 26 erfolgreichen Terroranschlägen in den USA offiziell auf das Konto zweier militanter Umweltorganisationen: der »Earth Liberation Front« (ELF) und der »Animal Liberation Front« (ALF). So verübte die ELF unter anderem im Jahr 2003 einen Brandanschlag auf einen Gebäudekomplex in San Diego und weitere Anschläge auf Autovermietungen im Großraum Los Angeles – mit einem Gesamtschaden von weit mehr als 20 Millionen Euro. Die ALF wiederum schreckte in ihrem Kampf gegen Tierversuche nicht davor zurück, Molotow-Cocktails auf die Privathäuser von Wissenschaftlern zu werfen. Die Anschlagsserien der beiden Organisationen waren in der amerikanischen Öffentlichkeit jedoch kaum der Rede wert – und in der internationalen Presse nicht mehr als eine Randnotiz.

Noch frappierender ist, wie rapide rechtsextreme Milizen, die noch in den 1990er Jahren als die größte Bedrohung der inneren Sicherheit in den USA galten, nach 9/11 ganz plötzlich aus der öffentlichen Wahrnehmung verschwanden. Zur Erinnerung: Am 19. April 1995 parkte der Waffennarr und Rassist Timothy McVeigh einen mit hochexplosivem Material gefüllten Lieferwagen vor dem Murrah Federal Building in Oklahoma und zündete den Sprengsatz gegen neun Uhr morgens. 168 Menschen starben, 800 wurden verletzt. Der Anschlag galt, bis zum 11. September 2001, als der verheerendste in der Geschichte der Vereinigten Staaten. Zeitungen und Fernsehsendungen waren danach voll mit Berichten über »homegrown terrorism«. Der glühende Hass der rechtsextremen und bis an die Zähne bewaffneten Milizen auf alle Fremden und die in ihren Augen verweichlichte US-Regierung war Anlass zu kollektiver Besorgnis. Eine Gefahr, die sich nach 9/11 auf einen Schlag in Luft aufzulösen schien.

Dabei waren die »Militias« nicht etwa verschwunden. Im April 2007 zum Beispiel wurden in Collinsville sechs Aktivisten der »Alabama Free Militia« verhaftet. Die Polizei stellte ein Maschinengewehr, eine Flinte, ein abgesägtes Gewehr, zwei Schalldämpfer, 2500 Schuss Munition und verschiedene selbstgebaute Sprengkörper sicher, darunter 130 Handgranaten. Der Führer der Gruppe war ein entlaufener Sträfling, der unter Pseudonym lebte und von brennendem Hass auf Migranten beseelt war. Die Ermittler gingen davon aus, dass die Miliz eine bewaffnete Attacke auf ein von Latinos bewohntes Stadtgebiet geplant hatte. In Zeiten der Terrorangst ein aufregendes Thema. Nur, Amerika und die Welt regten sich kaum auf – was auch daran lag, dass zahlreiche Medien die Geschichte komplett ignorierten. Als dagegen eine Woche später sechs Muslime festgenommen wurden, die eine Attacke auf Fort Dix geplant haben sollen, war die internationale Anteilnahme groß. Und das, obwohl die Muslime keinem terroristischen Netzwerk angehörten und obwohl sie nicht einmal ansatzweise über ein Waffenarsenal verfügten wie die »Alabama Free Militia«.

Fast spiegelbildlich verhielten sich auch in Deutschland Politik, Behörden und Medien. Bereits kurz nach 9/11 begann das Bundesinnenministerium unter dem SPD-Politiker Otto Schily, die Sicherheitspolitik rigoros auf einen neuen Feind auszurichten: den islamistischen Terrorismus. Geschockt von der Tatsache, dass die Terrorzelle um Mohammed Atta ihr Zerstörungswerk unbemerkt von den Behörden in Hamburg geplant hatte, erließ die rot-grüne Bundesregierung zahllose neue Gesetze, um den Islamismus auf deutschem Boden im Keim zu ersticken. Mit Hilfe der sogenannten Otto-Kataloge wurden unter anderem die Unterstützung, später auch die Werbung für eine ausländische terroristische Vereinigung unter Strafe gestellt, das Religionsprivileg abgeschafft, zahllose muslimische Studenten einer Rasterfahndung unterzogen, der Rechtsschutz für ausländische Terrorverdächtige eingeschränkt. Die deutschen Geheimdienste intensivierten ihre Zusammenarbeit mit ausländischen Partnerdiensten, vor allem mit der US-amerikanischen NSA.

Im Dezember 2004 gründeten Bund und Länder dann das Gemeinsame Terrorismusabwehrzentrum von Polizei und Verfassungsschutz – mit dem Ziel, dschihadistische Umtriebe frühzeitig zu bekämpfen. Der Islamismus war fortan die erste, wenn nicht die einzige Priorität der Sicherheitsbehörden. Kaum jemand mahnte, dass Terror nicht zwangsläufig eine religiös motivierte Bedrohung von außen sein muss. Mit dem sogenannten BKA-Gesetz wurden dann 2008 die Befugnisse des Bundeskriminalamtes massiv ausgeweitet, allerdings nur, soweit sie den internationalen Terrorismus betrafen. Drei Jahre später flog dann eine der schrecklichsten Terrorgruppen der bundesrepublikanischen Geschichte auf, die weder international operierte noch islamistisch motiviert war – der »Nationalsozialistische Untergrund« (NSU). Eine Zelle von Rechtsextremisten, die, unbemerkt von staatlichen Behörden, fast eineinhalb Jahrzehnte eine Bomben- und Mordspur durch Deutschland gezogen hatte und bei deren Opfern es sich überwiegend um muslimische Migranten handelte. Erst danach, Ende 2011, hob die Bundesregierung auch den Rechtsterrorismus auf ihre Agenda. Je mehr Zeit verging, desto entschiedener widmeten die Behörden ihre ganze Aufmerksamkeit jedoch wieder der vermeintlich einzig wahren Bedrohung: dem Islamismus. So forderten es auch ihre Bündnispartner, allen voran die US-amerikanischen Geheimdienste, die nie vergaßen, die Deutschen wegen der verheerenden 9/11-Panne an ihre Bringschuld zu erinnern. Anfang 2016 befanden sich in den Datenbanken der Bundesbehörden mehrere hundert sogenannter islamistischer Gefährder – aber nicht einmal zwei Dutzend Rechtsextremisten.

ÜBERALL »SCHLÄFER«

Die US-Regierung tat unterdessen alles dafür, um die Angst vor ausländischen – sprich: islamistischen – »Schläfer«-Zellen am Köcheln zu halten. Mit zum Teil abenteuerlichen Gedankenspielen. Als etwa im August 2005 der Hurrikan Katrina die Großstadt New Orleans verwüstete, offenbarten zwar die meisten US-Behörden ein desaströses Katastrophenmanagement. Gegen etwaige Terrorattacken jedoch zeigte sich das Department of Homeland Security bestens gerüstet. Getrieben von der Vorstellung, Terroristen könnten lokale Krisen nutzen, um ihr teuflisches Werk zu verrichten, ließ die Heimatschutzbehörde ein ehemaliges Busterminal in der Jazz-Metropole geschwind zu einem Hochsicherheitsgefängnis umrüsten. Rund

1200 Menschen wurden dort inhaftiert, zum allergrößten Teil Schwarze – und Muslime.

Einem von ihnen, dem Geschäftsmann Abdulrahman Zeitoun hat der US-Autor Dave Eggers ein literarisches Denkmal gesetzt. Der aus Syrien stammende Zeitoun hatte New Orleans nach dem Hurrikan nicht etwa verlassen, sondern sich ein Kanu besorgt, mit dem er durch die Stadt paddelte, um nach seinen überschwemmten Mietshäusern zu schauen. Auf seinen Touren rettete er mehrere Menschen, bis er schließlich von den Sicherheitsbehörden aufgegriffen und grundlos ins »Camp Greyhound« gesteckt wurde. 23 Tage ließ man den Mann dort schmachten, Medikamente, die er dringend benötigte, verweigerte man ihm, ebenso den Kontakt zu einem Anwalt und seiner Familie. »Ihr seid doch alle Al-Qaida«, soll einer seiner Bewacher zu ihm gesagt haben. Der Vorwurf, der am Ende gegen Zeitoun übrig blieb, lautete auf Plünderung – in seinem eigenen Haus. Eine Episode, die den Kleinunternehmer offenbar nachhaltig aus der Bahn warf: Jahre später wurde Abdulrahman Zeitoun wegen körperlicher Übergriffe und Morddrohungen gegen seine Frau inhaftiert. Diese gab in Vernehmungen an, Zeitoun – bis dato ein unbescholtener US-Bürger ohne radikale Ansichten – habe sich erst nach den Ereignissen in New Orleans nach und nach einem radikalen Islam zugewandt.

Zuvor hatte er einem Reporter des britischen Guardian noch folgende Sätze anvertraut: »Moslem ist ein einfaches Wort. Übersetzt bedeutet es Frieden oder Gläubige. Warum ist aus diesen beiden wunderschönen Wörtern in den Köpfen der Menschen *Terrorist* geworden?«[28]

Eine berechtigte Frage. Zumal, wenn man bedenkt, wie schnell und wie gründlich der islamistische Terrorismus im Westen Karriere gemacht hat. In der öffentlichen Wahrnehmung hat sich das Phänomen offenbar erst in den vergangenen 20 Jahren in nennenswerter Weise eingeprägt. Das jedenfalls ergab eine Archivsuche unter den wichtigsten deutschsprachigen Printmedien. Demnach erschienen die Begriffe »islamistisch« oder »Islamismus« im Jahr 1988 nur 20 Mal in den ausgewählten Zeitungen und Zeitschriften. 1991 tauchten die Wörter 121 Mal auf, 1995 bereits 2099 Mal. Nach 9/11 ist dann ein kontinuierlicher Anstieg zu verzeichnen: von 4697 Nennungen im Jahr 2002 auf 7079 im Jahr 2014. Eine vergleichbare Entwicklung nahm die Formulierung »islamistischer Terrorismus«. 1988 gab es sie überhaupt noch nicht, danach wurde sie immer präsenter und kam 1995 auf 95, 2002 auf 524, 2014 auf 647 Erwähnungen in der Presse.*

Eine schlüssige Erklärung für diese Entwicklung ist natürlich die Zunahme islamistischer Anschläge im untersuchten Zeitraum. Aber sie reicht nicht aus. Sie erklärt zum Beispiel nicht, warum die Karriere der Begriffe »Islamismus« und »islamistischer Terrorismus« just Anfang der 1990er Jahre begann. Zuvor hatte es keine weltweit beachteten Anschläge radikalisierter Moslems gegeben. Das Attentat auf ein Pan-Am-Flugzeug 1988 über dem schottischen Dorf Lockerbie mit

---

* Gesucht wurde in folgenden Medien: *Bild, Bild am Sonntag, Focus, Frankfurter Allgemeine Zeitung, Frankfurter Rundschau, Neue Zürcher Zeitung, Der Spiegel, Süddeutsche Zeitung, Tagesspiegel, tageszeitung, Welt, Welt am Sonntag, Die Zeit.* Die Vergleichbarkeit der Zahlen ist nur bedingt gegeben: In einigen Jahren waren nicht alle der genannten Medien komplett erfasst, zudem hat sich die Gesamtzahl aller Presseartikel durch die Medienkrise seit 2002 bis heute fast halbiert. Hochgerechnet fiele der Anstieg der Nennungen seit 9/11 also noch wesentlich höher aus.

270 Toten ließe sich aus heutiger Sicht zwar als islamistisch motiviert beschreiben. Damals jedoch wurde der Anschlag weithin als staatsterroristischer Akt im Auftrag des libyschen Diktators Muammar al-Gaddafi beschrieben. Dass es sich um ein islamisches Land handelte, spielte seinerzeit noch eine untergeordnete Rolle.

Womöglich gibt es also noch einen weiteren Grund für die gesteigerte Aufmerksamkeit, die dem Islamismus im letzten Jahrzehnt des 20. Jahrhunderts zuteil wurde. 1990, das war ein Jahr selten erlebter Umbrüche. Nach Jahrzehnten der Blockkonfrontation brach die Sowjetunion zusammen, der Westen musste sich neu sortieren und in Ermangelung eines äußeren Rivalen ein neues Selbstverständnis entwickeln. Und wie wir gesehen haben, sind Umbruchzeiten auch Verunsicherungszeiten. »Je verunsicherter eine Gesellschaft ist, umso mehr braucht sie das Böse für ihren inneren Zusammenhalt.«[28] Und im Nahen und Mittleren Osten drängte sich eine Gruppe finsterer Gestalten geradezu auf, die mit religiös aufgeladener Endzeit-Rhetorik dem großen Satan im Westen und seinen Verbündeten nichts weniger als die Vernichtung androhten und sich dabei auf göttlichen Beistand beriefen.

Unstrittig ist, dass die Mullahs in Iran, die Taliban in Afghanistan und der steinreiche saudische Amerika-Hasser und Al-Qaida-Chef Osama bin Laden von jeher das Zeug zum veritablen Feindbild hatten. Sie alle haben als Finanziers des Terrors eine Blutspur um die Welt gezogen. Sie alle würden dem Westen jederzeit ein neues 9/11 zufügen, wenn sie die Gelegenheit dazu hätten. Niemand hat den Islam mehr in Verruf gebracht als die Fanatiker, die in seinem Namen töten.

Das gilt insbesondere für die Terrorgruppe IS, die den Islam im Namen führt, in Syrien und Irak ein »Kalifat« ausgerufen hat und ein Heer von Propagandaspezialisten beschäftigt, um sich als Allah-gefällige Glaubensgemeinschaft zu inszenieren.

Keine andere Mörderbande hat es je so geschickt verstanden, ihr Zerstörungswerk religiös zu ummanteln. Dabei wäre zu fragen, auf welche Version des Koran sich eine Gruppe glaubt berufen zu können, die von ehemaligen irakischen Geheimdienstoffizieren durchsetzt ist, sich unter anderem mit dem Schmuggel von Pornofilmen und Zigaretten finanziert hat und mit dem organisierten Verbrechen paktiert. »Der IS missdeutet islamische Werte für seine Zwecke«, sagt die amerikanische Terrorismusexpertin Louise Shelley – er werde im Wesentlichen von Konzerninteressen geleitet. Religion spiele kaum eine Rolle.[30]

In gleichem Maße gilt das für einen Großteil der Tausenden jungen Männer aus Europa, die sich in den vergangenen Jahren als Dschihad-Touristen dem IS in Syrien und Irak angeschlossen haben. Verfolge man deren Lebensweg, zeige sich, dass sie den Islam, für den sie nun zu Felde ziehen, kaum kennen, sagt der französische Politologe Dominique Moïsi: »Sie sind näher bei *Clockwork Orange* von Stanley Kubrick als beim Koran.« Sie neigten, mit anderen Worten, vor allem deshalb zu Gewalt, weil sie sich Zuhause in Frankreich, Belgien oder auch Deutschland entfremdet, zurückgewiesen und erniedrigt fühlten. Insofern sei es falsch, von einer Radikalisierung des Islam auszugehen, sagt Moïsi – »ich glaube im Gegenteil an die *Islamisierung der Radikalität*«.[31] So sieht es auch der Islamexperte Olivier Roy, der den sich ausbreitenden Dschihadkult in Europa zuallererst als Jugendrevolte begreift. Es sei kein Zufall, dass er vor allem in den Banlieus von Paris und Brüssel auf so fruchtbaren Boden falle. Gerade dort führten zahllose junge Einwandererkinder der zweiten und dritten Generation ein in jeder Hinsicht randständiges Leben – sozial, materiell, ideell. Der Islamismus klinge für sie deshalb verheißungsvoll, weil er ihnen ein bislang unbekanntes Selbstwertgefühl vermittele. Genauso gut könnten sich diese jungen Menschen auch einer anderen radikalen Ideologie anschließen, sagt Roy, aber der Islamismus biete sich in Europa derzeit eben an.

Man kann all diesen Terrorgruppen und den ihnen zulaufenden jungen Männern gar keinen größeren Gefallen tun, als ihnen die fehlgeleitete Ausübung einer göttlichen Mission zuzusprechen. Nichts adelt ihren Hass mehr, als die von ihnen erwünschte Frontstellung – hier der dekadente Westen, dort ein kämpferischer Islam – nachzubeten. Und in der Folge eine ganze Religion in Misskredit zu bringen. Aber genau das ist die Falle, in die westliche Nationen spätestens seit 9/11 immer wieder tappen. Ungeachtet der Tatsache, dass sie damit den weit größten Teil der Muslime auch in ihren eigenen Ländern zu unerwünschten Personen erklären und damit zur Radikalisierung Einzelner beitragen.

Im Westen sei der Islam zuletzt nur noch als »blindwütiges, monolithisches Monster« wahrgenommen worden, so die Historikerin Joanna Bourke. Nach und nach sei die Religion auf diese Weise »gleichbedeutend mit Extremismus« geworden.[32] Eine Entwicklung, die von Marktschreiern der Angst bis heute skrupellos befeuert wird. Und die längst dazu geführt hat, dass Moslems weltweit unter Generalverdacht stehen, ganz gleich, woher sie kommen, welcher Glaubensrichtung sie angehören – und ob sie überhaupt gläubig sind. Wann immer einer von ihnen etwas tut, müssen sich alle dafür rechtfertigen.

EIN TERRORWERBER NAMENS TRUMP

Wie sehr das Klima unter den Menschen inzwischen vergiftet ist, kann man immer wieder beobachten. Nicht zuletzt im US-Präsidentschaftswahlkampf 2008, als Gegner des demokratischen Bewerbers Barack Obama genüsslich mit dessen Mittelnamen – Hussein – Ängste schürten. Oder im September

2015 im texanischen Irving, als ein 14-Jähriger eine selbstgebaute Uhr mit in die Schule brachte. Als Lehrer die Platine mit Digitalanzeige sahen, gerieten sie in Panik und riefen, statt die Sache selbst zu klären, die Polizei. Die nahm den Neuntklässler in Gewahrsam. Der Vorfall schaffte es tagelang in die Nachrichten und machte auch international Schlagzeilen. In einer Stellungnahme wies der Rat für amerikanisch-islamische Beziehungen darauf hin, dass es die Aufregung wohl niemals gegeben hätte, trüge der Junge einen anderen Namen als Ahmed Mohamed. Heranwachsende wie ihn gibt es inzwischen viele in den USA, und um von der Polizei abgeführt zu werden, müssen sie nicht mal mehr irgendetwas gefährlich Aussehendes in die Schule mitbringen: Es gab auch schon Fälle, in denen Lehrer den Notruf wählten, nachdem muslimische Kinder mit Daumen und Zeigefinger eine Pistole geformt und sie damit »bedroht« hatten.

In den Augen zahlloser Amerikaner verkörpern Muslime – sie machen etwa ein Prozent der Bevölkerung aus – inzwischen eine unkontrollierbare Gefahr. Die Wiedereinführung der Sippenhaft gilt nahezu ausschließlich den Angehörigen islamischen Glaubens. Gleich, ob sich in Syrien, Nigeria oder Afghanistan selbsternannte Glaubenskrieger zurück in die Steinzeit bomben, einen halben Erdball entfernt werden Menschen dafür in Haftung genommen, weil sie ähnlich aussehen oder ähnlich heißen. Ganz gleich, in der wievielten Generation sie Amerikaner sind. Der Terror sitzt in den Köpfen, und er trägt Vollbart, Kufiya und Djellaba. Und wenn tatsächlich ein Verbrechen geschieht, an dem Muslime beteiligt sind, dann kennt der Hass auf alle anderen inzwischen keine Grenzen mehr.

Nachdem etwa kurz vor Weihnachten 2015 ein Ehepaar im kalifornischen San Bernardino kaltblütig 14 Menschen erschossen hatte, folgte in »sozialen« Netzwerken sogleich ein digitaler Amoklauf zahlloser Bürger. Noch bevor bekannt wurde, dass die beiden Täter Syed Rizwan Farook und Tashfeen Malik dem »Islamischen Staat« nahestehen sollen, fielen in Chats und Foren sämtliche Regeln des Anstands. Besinnungslos kübelten Zigtausende Kommentatoren ihren Zorn auf Muslime ins Netz. Wie 14 Jahre zuvor wurden arabisch aussehende Mitbürger wieder beschimpft und tätlich angegriffen. In den vor Niedertracht triefenden Radiosendungen konservativer Scharfmacher wurde einmal mehr das Bild vom blutrünstigen Muselmanen gezeichnet. So dröhnte in der »Steve Deace Show« der Namensgeber, die Ereignisse von San Bernardino stünden sinnbildlich für eine perverse Religion: »Denn das ist der Islam. Darum geht es im Islam. Das ist die Religion, die ein Mann begründet hat, der seine letzten zwanzig Lebensjahre mit dem Töten anderer Leute verbracht hat.« Wer diese »Wahrheit« ignoriere, dem würden Muslime bald selbst die Kehle durchschneiden – »aber ganz langsam, weil es dann mehr Spaß macht«.[33]

In dieselbe Kerbe schlugen republikanische Präsidentschaftsanwärter in ihrem Vorwahlkampf. Sie witterten die Chance, aus dem Anschlag Honig zu saugen, und überboten sich mit inhumanen Vorschlägen. Allen voran der Milliardär Donald Trump, der forderte, Moscheen in den USA zu schließen, allen Muslimen die Einreise zu verweigern, diejenigen, die bereits da seien, in ihre jeweiligen Heimatländer zu deportieren und umstrittene Foltermethoden wie das sogenannte Waterboarding wieder einzuführen. Als er gefragt wurde, wie er als Präsident gegen Islamisten vorgehen würde, antwortete er: »Ich würde die Scheiße aus Ihnen herausbomben!« Um seinen Forderungen Nachdruck zu verleihen, berichtete Trump von einem Vorfall kurz nach 9/11, den er mit eigenen Augen gesehen haben will. Mehr als 1000 enthemmte Muslime hätten seinerzeit in New Jersey die Attacken auf offener Straße gefeiert. Seltsam nur: Nirgendwo findet sich ein Beleg, dass eine derartige öffentliche Feier auf amerikanischem Boden jemals stattgefunden hat.

Präsident Obama mühte sich im Anschluss an diese Hassorgie redlich, die Wogen zu glätten. Die »unverzeihlichen« Ausfälle gegen Muslime hätten »in unserem Land keinen Platz«. Viele Amerikaner hörten und sprächen vom Islam mittlerweile nur noch »im Zusammenhang mit Terror«. Menschen islamischen Glaubens fühlten sich zunehmend als Bürger zweiter Klasse und hätten Angst. In seiner letzten Rede zur Lage der Nation warnte Obama im Januar 2016 noch einmal: »Die Demokratie bedarf eines Grundvertrauens zwischen ihren Bürgern. Sie funktioniert nicht, wenn wir glauben, dass all diejenigen, die unsere Meinungen nicht teilen, von Boshaftigkeit getrieben sind (…) Wenn es keine Kompromissbereitschaft gibt, wenn schlichteste Fakten bestritten werden, kommt Demokratie zum Erliegen. Unsere Öffentlichkeit verkümmert, wenn die extremsten Stimmen alle Aufmerksamkeit bekommen.«

Und dann? Schwappte die Hasswelle weiter durchs Land. Wurden die extremsten Stimmen noch lauter. Und verhalfen Donald Trump zu Triumphen, die man noch ein Jahr zuvor für unmöglich gehalten hätte. Nie zuvor hatte es ein Politiker, der mit faschistoider Rhetorik die Menschenverachtung zum Programm erhoben hat, so dicht bis ans Weiße Haus geschafft. Trump, dessen Erfolg ganz wesentlich auf der »tiefen Verunsicherung älterer weißer Männer« beruhte[34], lieferte mit seinen Tiraden auch zahllose Belege für die »rasche Zunahme des christlichen Fundamentalismus« in den Vereinigten Staaten.[35] Dass er sich mit seinen kalkulierten Ausfällen zum womöglich einflussreichsten Terrorwerber des westlichen Welt aufschwang, nahmen er und seine fanatisierten Anhänger billigend in Kauf.

Es sind herrliche Zeiten für die wirklichen islamistischen Terroristen. Längst benötigen sie nicht mehr Bomben, um ihr Zerstörungswerk zu vollbringen. Allein die Angst vor ihnen zersetzt inzwischen Gesellschaften, sie müssen kaum noch mehr tun als abzuwarten. »Terroristen schlagen zweimal zu«, schreibt der Psychologe Gerd Gigerenzer: »zuerst mit physischer Gewalt und dann mithilfe unserer Gehirne. Der erste Schlag zieht die ganze Aufmerksamkeit auf sich (...) Der zweite Schlag hingegen bleibt fast unbemerkt.«[36]

Dabei ist es dieser zweite Schlag, der langfristig den weitaus größeren Schaden anrichtet.

1. Fremde im eigenen Land – wie die Ausgrenzung von Minderheiten gesellschaftsfähig wurde

Am Morgen des 2. November 2004 wurde der niederländische Filmemacher Theo van Gogh in Amsterdam barbarisch ermordet. Er war mit dem Rad auf dem Weg zur Arbeit, als ihn ein Mann einholte, der sofort auf ihn schoss. Schwer verletzt versuchte van Gogh zu fliehen, sein Mörder jedoch stellte ihm nach, schnitt ihm die Kehle durch und heftete dem Toten mit Messerstichen eine Morddrohung gegen weitere Islamkritiker an die Brust. Van Gogh hatte sich weit über die Niederlande hinaus einen Namen gemacht als spöttische und lautstarke Stimme gegen den Islam, den er »aggressiv und rückständig« nannte. Im späteren Prozess sagte sein Mörder aus, es sei sein gutes Recht, jedem den Kopf abzuhacken, der Allah beleidige.

Gut eine Woche nach dem Attentat, am 11. November, setzte sich rund 250 Kilometer entfernt ein junger Sportlehrer namens Stefan Herre an seinen Computer und stellte einen Blog online. Der drahtige und stets tiefgebräunte Pädagoge aus Köln hatte zu diesem Zeitpunkt bereits eine beachtliche Sammlung von Leserbriefen vorzuweisen, die im Kern stets um dasselbe Thema kreisten: seine große Bewunderung für US-Präsident George W. Bush und seine tiefempfundene Angst vor dem Islam. Nach der Wahnsinnstat von Amsterdam hielt er offenbar den Zeitpunkt für gekommen, seine Weltsicht systematischer zu verbreiten. Seinem Blog gab er den Namen »Politically Incorrect« (PI).

Herre hatte den Zeitpunkt für seine Anti-Islam-Offensive

günstig gewählt. Auch in Deutschland sickerte die Vorstellung vom sinistren Moslem seit 9/11 in immer mehr Köpfe. Sie wurde befeuert von immer neuen Drohvideos der Terrorgruppe Al-Qaida, die Amerika und seinen Verbündeten im Namen Allahs mit weiteren Blutbädern drohten. Von Politikern, die zwar keine konkreten islamistischen Terrorpläne benennen konnten, aber überall eine hohe »abstrakte Gefahr« witterten, gegen die mit immer neuen Paragraphen anzugehen sei. Und von Medien, die ihre Reporter in die Randgebiete von Berlin, Frankfurt, Hamburg entsandten und seitenweise die Frage erörterten, was in den dortigen muslimisch geprägten »Parallelgesellschaften« tatsächlich vor sich gehe. Die Türken in Deutschland machten in den Jahren nach 2001 in der öffentlichen Wahrnehmung ihre dritte Metamorphose durch: In den 1960er Jahren als »Gastarbeiter« ins Land geholt, waren sie in den 1980er Jahren zu »Migranten« mutiert – um nun plötzlich als »Muslime« vor allem über ihren Glauben definiert zu werden.

HASSPREDIGER

Das Unbehagen an einer Religion, die gewaltaffiner zu sein schien als andere, griff Lehrer Herre mit seinem Blog virtuos auf. Nach und nach scharte er eine kleine Gruppe Gleichgesinnter um sich, die sich gar nicht erst die Mühe machte, zwischen Islam und Islamismus zu unterscheiden. In den Augen der PI-Macher gibt es nur gewaltbereite Muslime und solche, die sich bis zum Ausbruch einer islamischen Revolution in Europa zum Schein friedlich geben. Der Islam, so Herre, sei eine »Gewaltideologie«, sein Ziel die »Unterwerfung der Welt«– dagegen gelte es sich mit allen Mitteln zu wehren. Binnen weniger Jahre wurde »Politically Incorrect« zum Zentralorgan einer stetig wachsenden Szene von Islamhassern und zu einem der meistgelesenen Blogs in Deutschland.

Bis heute bombardieren die PI-Macher ihre Anhänger täglich mit zahllosen – von »Mainstream«-Medien angeblich todgeschwiegenen – Berichten über prügelnde, vergewaltigende, mordende Muslime. Verhöhnen Rufe nach Integration als Multikulti-Geschwätz. Und rufen zu offenem Widerstand gegen jede Form von Zuwanderung auf.

Muslime dienten auf den Blogseiten als Sündenbock für jeden gesellschaftlichen Missstand, sagte der Düsseldorfer Islamwissenschaftler Michael Kiefer dem WDR: »Alles Elend, alle Probleme dieser Welt werden auf den Islam beziehungsweise auf die muslimischen Zuwanderer zurückgeführt, das ist gängiges Schema.« Wer PI regelmäßig liest, kann nicht anders, als den Islam als Ganzes für ein Grundübel zu halten.

Dabei operieren die PI-Macher bis heute verblüffend geschickt in der Grauzone zwischen erlaubter Meinungsäußerung und Volksverhetzung. Während die meist unter Pseudonym verfassten Beiträge im redaktionellen Teil des Blogs überwiegend nicht strafbar sind, triefen die Kommentarspalten vor rechtsextremistischen Hetzparolen. Dort werden Muslime grundsätzlich als Gesindel, Abschaum und Türkendreck beschimpft und mit Mordphantasien überzogen. Nachdem die schwangere Ägypterin Marwa El-Sherbini im Juli 2009 im Dresdener Landgericht von einem glühenden Islamhasser erstochen worden war, las sich ein PI-Kommentar so: »Mir tut es überhaupt nicht leid um diese verschleierte Kopftuchschlampe. Und noch dazu ein Moslem im Bauch weniger!« Auch finden die Verantwortlichen des Blogs nichts dabei, wenn Gastautoren oder Kommentatoren zum bewaffneten Kampf gegen die Islamisierung des Abendlandes aufrufen.

Während sich die Hetzer um Herre – darunter der ehemalige Münchener CSU-Sprecher Michael Stürzenberger – im Lauf der Jahre immer weiter radikalisierten, verfolgte die Politik die Entwicklung mit erstaunlichem Gleichmut. Auf Anfrage der Linken im Bundestag antwortete die Bundesregierung mehrfach ausweichend, PI transportiere zwar rassistische Inhalte, bediene sich dabei aber »keiner klassischen rechtsextremistischen Argumentationsmuster«. Der Blog sei damit einstweilen kein Fall für den Verfassungsschutz.

So konnten die PI-Macher weiter ungestört ihre Strategie verfolgen. Und nach Recherchen der *Frankfurter Rundschau* und der *Berliner Zeitung* besteht diese in weit mehr als bloßer Stimmungsmache im Netz.[1] Tatsächlich werkelten die Blogwarte über Jahre hinweg unverdrossen an einem europäischen Netzwerk von Gleichgesinnten. Sie organisierten medienträchtige Auftritte von Herres Duzfreund Geert Wilders, dem populistischen Posterboy der europäischen Islamverächter. Sie boten dem christlichen Fanatiker Terry Jones an, wie in den USA auch in Europa den Koran öffentlichkeitswirksam zu verbrennen. Sie knüpften Kontakte zu etlichen islamfeindlichen und rechtsextremistischen Parteien, aber auch zu erzkonservativen Politikern von CDU, CSU und FDP. Und spätestens seit 2008 auch zu dem sächsischen »Sicherheitsunternehmer« Siegfried Däbritz, der sich Jahre später als Führungsfigur der rechtspopulistischen Bewegung Pegida hervortun sollte. All das mit einem großen Ziel vor Augen: in der deutschen und europäischen Öffentlichkeit die Angst vor der vermeintlichen Unterjochungsreligion Islam mehrheitsfähig zu machen.

Zu diesem Zweck wagten die PI-Verantwortlichen auch zunehmend den Schritt aus der digitalen in die analoge Welt. In Dutzenden deutschen, österreichischen und Schweizer Städten gründeten sie PI-Ortsgruppen. Deren Aufgabe: Öffentliche Diskussionen über den Islam mit ihrer Gesinnung zu kapern, Umfragen durch massenhafte Teilnahme zu manipulieren, die Kommentarspalten von Zeitungen zu fluten und unverbesserliche »Gutmenschen« einzuschüchtern, wenn nicht zu bedrohen.

Und die Saat ging auf. Auch deshalb, weil neben dem Blog – auf dessen Lektüre Zigtausende Menschen täglich nicht mehr verzichten wollen – im Lauf der Jahre zahlreiche weitere Akteure in Erscheinung traten, die immer unverhohlener ein ähnlich holzschnittartiges Weltbild propagierten: hier der gutmütige, wehrlose Westen, dort der expansive, gewalttätige Islam. Schwarz und weiß. Kein Grau, nirgends. Mit der »Achse des Guten« bildete sich ein publizistisches Netzwerk, das lustvoll antimuslimische Vorurteile bediente und gleichwohl auch von seriösen Journalisten unterstützt wurde. Leitmedien machten Auflage mit Titeln wie »Die dunkle Seite des Islam«, »Ist der Islam böse?« oder auch »Mekka Deutschland – Die stille Islamisierung«. Im August 2010 veröffentlichte der Sozialdemokrat Thilo Sarrazin sein Buch »Deutschland schafft sich ab«, in dem er Thesen zu Inzucht und genetisch bedingter Minderbegabung unter muslimischen Einwanderern auswalzte und eine weitere Zuwanderung rigoros ablehnte – es wurde zu einem der meistgelesenen Sachbücher in der Geschichte der Bundesrepublik. Wiederum zwei Monate später gründete sich mit »Die Freiheit« die erste lupenreine Anti-Islam-Partei Deutschlands. Nach und nach entstand so ein politisch-publizistisches Netzwerk, das heute über etliche Kanäle den antimuslimischen Rassismus direkt in die Wohnstuben und an die Arbeitsplätze der sogenannten Bio-Deutschen trägt.

DES MENSCHEN FEIND

All das ist an den Bundesbürgern nicht spurlos vorübergegangen. Im Jahr 2014 legte die Universität Münster die Ergebnisse einer Studie vor, für die Deutsche, Dänen, Franzosen, Niederländer und Portugiesen zu ihrer Einstellung zum Islam befragt worden waren – mit eindeutigem Ergebnis: Nirgendwo lehnten die Menschen fremde Religionen so konsequent ab wie in Deutschland. 40 Prozent der Westdeutschen und 50 Prozent der Ostdeutschen fühlten sich vom Islam pauschal bedroht.[2] Im »Sorgenranking« der Gesellschaft für Konsumforschung rangierte kurz darauf zum ersten Mal seit 22 Jahren nicht mehr die Arbeitslosigkeit an erster Stelle – sie war von der Überfremdungsangst der Deutschen überholt worden.

Worin genau diese Angst besteht, untersucht das Institut für interdisziplinäre Konflikt- und Gewaltforschung der Universität Bielefeld seit vielen Jahren in regelmäßigen Befragungen. Eine erstaunlich hohe Zahl von Bundesbürgern, so die Forscher, neige zu »gruppenbezogener Menschenfeindlichkeit«, sei es gegenüber Homosexuellen, Behinderten, Langzeitarbeitslosen, Sinti, Roma oder Juden. Im Hinblick auf Muslime ergab sich für das Jahr 2014 ebenfalls ein klares Bild: Gut 18 Prozent der Befragten pflichteten der Aussage bei: »Muslimen sollte die Zuwanderung nach Deutschland untersagt werden.« Und sogar fast jeder Dritte gab an, er fühle sich »durch die vielen Muslime hier manchmal wie ein Fremder im eigenen Land«[3].

Wieder und wieder wird in dieser und ähnlichen Studien deutlich, dass Muslime – anders als andere Gruppen von Fremden – in Deutschland nicht nur auf Ablehnung, sondern zunehmend auf Angst stoßen. Es ist das Bild vom »Schläfer«, das sich, nachdem es als politisch-mediale Endlosschleife versendet wurde, eingebrannt hat in den Köpfen. Seit 9/11 verschmilzt der fremdenfeindliche Blick »mit einer untergründigen Angst vor dem Islam«[4]. »Der« Islam ist zu einer Chiffre für eine neue Form von Imperialismus geworden, er ist für viele deshalb so bedrohlich, weil sie überzeugt davon sind, dass Muslimen der Terror quasi genetisch eingeschrieben ist.

Aber entspricht das auch den Tatsachen? Rund viereinhalb

Millionen Muslime leben zurzeit in Deutschland, das sind gut fünf Prozent der Gesamtbevölkerung – und zwar unabhängig von der Frage, ob es sich bei ihnen um gläubige Schiiten oder Sunniten, Atheisten oder Agnostiker handelt. Und es stimmt: Viele von ihnen hängen einem Menschenbild an, das mit westlichen Vorstellungen von Toleranz, Liberalität und Individualität wenig gemein hat. Viele von ihnen nehmen eine mindestens fragwürdige Haltung gegenüber Frauen, Homosexualität, Bildung, Erziehung und der Demokratie als solcher ein. Aber nur 8700 bezeichnen die deutschen Sicherheitsbehörden als Salafisten, die eine vormoderne Auslegung des Koran propagieren. Längst nicht alle von ihnen gelten als militante Fundamentalisten, die das System, in dem sie leben, im Zweifel mit Gewalt bekämpfen würden.* Aber selbst, wenn man das unterstellte, stünden damit lediglich 0,2 Prozent aller Muslime in Deutschland im Verdacht, potentielle islamistische Terroristen zu sein – was wiederum 0,01 Prozent der gesamten Bevölkerungszahl entspricht.

Zum Vergleich: Die Behörden gehen von etwa 21 000 in Deutschland lebenden Rechtsextremisten aus. Und anders als die hiesigen Salafisten setzen viele von ihnen ihre Mordphantasien regelmäßig in die Wirklichkeit um. Nach Zählweise der Bundesregierung wurden seit 1990 75 Menschen von Rechtsextremisten getötet – nicht staatliche Organisationen kommen sogar auf 178 Todesopfer. Aber die Angst vor Neofaschisten ist unter den Bundesbürgern nicht mal ansatzweise so weit verbreitet wie die vor Islamisten.

Ähnlich sieht es in ganz Europa aus. Nach Prognosen des Pew Research Centers in Washington könnten Muslime auf dem alten Kontinent im Jahr 2050 rund zehn Prozent der

---

* Als mögliche »Gefährder« im strafrechtlichen Sinne führte das Bundeskriminalamt im Frühjahr 2016 rund 500 Islamisten.

Bevölkerung ausmachen, inklusive der muslimischen Minderheiten in Russland und bereits heute muslimisch geprägter Länder wie Albanien oder Bosnien.[5] Zehn Prozent in 35 Jahren – bis zur Islamisierung des Abendlandes ist es also noch ein weiter Weg. Dass Moslems in Europa quasi handstreichartig die Macht ergreifen könnten, wie es Michel Houllebecq in seinem Buch »Unterwerfung« so phantasievoll beschreibt, bleibt einstweilen, was es ist: Fiktion.

Dass zahllose in Deutschland lebende Muslime selbstverständlich von einem völlig anderen Gemeinwesen träumen, steht auf einem anderen Blatt. Nur: Das tun, zum Beispiel, auch die hier lebenden Evangelikalen, eine christlich-fundamentalistische Glaubensgemeinschaft, die es immerhin ebenfalls auf rund zweieinhalb Millionen Anhänger bringt. Auch Evangelikale sind gegen die Emanzipation der Frau, gegen Pornographie, gegen Homosexualität, die sie für heilbar halten, und gegen den Zeitgeist als solchen. Sie halten die Evolutionstheorie für Teufelswerk, Abtreibung für Mord, die Prügelstrafe für Kinder für statthaft und notwendig. Auf Kritik regieren sie mit einem Übermaß an Anfeindungen. Evangelikale unterhalten ein florierendes Netzwerk aus Zeitungen, TV- und Radiosendern, sie sind in Hochschulgruppen organisiert und beschäftigen eine Vielzahl cleverer Lobbyisten und Anwälte. Allein in den vergangenen Jahren sind zahllose neue evangelikale Gemeinden in Deutschland entstanden. In etlichen westlich geprägten Ländern sind die christlichen Fundamentalisten auf dem Vormarsch. In den USA, wo sie bereits sehr viel einflussreicher sind als in Europa, verübten evangelikale Fanatiker in den vergangenen Jahren immer mal wieder Mord- und andere Anschläge. Aber gibt es ständig neue Sonder- und Talkshowsendungen über sie? Werden permanent Gesetze erlassen, um ihre schlimmsten Auswüchse zu bekämpfen? Hat jemand Angst vor ihnen?

Die Angst vor Moslems dagegen ist in den vergangenen Jahren kontinuierlich gewachsen. Sie wurde, neben der vielbeschworenen Terrorgefahr, noch begünstigt durch ein allgemeines »Gefühl der Orientierungslosigkeit in der heutigen Zeit«. Durch das beschriebene Auseinanderdriften der Gesellschaft, das immer weiter grassierende Misstrauen, durch unsere Art, mehr gegen- als miteinander zu leben. So zeigt es auch eine Studie mit dem Titel »Die Abwertung des Anderen« der Friedrich-Ebert-Stiftung aus dem Jahr 2011.[6] Vereinsamung, Benachteiligung, Ausgrenzung, geringes Einkommen: All das bringe Menschen dazu, ihre Gesellschaft in wertvollere und wertlose Mitglieder aufzuteilen, und schüre den Hass zwischen einzelnen Gruppen. Im Zweifel gilt der dann jenen, denen es noch schlechter geht als einem selbst. Schon damals schrieben die Autoren: »Gruppenbezogene Menschenfeindlichkeit muss nicht auf der Ebene der Einstellung bleiben. Sie kann Folgen für das Handeln haben.« Das war ein beinahe prophetischer Satz. Vier Jahre später bewahrheitete er sich.

2. Die Rettung des Abendlandes – wie die Verunsicherung auszog, die Deutschen das Fürchten zu lehren

An einem Abend im Oktober 2015 hängen tiefe Wolken über dem sächsischen Zwönitztal. In Einsiedel, einem adretten Vorort von Chemnitz, ist es kalt und regnet. Vor dem Hotel »Zur Talsperre« ist dennoch kaum ein Durchkommen. Rund 1000 Menschen, manche von weither angereist, haben sich dort versammelt, um ihre Solidarität mit jenen Einsiedlern zu demonstrieren, die die Zufahrt zum ehemaligen Pionierlager am Ortsrand nun schon seit mehr als 48 Stunden blockieren. Niemand soll dort oben hingelangen, schon gar nicht die 550 Geflohenen, für die in dem Lager Betten errichtet wurden. Hier im Dorf nennt man sie »Invasoren«.

Es war ein kurzer Warnhinweis auf Facebook, der die Bürger von Einsiedel zwei Tage zuvor aufgeschreckt hatte. Danach ging alles rasend schnell. An der einzigen Zufahrt zur geplanten Erstaufnahmeeinrichtung schlugen Einwohner ein Partyzelt mit Überwachungskamera auf, das seither im Schichtbetrieb rund um die Uhr besetzt ist. An dem Checkpoint kommen nun nur noch Anwohner vorbei, erst recht, seit dort auch junge Leute patrouillieren, die »Stahlzeit«-T-Shirts und weiße Armbinden tragen. Trotz des Schmuddelwetters lässt es sich an der Talsperre gut aushalten: Anwohner haben Heizpilze aufgestellt, ab und an bringt einer Rührkuchen, Heißgetränke oder Bier vorbei, einmal fuhr sogar eine mobile Sauna vor.

An diesem Abend nun wollen die Bürger mit einem Schweigemarsch durch Einsiedel gegen die »Invasoren« demonstrieren. Entlang der Route hängen besprühte Bettlaken und Transparente an den Hauswänden. »Nein zum Heim!« steht darauf, »2000 Asylanten in Einsiedel?« und »Heimat schützen!«. Mitunter beleuchten Fackeln den Weg. In Zweier- und Dreiergrüppchen marschieren die Menschen daran vorbei, es sind Junge und Alte darunter, Paare mit Kindern, Kleinunternehmer, Gastronomen, Landwirte und solche, die mit Hipsterbart und Leinenkutte so wirken, als hätten sie die Demo verwechselt. Man redet leise, nur hin und wieder lassen sich Wortfetzen aufklauben. »Ich bin kein Nazi«, sagt ein dicker Hüne, »ich kenne Neger, ich kenn' den Dönertürken, ich will nur meine Ruhe.« Einer raunt von »Kanaken«, einer von den 13 Familien, die die Welt beherrschen, eine von der »Lügenpresse«, die sicher wieder verschweigen werde, wie viele hier marschieren. Alle paar Meter macht einer ein Selfie.

Ganz am Ende, als die Bürger wieder vor der Talsperre stehen, greift dann einer der Organisatoren zum Megaphon und preist im Überschwang die Zivilcourage der Sachsen. »Heute wäre der 66. Jahrestag der DDR gewesen«, ruft er. »Damals gingen Menschen gegen die Willkür der Herrschenden auf die Straße, heute stehen wir wieder hier.« Und wenn es notwendig sei, auch morgen und übermorgen. Dann dankt er noch einmal den friedlichen Bürgern von Einsiedel. Und, natürlich, den großartigen Aktivisten von Pegida, »ohne die das alles hier nicht möglich wäre«.

DIE ANGST SPAZIERT DURCH DRESDEN

Es ist vieles möglich geworden in Deutschland, seit die »Patriotischen Europäer gegen die Islamisierung des Abendlandes« im Oktober 2014 die Bildfläche betraten. Anfangs als wirres

Grüppchen um einen verurteilten Drogenhändler und Dieb belächelt, entwickelte sich aus den montäglichen »Abendspaziergängen« eine bundesweite Bewegung, die den Hass gesellschaftsfähig gemacht hat. Gerade einmal 100 Menschen versammelten sich anfänglich in Dresdens Altstadt, später waren es Tausende, schließlich Zehntausende. Und sukzessive griffen andere Bürger anderswo die Idee auf, für ein vermeintlich bedrohtes »Abendland« eintreten zu müssen: in Leipzig, Halle, Erfurt, Magdeburg entstanden Pegida-Klone, schließlich auch in zahllosen westlichen Großstädten.

Was genau die Menschen auf die Straße trieb, war dabei so ohne weiteres gar nicht auszumachen. Der erste Facebookaufruf des Pegida-Gründers Lutz Bachmann »gegen die Islamisierung« galt ursprünglich einer Demonstration der Kurdischen Arbeiterpartei (PKK) in Dresden – die freilich hatte dort ihrerseits gegen die Mörderbande »Islamischer Staat« mobilisiert. Und die Menschen selbst, die fortan zu den Spaziergängen strömten, verweigerten in aller Regel die Auskunft: Die Organisatoren hatten sie gebeten zu schweigen, da die »Lügenpresse« ihnen andernfalls jedes Wort im Mund herumdrehen würde.

Nach und nach erst gelang es Soziologen, Meinungsforschern und Publizisten, einem Teil der Demonstranten deren Motive zu entlocken. Sie blieben widersprüchlich. Ganz offensichtlich waren es Sympathisanten sämtlicher Parteien, die ihren Unmut öffentlich kundtaten, darunter mehr Männer als Frauen und zum allergrößten Teil Angehörige der Mittelschicht. Bei vielen von ihnen hatte sich in den Jahren zuvor ein immer größeres Misstrauen und Unbehagen aufgestaut: gegen Politiker, die anders reden als handeln, gegen eine Wirtschaft, die offenbar stetig wächst, ohne dass der Profit bei den Menschen ankommt, gegen Medien, die die wirklichen Probleme nicht beim Namen nennen – ja, gegen die real existierende

Demokratie als solche. Viele fühlten sich überfordert vom Tempo der gesellschaftlichen und politischen Entwicklung, mit dem sie nur noch mühevoll Schritt hielten, und umzingelt von Krisen, deren Einschläge stetig näher zu kommen schienen. Es war, mit anderen Worten, ein Gemisch aus diffusen Ängsten, das da durch Dresdens Prachtgassen stiefelte: Abstiegsangst, Angst vor Europa, Angst vor Arbeitslosigkeit, Angst vor Kriminalität, Veränderungsangst. Wohl auch deshalb nahm Pegida seinen Ursprung in Ostdeutschland. Dort hatte es 1990 nicht nur eine große, alles auf den Kopf stellende Wende gegeben, seither wendeten sich für viele Ostdeutsche Teilaspekte ihres Lebens immer weiter. Viele waren und sind dieser schnelllebigen Welt überdrüssig und fühlen sich ihr allein und schutzlos ausgeliefert. Im Zweifel, diese Lektion hatten sie längst gelernt, mussten sie sich selber helfen. Nur: Wen sollten sie für diese scheinbar zwangsläufige Entwicklung verantwortlich machen? Wo war der Adressat des Unmuts? Er fand sich, wohl nicht ganz zufällig, im Bild vom bedrohlichen Muslim.

»Wenn es innerhalb einer Gemeinschaft an Bindungen, Zusammenhalt oder einem sinnstiftenden moralischen Konsens fehlt, kann die Konstruktion einer *outgroup* Abhilfe schaffen«, schreibt der Hirnforscher Joachim Bauer in seinem Buch »Schmerzgrenze«. »Wo ein starkes, möglichst bedrohlich wirkendes Feindbild an die Wand projiziert wird, dort kann der gemeinsame Hass auf das ausgegrenzte *Böse* ein Gefühl gegenseitiger Verbundenheit herstellen, welches man ansonsten schmerzlich vermisst hätte.«[7]

Um ein solches Feindbild möglichst realistisch skizzieren zu können, ist es geradezu zwingend, dass ein Realitätsabgleich kaum möglich ist. Die Frage, warum sich eine kollektive Islamisierungsangst also gerade in Sachsen Bahn brach, *obwohl* dort fast keine Muslime leben, muss also so beantwortet werden: Gerade *weil* in Sachsen kaum Muslime leben, dienten sie als idealer Popanz, an dem sich eine angstbeladene Bevölkerung leidenschaftlich abarbeiten konnte. Und weil von da an fast alle gesellschaftlichen Gruppen nur noch reflexhaft auf Pegida und aufeinander reagierten und weil allenthalben erneut die Marktschreier der Angst auf den Plan traten, sickerte das Gift, das in Dresden freigesetzt worden war, nach und nach in immer mehr Köpfe. Mit unabsehbaren Folgen für das, was sich einst ein liberales und aufgeklärtes Gemeinwesen nannte.

DIE SPRACHLOSE MASSE

Heute ist fast vergessen, dass Pegida zu Anfang noch nicht die menschenverachtende und in Teilen völkisch-nationalistische Bewegung war, als die sie sich später entpuppen sollte. Im Dezember 2014 jedenfalls veröffentlichten die Verantwortlichen ein Positionspapier, dessen einzelne Forderungen so auch von etablierten Parteien hätten formuliert sein können. Die Aufnahme von Kriegsvertriebenen und politisch oder religiös Verfolgten sei eine Menschenpflicht, hieß es darin. Statt in »menschenunwürdigen Heimen« sollten sie dezentral untergebracht werden. Im Grundgesetz solle nicht nur die Pflicht zur, sondern auch das Recht auf Integration festgeschrieben werden. Gegen Hassprediger »egal welcher Religion« und gegen Radikalismus seien die bestehenden Gesetze konsequent anzuwenden. Zudem sprachen sich die Autoren für die sexuelle Selbstbestimmung, gegen Waffenlieferungen für verfassungsfeindliche Organisationen und für mehr Bürgerentscheide aus. Allesamt Punkte, die zwar ein obrigkeitsstaatliches und mitunter zynisches Politik- und Menschenrechtsverständnis offenbarten, über die jedoch zu reden gewesen wäre.

Aber im Herbst 2014 redete man nicht mehr mit-, sondern allenfalls noch übereinander. In ihrem Grundmisstrauen gegen »das« System blieben die Pegida-Aktivisten zumeist stumm. Und die allmontäglich von ihnen verhöhnte Politik begab sich von Anfang an in den Schmollwinkel, stürzte sich auf rassistische Pegida-Parolen und übersah wohlweislich nicht nur, dass sich dahinter ein grundsätzlicher Überdruss an den Verhältnissen verbarg, sondern auch, dass diesen Überdruss weit mehr Menschen teilten als nur diejenigen, die in Dresden und andernorts marschierten. Bereits wenige Wochen nach Aufflammen der Pegida-Proteste hatte eine TNS-Emnid-Umfrage ergeben, dass 53 Prozent der Ostdeutschen und 48 Prozent der Westdeutschen Verständnis für diese Art der Abstimmung mit den Füßen aufbrachten. Man hätte fragen können, ja müssen, warum.

Das politische Spitzenpersonal der Republik aber machte es sich einfacher. Von »Chaoten« sprach Bundespräsident Joachim Gauck, denen man keine weitere Beachtung schenken müsse. Der Parteichef der Grünen, Cem Özdemir, nannte die Demonstranten eine »Mischpoke«, mit ihnen zu reden erübrige sich. SPD-Justizminister Heiko Maas erkannte eine »Schande für Deutschland«. Diejenigen unter den Demonstranten, die man womöglich noch hätte erreichen können, verlor man damit endgültig. Die anderen fühlten sich geadelt. Und so nahm die stetige Radikalisierung von Pegida ihren Lauf.

Sie erreichte ihren Höhepunkt, als im Lauf des Jahres 2015 Hunderttausende Menschen nach Deutschland kamen und sich die Prophezeiung von der »Islamisierung des Abendlandes« damit selbst zu erfüllen schien. Dass es sich beim weit größten Teil der Hilfesuchenden um Menschen muslimischen Glaubens handelte, wirkte sich im Milieu der ohnehin Verunsicherten wie ein Durchlauferhitzer für all die Ängste aus, die in den Jahren zuvor bewusst oder unbewusst geschürt worden waren. Während ein Teil der Bundesbürger die Neuankömmlinge selbstlos und mit gewaltigem Engagement willkommen hieß, rüstete sich der andere Teil allen Ernstes für den bevorstehenden Bürgerkrieg.

Als Sprachwissenschaftler schließlich die Facebookseiten von Pegida auswerteten, stellten sie fest, dass von der anfänglichen Differenzierung nichts übrig geblieben war. In den sogenannten sozialen Netzwerken verwendeten die Pegida-Anhänger Begriffe wie »Flüchtling«, »Migrant« und »Muslim« nur mehr als Synonyme. Die Zuwanderer würden in aller Regel gar nicht verfolgt, sie seien faul und primitiv und fast ausschließlich Gewalttäter, Vergewaltiger, Betrüger, wenn nicht gar Terroristen. »Von Vernichtungsphantasien ist man da nicht mehr weit entfernt«, sagt der Linguist Anatol Stefanowitsch.[8] Zum Zeitpunkt der Untersuchung hatten die Pegida-Seiten rund 200 000 Follower – zum Vergleich: Die CDU brachte es auf 100 000, die SPD auf 90 000 Facebook-Jünger.

Pegida, sagt der Philosoph Byung-Chul Han, sei »das Zerrbild einer Gesellschaft, in der die Politik versagt hat«. Ganz offensichtlich sei in Deutschland wieder die »Logik des Sündenbocks« am Werk: »Früher waren es die Juden, nun sind es die Muslime.«[9]

Und so wechselte die Angst den Aggregatzustand – und ging geradewegs über in Hass.

3. Brennender Hass – warum Furcht vor dem Islam in Gewalt umschlägt

Am 9. Februar 2015 geht in einer Sackgasse in Escheburg ein Holzhaus in Flammen auf. Wie die Ermittlungen der Polizei ergeben, haben Unbekannte in dem leerstehenden Gebäude einen Kanister mit Pinselreiniger verschüttet und ein brennendes Streichholz hinterhergeworfen. In dem Haus, das zur Wohnsiedlung Am Golfplatz gehört, sollten sechs Asylbewerber aus dem Irak einquartiert werden.

Zehn Tage später nimmt die Polizei den Täter fest, er wohnt gleich gegenüber: Kim M., 39 Jahre alt, Finanzbeamter in Hamburg, nicht vorbestraft und nach allem, was man weiß, ohne extremistische Gesinnung. Kim M. ist geständig. Bereits wenige Monate später wird ihm vor dem Landgericht Lübeck der Prozess gemacht. Dort bestreitet Kim M. allerdings kategorisch, dass seine Tat irgendetwas mit Fremdenfeindlichkeit zu tun haben könnte. »Ich hatte Angst, dass mir etwas genommen wird von dem Schutz, der dort herrscht«, sagt der Angeklagte. Auch wenn es furchtbar klinge, »ich dachte, ich tue etwas Gutes« – schließlich hätten viele in der Nachbarschaft seine Furcht vor den Fremden geteilt. Die Richterin hakt nach: Wovor genau er denn Angst gehabt habe? Davor, dass seine Idylle zerstört werde, antwortet M.: »Wer erklärt denen, wann der Müll rausgebracht werden muss, wenn die kein Deutsch verstehen?« Die Richterin, nun ungehaltener: »Ist Ihnen mal der Gedanke gekommen, dass das vielleicht gebildete, politisch verfolgte Männer sind, Ärzte und Studenten?« M. bezweifelt das: »Aber die schiere Masse, die hat ja eher die Tendenz nach unten.«

Kim M., auch das wird in diesem erinnerungswürdigen Prozess deutlich, hat nach seiner Tat nach wie vor viele Freunde unter den Eigenheimbesitzern von Escheburg. Da ist zum Beispiel die Krankenschwester, die als Zeugin vernommen wird und sagt: »In das Asylantenheim müsste man einen Schlauch legen und den Hahn aufdrehen.« Oder die Unternehmensberaterin, die unumwunden einräumt: »Ich will kein Männerwohnheim in meiner Spielstraße. Punkt.« An der ganzen Angelegenheit, so die Frau, rege sie vor allem eines auf: »Diese Hetze, nur weil Kim ein bisschen Laminat angekokelt hat.«[10] Nach dieser Lesart, sie wird von vielen Bürgern geteilt, ist Kim M. kein Brandstifter, sondern ein Held. Am Ende wird ihn das Landgericht zu 24 Monaten auf Bewährung verurteilen. Es ist ein vergleichsweise mildes Urteil. Kim M. findet das nicht. Er geht in Revision. Er möchte fair behandelt werden.

VON DER NOT ZUR NOTWEHR

Dem Brandanschlag von Escheburg werden bis zum Frühjahr 2016 weit über 100 weitere folgen. Das heißt, rund zwei Mal pro Woche brennt in Deutschland ein Haus, weil dort Asylbewerber einziehen sollen oder bereits darin leben. Ein Jahr zuvor waren ganze sechs solcher Anschläge gezählt worden. Das Bundeskriminalamt registriert 2015 insgesamt mehr als 1000 Straftaten gegen Asylunterkünfte. Und das Erstaunliche ist: Von den Tätern, die gefasst werden, sind die wenigsten polizeibekannte Rechtsextremisten. Die meisten sind, wie Kim M., ganz normale Männer – es sind fast immer Männer –, die sich verpflichtet fühlen, sich, ihre Familie, ihr Land vor den »Invasoren« aus der Fremde zu schützen. Die meisten von ihnen, heißt es in einer BKA-Lageanalyse, benötigten nicht einmal mehr Alkohol, um sich zu enthemmen. Sie sind es bereits.

Im Laufe dieses Jahres kommt etwas ins Rutschen in Deutschland. Mit jedem Tag, an dem die Zahl der Hilfesuchenden steigt, gerät das Land mehr in Aufruhr. In Oedingen, Barleben, Schwanewede, in Gerstungen, Kremmen und zahllosen weiteren Orten, die weit weg sind von den tatsächlichen städtischen Kriminalitätszentren, bilden sich »Nachbarschaftswachen« und »Bürgerstreifen«. Unbescholtene und verunsicherte Menschen rotten sich zusammen, um nachts gemeinsam zu patrouillieren und allen Nichteinheimischen, bisweilen mit Gewalt, auf den Zahn zu fühlen.

Im Netz gründen sich unzählige Interessengruppen, deren einziges Interesse darin besteht, ihren Hass auf die »Vaterlandsverräter« zu teilen, die dem »Asylgesindel« den roten Teppich ausrollen. Brave Bürger rufen zur Notwehr oder am besten gleich zu den Waffen, um »dem Unrechtssystem ins Gesicht zu spucken« und die Volksvertreter und ihre medialen Handlanger Mores zu lehren. 75 Angriffe auf Politiker verzeichnet die Polizei allein 2015, darunter einen Mordanschlag in Köln, der Heimstatt der deutschen Islamophobie. Das Attentat gilt Mitte Oktober der späteren Kölner Oberbürgermeisterin Henriette Reker, die sich, so sehen es viele, schuldig gemacht hat, weil sie eine bessere Integration von Geflohenen anmahnte. Kurz nach der Tat schreiben Kommentatoren im Netz, um die »Schlampe« sei es nicht schade: »Diese Frau hat bisher Krieg gegen das eigene Land, dessen Kultur und Sprache geführt, indem sie Massenüberflutung massiv durch ihre Arbeit vorangetrieben hat.« Im selben Monat feiert Pegida Einjähriges und bringt wieder Zigtausende Menschen auf die Straße – nur haben sie diesmal einen Galgen für Bundeskanzlerin Angela Merkel dabei.

Von »Pogromstimmung« sprechen selbst erfahrene Polizei-führer in diesem deutschen Herbst. »Bis in bürgerliche Kreise hinein werden plötzlich Ansichten geteilt, die früher Skinheads vorbehalten waren«, schreibt *Der Spiegel*. »Unfassbaren Fu-ror« attestiert die Konfliktforscherin Beate Küpper von der Hochschule Niederrhein ihren Mitmenschen: »Lange sicher geglaubte gesellschaftliche Normen kommen ins Wanken.«[11]

Und als viele glauben, der Hass habe seinen Zenit erreicht, kommt es zu einer denkwürdigen Silvesternacht. Wieder steht Köln dabei im Mittelpunkt.

DIE LIZENZ ZUR ENTHEMMUNG

Was in jener Nacht auf den 1. Januar 2016 in Köln geschah, ist bis heute ein Rätsel. Weitgehend unstrittig ist lediglich, dass auf der überfüllten Domplatte wie jedes Jahr Zehntau-sende Menschen mit Alkohol und Böllern das neue Jahr be-grüßen wollten, dass dort – begünstigt durch eine weitgehend tatenlose Staatsgewalt – zahlreiche Frauen massiv sexuell belästigt wurden und dass sich unter den Tätern etliche junge Männer befanden, die offenbar aus Marokko, Tunesien und Algerien stammten. Ob es sich dabei jedoch tatsächlich um einen 1000-köpfigen, gezielt vorgehenden »Sex-Mob« (*Bild*) handelte, ob darunter unzählige neu Zugewanderte waren, ob unter den Tätern wirklich nur Nicht-Deutsche und unter den Opfern nur Deutsche waren, ob es »Massen-Vergewaltigun-gen« gab, wie viele der mehr als 1000 Frauen, die zum Teil noch Wochen später Anzeige erstatteten, triftige Gründe dafür hatten und welche Rolle die anscheinend heillos überforderte Kölner Polizei bei all dem spielte, wird sich nie rekonstruieren lassen.

Das macht aber nichts. Für zahllose Menschen spielte und

spielt es keine Rolle. Sie hatten von Anfang an keinerlei Zweifel daran, wer für das Geschehene die Verantwortung trägt: »der« arabische Mann und diejenigen, die ihn ins Land gelassen haben. Im Schatten des Doms, so schien es, hatte nun endgültig der Untergang des Abendlandes begonnen.

Die Wochen, die auf »Köln« folgten, tragen alle Züge einer Massenhysterie. Kaum jemand machte sich die Mühe, vor einem Urteil den Klärungs- oder gar Aufklärungsprozess abzuwarten, nicht einmal Bundesjustizminister Heiko Maas (SPD), der – ohne jeden Beleg – eine »neue Dimension organisierter Kriminalität« auszumachen meinte. Ja, mehr noch: Köln habe, so Maas, an Silvester einen »Zivilisationsbruch« erlebt, ein Wort, das bis dato für den beispiellosen Völkermord der Nationalsozialisten im Zweiten Weltkrieg reserviert war. Das war die Tonlage zu Beginn dieses neuen Jahres, sie war kaum mehr zu steigern, auch wenn sich viele größte Mühe gaben. Auch von Anfang an war klar: Köln und die hierher Geflohenen, das gehört untrennbar zusammen – von den »Sextätern« am Dom führte eine gerade Linie ins nordafrikanische Herz der Finsternis und von dort zu den Terrornestern in Nahost.

Tatsächlich fielen etwa Alice Schwarzer sogleich die Worte »Krieg« und »Terror« ein, um das Geschehene zu beschreiben, junge Araber hätten sich aufgeführt wie zu Hause und in Köln eine »Gang-Bang-Party« veranstaltet. In Leipzig rief Pegida-Frau Tatjana Festerling vor einer jubelnden Masse, drüben im Westen habe eine »paramilitärische Terrorgruppe« einen Anschlag auf »blonde, weiße Frauen« verübt. Die Domplatte sei zur »Schlachtplatte« geworden, auf der »afroarabische Sexterroristen« ungehindert hätten wüten dürfen. Im Internet waren sich Zigtausende einig: Wenn man die Masseneinwanderung nun nicht endgültig stoppe, werde der Moslem den Dschihad, wahlweise auch den »Sex-Dschihad«, durchs ganze Land tragen. Mancherorts in Nordrhein-Westfalen waren kurz darauf Tierabwehrsprays ausverkauft.

Tag für Tag wurde so das, was an Silvester in Köln – und anscheinend nicht nur dort – vorgefallen war, monströser. Was auch daran lag, dass es gezielt monströser gemacht wurde. Schnell kursierte ein Video in den »sozialen« Netzwerken, das die erschütternden sexuellen Übergriffe auf Kölner Frauen zu beweisen schien. Der Film allerdings war bereits mehrere Jahre alt und stammte vom Kairoer Tahrir-Platz. Eine knappe Woche nach Silvester wurde dann der »Einsatzerfahrungsbericht« eines Bundespolizisten gezielt an mehrere Medien gespielt. Er beschrieb bürgerkriegsartige Zustände. Polizisten seien von Ausländern mit Flaschen beworfen und mit Raketen beschossen worden, Asylbewerber hätten vor den Augen von Beamten ihre Aufenthaltsgenehmigung zerrissen und gehöhnt, sie könnten sich jederzeit eine neue besorgen. Seltsam nur: Offenbar war trotz des Beschusses in der Nacht kein einziger Polizist verletzt worden. Und bei Aufenthaltsgenehmigungen handelt es sich um Plastikkärtchen. Kann man sie einfach zerreißen?

850 000 ANTISEMITEN?

Nach Köln war die Wahrheit endgültig nur noch ein Glaube unter vielen. Zahllose verängstigte Menschen hatten *gewusst*, dass es irgendwann so kommen würde. Und jetzt war es so gekommen. Es schien fast, als hätten sie auf nichts anderes gewartet. Für das rassistische Klischee vom triebgesteuerten Fremden, der »unseren« Frauen und Kindern nachstellt, war nun endlich der Beweis geliefert worden. Da half es nichts, dass Frauen im ganzen Land vor allzu dumpfem Schwarz-weißdenken warnten und unter dem Hashtag »ausnahmslos« forderten, sexuelle Gewalt bitte schön generell zu ächten und nicht nur, wenn die Opfer weiß und »die Täter die vermeintlich *Anderen* sind«. Und es half auch kein Verweis auf die Statistik des Bundeskriminalamtes, wonach 2015 zwar mehr als 42 000 Sexualstraftaten angezeigt wurden, aber nur fünf Prozent der Tatverdächtigen Zuwanderer waren, der große Rest aber deutsche Männer, die ihre Opfer im Regelfall kannten – es handelt sich oft um ihre Ehefrau, bisweilen auch um ihre eigenen Kinder.

Niemand wollte das hören nach Köln. Stattdessen beschäftigten sich auch seriöse Medien wochenlang seitenweise mit dem arabischen Mann und seinem Frauenbild. Von einem »außer Rand und Band geratenen Islam« schrieb die FAZ. Und die *Neue Zürcher Zeitung* ließ den Soziologen Gunnar Heinsohn vom »aggressiven Jüngling« aus Nordafrika und Nahost schwadronieren, der gar nicht anders könne, als unseren Frauen nachzustellen. Ja, mehr noch als das. Weil, so Heinsohn, 85 Prozent aller Araber »von der Judenvernichtung« träumten, heiße das für Deutschland: »Wer eine Million zu sich holt und dann umverteilen will, möchte die Nachbarschaft mit 850 000 Antisemiten fluten.«[12] Beziehungsweise mit Antichristen. In großem Stil machten Muslime sogar in Asylbewerberunterkünften Jagd auf christliche Leidensgenossen, behauptete eine obskure Initiative namens »Open Doors« im Frühjahr 2016. Von Schlägen, sexueller Belästigung und Morddrohungen war die Rede, Zigtausende Christen lebten in den Heimen in einem »Klima der Angst und Panik«. Der Bericht stieß auf ein großes Echo. Nach Recherchen der *Frankfurter Allgemeinen Sonntagszeitung* jedoch war offenbar vieles davon frei erfunden. Von 231 belegbaren Fällen von »Christenverfolgung« berichtete diese Initiative, die zum Dunstkreis der deutschen Evangelikalen zählt. 152 davon hatte allerdings eine einzige christlich-fundamentalistische Gemeinde in Berlin zusammengetragen. Die Beweise blieb sie schuldig. Auch in Notunterkünften der Großkirchen würden Christen aufs Schlimmste drangsaliert, tönte Open Doors und versprach den Reportern der Zeitung, mindestens 500 Fallbeispiele liefern zu können. Am Ende war es nicht mal einer.[13] Die meisten anderen Medien und Politiker dagegen machten sich gar nicht erst die Mühe, das Schauermärchen von der »systematischen Verfolgung« der Christen zu hinterfragen. Es passte einfach zu gut in die Zeit.

Köln, schreibt der Kolumnist Georg Diez, sei für viele wie »ein kollektiver Startschuss« gewesen. »All das, was sich im vergangenen Jahr aufgebaut hatte, all die aufgestaute Xenophobie, all der gekränkte Nationalismus, all der autoritäre Staatsglaube, all der Egoismus der neoliberalen Wirklichkeitskonstrukteure brach los in einer einmaligen und von Hysterie und Hass besonders im Internet unheimlich beförderten medialen Hetzjagd, die das Gegenteil war von der Aufklärung, die uns einmal versprochen wurde«.[14]

Spätestens jetzt gerieten auch all jene, die in den Monaten zuvor gegen die Angst und gegen Vorurteile eine aufopferungsvolle Form der Willkommenskultur gesetzt hatten, unter Naivitäts- und Verleugnungsverdacht. Vor Köln hatten sich Mitmenschlichkeit und Abschottungstendenzen die Waage gehalten. Nach Köln geriet sie ins Kippen. Hatten sich die Bundesbürger in den Monaten zuvor stets in großer Zahl für Weltoffenheit und die verstärkte Integration der Neuankömmlinge ausgesprochen, forderte eine Mehrheit nun in Umfragen: Grenzen dicht![15]

»Aus einem zuversichtlichen Land«, wunderte sich *Die Zeit*, »ist fast über Nacht wieder eine verunsicherte Nation geworden.«[16]

Besonnenheit, Differenzierung, die Suche nach Gründen oder wenigstens Fakten – mit all dem hielt sich zu Beginn des Jahres 2016 plötzlich niemand mehr auf. Es war eine Zeit der Vereinfacher. Eine Zeit der Angst. Und die nächste hohe Zeit der Angstmacher.

In der etablierten Parteienlandschaft tat sich wieder einmal vor allem die Christlich-Soziale Union als Liebhaberin politischer Holzschnittkunst hervor. Deren Chef Horst Seehofer hatte bereits in den Monaten zuvor mit aller Macht gegen das »Wir schaffen das« von Kanzlerin Merkel in der sogenannten Flüchtlingskrise polemisiert. Köln kam ihm gerade recht. Ungetrübt von der Faktenlage polterte Seehofer bereits wenige Tage nach Silvester: »Man muss der Tatsache ins Auge sehen, dass die Unübersichtlichkeit der Flüchtlingsströme für kriminelle Zwecke genutzt wird.« Deutschland müsse sich vor den Hilfesuchenden aus aller Welt endlich abschotten, andernfalls werde die CSU gegen die Bundesregierung klagen – eine Bundesregierung wohlgemerkt, in der seine eigene Partei mit am Ruder saß. Der zweite starke Mann Bayerns, CSU-Kronprinz Markus Söder, machte es sich unterdessen noch etwas einfacher und dachte öffentlich über die Abschaffung des Grundrechts auf Asyl nach.

Fast schon maßvoll reagierten im Vergleich die beiden anderen Regierungsparteien CDU und SPD. Sie nahmen Köln lediglich zum Anlass, das in den Jahren zuvor vielfach ausgehöhlte und verschärfte Asylrecht weiter zu verschärfen. In einem Akt politischer Willkür stellten sie die Weichen dafür, Marokko, Tunesien und Algerien kurzerhand zu »sicheren« Herkunftsländern zu erklären, einige ihrer Innenpolitiker dachten sogar laut darüber nach, auch Afghanistan auf diese Liste zu setzen, da dort schließlich »nicht überall« Krieg herrsche. Strafrechtlich machte die Bundesregierung es unter anderem möglich, dass straffällig gewordene Asylbewerber künftig leichter außer Landes geschafft werden können – und das selbst dann, wenn ihre Strafe lediglich zur Bewährung ausgesetzt wurde. Der besondere Schutz für Jugendliche und Heranwachsende sollte ebenfalls wegfallen. Dass der Beschluss der »Genfer Flüchtlingskonvention« widerspricht*, schreckte die schwarz-rote Koalition nicht. In den aufgeheizten Wochen nach Köln schien ihnen das Risiko einer Verfassungsklage ganz offensichtlich geringer als das, nichts zu tun. Der Bürger verlangte angeblich nach Härte. Nun bekam er sie.

Das freilich hinderte die organisierten Deutschtümler, Rassisten und Islamfeinde nicht daran, stetig neues Öl ins Feuer zu gießen. Rechtsextremisten rotteten sich zu »Notwehr«-Gemeinschaften zusammen, um zur Jagd auf Ausländer zu blasen. In Köln wurden mehrfach fremdländisch aussehende Menschen durch die Straßen gehetzt und krankenhausreif geprügelt. In Dresden erwischte es zwei israelische Studenten, die Täter hatten sie für Araber gehalten. Ein von Neonazis genussvoll veröffentlichtes Bild verbreitete sich rasend schnell im Netz. Es zeigte das Gesicht eines übel misshandelten blonden Kindes, die Bildlegende lautete: »12-Jähriger brutal verprügelt von Araber wegen blauen Augen.« Dass das Bild schon 2008 auf englischsprachigen Websites aufgetaucht war und dort ein vierjähriges Mädchen zeigte, das von einem Rottweiler angefallen worden war, ging in der allgemeinen Erregung unter.

Die besorgten Bürger von Pegida radikalisierten sich noch einmal, druckten »Rapefugees not welcome!«-T-Shirts und ergingen sich kollektiv in Kastrations-, Mord- und Bürger-

---

* Laut der Konvention darf nur ausgewiesen werden, wer als »Gefahr für die Sicherheit des Landes anzusehen ist, in dem er sich befindet, oder der eine Gefahr für die Allgemeinheit dieses Staates bedeutet«. Bei einer Bewährungsstrafe gehen Richter davon aus, dass gerade diese Gefahr nicht besteht.[17]

kriegsphantasien. In Leipzig rief Scharfmacherin Festerling: »Wenn die Mehrheit der Bürger noch klar bei Verstand wäre, dann würden sie zu Mistgabeln greifen und diese volksverratenden, volksverhetzenden Eliten aus den Parlamenten, aus den Gerichten, aus den Kirchen und aus den Pressehäusern prügeln.« Ähnliche Aufrufe verbreiteten auch all die anderen Marktschreier der Angst, gleich ob »Politically Incorrect«, »Compact« und die Verschwörungsgemeinde des Kopp-Verlages. Die Angehörigen der »Querfront«, von der die Otto Brenner Stiftung gesprochen hatte, sahen nun endlich die Chance gekommen, das verweichlichte, verschwulte Gutmenschentum in die Schranken zu weisen. Sie betrachteten Köln als Lizenz zur totalen Enthemmung.

In den ersten Monaten des Jahres 2016 nahm die Zahl der Anschläge auf Asylunterkünfte konsequenterweise noch einmal zu. Als im sächsischen Bautzen ein als Notunterkunft gedachtes Hotel in Flammen aufging, behinderte eine johlende, vereinzelt »Kanaken« brüllende Menschenmenge die Löscharbeiten der Feuerwehr. Im sächsischen Clausnitz umlagerten entfesselte Bürger einen Bus mit Geflüchteten und grölten »Haut ab!«, während die Neuankömmlinge zum Teil brutal von Polizisten aus dem Bus gezerrt wurden. Und auch im sächsischen Einsiedel flogen schließlich Molotow-Cocktails auf die monatelang belagerte Flüchtlingsunterkunft. Fast täglich sank die Hemmschwelle zu roher Gewalt, was selbst sächsische Spitzenpolitiker, die dem Treiben in ihrem Land über Monate sprach- und tatenlos zugesehen hatten, zu lautstarker Klage über wachsenden Rechtsextremismus veranlasste.

Das Wort vom »Terror« dagegen, das in den Jahren und Monaten zuvor – zumal nach der Silvesternacht von Köln – so vielen so schrecklich leicht von den Lippen gegangen war, nahm niemand in den Mund. Warum eigentlich nicht? Nach der UN-Resolution 1566 gilt jede Tat als Terror, die mit »Tötungs- oder schwerer Körperverletzungsabsicht« begangen wird und die dem Zweck dient, »einen Zustand des Schreckens hervorzurufen, eine Bevölkerung einzuschüchtern oder etwa eine Regierung zu nötigen«. Waren nicht all diese Kriterien längst erfüllt? Mag sein. Nun aber zogen es die sonst so beredten Angstmacher vor zu schweigen.

DER AUFSTIEG DER ANGSTPARTEI

Auf der Wutwelle, die solchermaßen durchs Land schwappte, ließ sich eine politische Kraft in aller Unruhe zum Erfolg tragen. Als am 13. März 2015 in drei Bundesländern gewählt wurde, schaffte es die »Alternative für Deutschland« (AfD) fast aus dem Stand, sich gleichermaßen in Ost wie West zu etablieren. In Baden-Württemberg und Rheinland-Pfalz wurde sie quasi aus dem Stand drittstärkste, in Sachsen-Anhalt sogar zweistärkste Partei. Wähler aller anderen Parteien waren in Scharen zu ihr übergelaufen, vor allem aber hatte es die AfD verstanden, die Desillusionierten und Wahlmüden zu wecken. Was keiner Partei in den Jahren zuvor gelungen war, schaffte die AfD scheinbar spielend: Sie hatte die Nichtwähler zurück an die Wahlurnen gelockt.

Für ihren Sprung nach oben hatte die einst von einem Klub biederer Euro-Kritiker gegründete Partei gerade einmal drei Jahre benötigt. Wie eine russische Matrjoschka-Puppe hatte sie sich in dieser kurzen Zeit mehrfach gehäutet – nur war sie dabei nicht kleiner, sondern immer größer geworden. Und während sie zu Beginn noch das nichtssagende Gesicht eines Bernd Lucke trug, kam nach und nach der blanke Schrecken zum Vorschein. Aus den beiden großen Angstkrisen des neuen Jahrtausends hatte sich die AfD in Windeseile ein offenbar tragfähiges Fundament betoniert: Der Finanzmarktkollaps hatte der Partei ein warmes Nest beschert – die Omnipräsenz der islamistischen Bedrohung sie endgültig beflügelt. Wie hatte Parteichefin Frauke Petry bereits im November 2015 gesagt? »Wir brauchen die Ängstlichen, um Mehrheiten zu bewegen.« Danach lief für die AfD auf wundersame Weise alles wie von selbst.

Um die Furcht, die sich in der sogenannten Flüchtlingskrise wie ein Bleimantel ums Land legte, präsent zu halten, hatten Parteigänger gerne auch selbst ein bisschen nachgeholfen. So machte etwa wenige Wochen vor den Landtagswahlen eine Meldung die Runde, wonach im Streichelzoo von Lostau in Sachsen-Anhalt sämtliche Ziegen verschwunden waren; Geflüchtete hatten sie angeblich geklaut, geschlachtet und am Lagerfeuer verzehrt. Nur: Den Streichelzoo gab es seit Jahren nicht mehr. Der Spiegel verfolgte das Gerücht zurück bis zur Facebookseite eines AfD-Sprechers in Wuppertal.[18]

In dem Maße, in dem die Angst in Hass umschlug, radikalisierten sich auch die Anführer der AfD – und verwendeten dabei immer gezielter ein Vokabular aus scheinbar längst vergangenen Zeiten. »Dieses Volk hat Angst«, tönte etwa Thüringens AfD-Landeschef Björn Höcke auf den Marktplätzen und Podien der Republik. Der »afrikanische Ausbreitungstyp« bedrohe die gesamte Kulturnation. Deutschland dürfe nicht nur eine große Vergangenheit, es müsse auch eine »tausendjährige Zukunft« haben, zur Not müsse sie in einem »Bürgerkrieg« erkämpft werden. Parteichefin Petry wiederum rief wenige Wochen vor den Landtagswahlen im März die deutschen Sicherheitskräfte zu den Waffen. Um Flüchtende am Grenzübertritt zu hindern, müsse die Bundespolizei »notfalls von der Schusswaffe Gebrauch machen«.

Zwar stießen diese Worte auch in Teilen der AfD auf Empörung. Aber sie waren womöglich mit Bedacht gewählt. Und sie klangen vermutlich nicht zufällig wie eine Blaupause dessen, was Philosophen wie Martin Heidegger rund 80 Jahre zuvor mit nationalistisch-revolutionärem Impetus gedichtet hatten. Für Heidegger war Deutschland 1935 das »gefährdetste Volk« auf Erden, seine Kultur im Klammergriff »großer Zangen« und eine »Erweckung« des deutschen Geistes dringend vonnöten. Nur dass die Bedrohung damals jüdisch-bolschewistischer Natur war.[19]

Heute sehen Denker wie Marc Jongen, der Heidegger ausdrücklich zu seinen Leitfiguren zählt, die deutsche Kultur, die deutsche Sprache, die deutsche Familie erneut in »existenzieller Großgefahr«. Und nur, wenn das entmündigte Volk in einer Art Wutrausch seine Fesseln sprenge, sei es noch zu retten. Jongen, Karlsruher Philosophiedozent, AfD-Spitzenpolitiker in Baden-Württemberg und langjähriger Assistent von Peter Sloterdijk, ist eine Art programmatischer Kopf der »Alternative für Deutschland«. Wer seinen Theorien folgt, versteht, dass dem scheinbar irrationalen Angstgefasel von Petry, Höcke und Co. ein durchaus rationales Kalkül zugrunde liegt. Und damit man seinen Theorien folgen kann, macht es der »Parteiphilosoph« (FAZ) gerne mal nicht allzu kompliziert.

Für Jongen, der sich zur »konservativen Avantgarde« zählt, ist die »strukturelle Korruption der Politik« erwiesene Sache, den Europäischen Rat nennt er »Politbüro der EU«, die tatsächliche Macht sieht er in den Händen einer ausbeuterischen »Spekulantenkaste«.[20] Da, mit anderen Worten, die Demokratie nur noch eine große Lüge sei, gelte es, erbitterten Widerstand zu leisten. Die Revolution, von der Jongen träumt, müsse diesmal von der bürgerlichen Mitte ausgehen, die aus seiner Sicht die Hauptleidtragende der bestehenden Verhältnisse sei.

Und um diese – für gewöhnlich träge – Mitte in die nötige Aufruhrstimmung zu versetzen, hält es der politisierende Philosoph für notwendig, das Volk wieder zur »Männlichkeit« zu erziehen und ihm eine gehörige Portion »Thymos« einzuimpfen. Das ist ein Begriff, der unter anderem Triebhaftigkeit oder Lebenskraft bedeuten kann, den Jongen aber vorzugsweise mit Zorn und Empörung übersetzt. Deutschland leide an einer »thymotischen Unterversorgung«, das mache seine Bürger wehrlos »gegenüber robusteren Naturen« – gemeint sind vor allem muslimische Einwanderer. Den Islamismus nennt Jongen fast schon bewundernd eine »hochgepushte thymotische Bewegung«[21].

Einfacher ausgedrückt: Weil der triebgesteuerte, aggressive Moslem das Land zu überrennen droht, muss der zahme Deutsche endlich beginnen, sich ebenfalls triebhaft und aggressiv zu wehren. Er muss also denen ähnlich werden, die er bekämpft. Und seine Angst in Zorn verwandeln. Bis zum Frühjahr 2016 war dieses Kalkül aufs Trefflichste aufgegangen.* Es ist wichtig zu verstehen, dass hinter der vermeintlich blinden Wut, die »besorgte« Bürger zu Brandstiftern macht, das rationale Kalkül von Menschen wie Marc Jongen und anderen Aufwieglern wie »Compact«-Chef Jürgen Elsässer, »Querdenker« Michael Vogt oder dem neu-rechten Vordenker Götz Kubitschek steckt. Und dass Teile der AfD gezielt Verhältnisse herbeiführen, vor denen sie so beredt zu warnen verstehen.

Fast zynisch wirkte angesichts dessen die Behauptung von AfD-Chefin Frauke Petry: »Wir wollen eine Partei des sozialen Friedens sein.«

Ebenjener soziale Frieden ist porös geworden in Deutschland. Nach den Wahlerfolgen der AfD scheinen plötzlich wie-

---

* Dass die Angst vor Geflüchteten in keiner Partei größer ist als in der AfD, belegte im Februar 2016 eine Umfrage von Infratest dimap im Auftrag des NDR. Demnach gaben 88 Prozent der AfD-Sympathisanten an, diese Angst zu teilen. Dagegen erklärten 57 Prozent der CDU-Anhänger, 58 Prozent der SPD-Anhänger, 68 Prozent der Linken-Anhänger und 79 Prozent der Grünen-Anhänger, der starke Zuzug von Hilfesuchenden mache ihnen keine Angst.[22]

der Verhältnisse möglich, die man ein für alle Mal überwunden zu haben glaubte. Vor einer »gefährlichen Eigendynamik« warnt der Historiker Paul Nolte. Auch wenn man die AfD mit keiner anderen Partei in der deutschen Geschichte vergleichen könne, sei es ratsam, sich an die zwanziger Jahre des letzten Jahrhunderts zu erinnern. Damals, so Nolte, »ist die NSDAP auch deshalb so gefährlich geworden, weil sie innerhalb ganz kurzer Zeit das Parteien- und Wahlsystem Deutschlands derart überrollt hat, dass an ihr kein Weg mehr vorbei führte.«[23] 1930 kam die Hitler-Partei aus dem Stand auf gut 18 Prozent bei den Reichstagswahlen, danach konnte keine politische Kraft mehr an ihr vorbei regieren. Der weitere Weg ist bekannt. Auch damals war die Angst wählbar geworden. Und damals wie heute gelang es ruchlosen Politikern, diese Angst auf eine ideale Projektionsfläche zu lenken.

Der scheinbar unaufhaltsame Aufstieg der AfD jedenfalls ging Hand in Hand mit der sogenannten Flüchtlingskrise. Zuvor hatten die Funktionäre und Mitglieder ihren »Thymos« so lange gegen sich selbst gerichtet, bis die Partei zu zerbrechen drohte. In der Figur des (muslimischen) Fremden, der das Abendland überflutet, ereilte sie die Rettung.

4. Der falsche Sündenbock – weshalb die Angst sich im Adressaten irrt

Nach dem Dreifach-Triumph der »Alternative für Deutschland« im Frühjahr 2016 wurde die etablierte Politik wieder von den üblichen Reflexen beherrscht. Trotz des beispiellosen Absturzes der SPD auf Wahlergebnisse knapp über zehn Prozent, trotz der sensationellen Tatsache, dass die beiden »Volks«-Parteien CDU und SPD in Ost und West nicht mal mehr gemeinsam stark genug waren, um eine Mehrheit in den Parlamenten zu stellen*, lautete die kleinmütige Botschaft der Bundesregierung: weiter so. Hier und da wurden Stimmen laut, die mahnten, es sei hohe Zeit, dem Populismus nicht das Feld zu überlassen und auf den Rechtsruck eine andere Antwort zu finden, als selbst nach rechts zu rücken. Sie blieben halblaut. Nur einer hatte anscheinend verstanden. »Wir haben verstanden«, sagte CSU-Chef Seehofer – »wir brauchen eine andere Politik.« Aber welche? Die Masse der Hilfesuchenden müsse endlich und dauerhaft ferngehalten werden von Deutschland, so Seehofer, andernfalls stelle sich schon bald die »Existenzfrage«. Kurzum: Wenn die Fremden erst mal weg seien, löse sich das Problem AfD wie von selbst und alles werde gut.

Ist das so? Die Montagsspaziergänge von Pegida, die Galgen für die Politik, die Prügel für die Presse, das Überhitzen

---

* In Baden-Württemberg kamen CDU und SPD im März 2013 zusammen auf 39,7 Prozent der Stimmen, in Sachsen-Anhalt auf 40,4 Prozent

der Gerüchteküche, die Verschwörungskonjunktur, die Hass-
orgien und Gewaltausbrüche, die massenhafte Abwendung
von »dem« System, der rasante Aufstieg einer Antiparteien-
partei: Das alles wirklich nur, weil sich die Zahl der nach
Deutschland geflüchteten Menschen binnen eines Jahres vervielfacht hatte? Waren sie wirklich die Ursache für die Schief-
lage, in die das wohlhabende und krisenfeste Land plötzlich
geraten war? Oder womöglich nur der Auslöser?

IN DER GERÜCHTEKÜCHE

Schauen wir uns die unzähligen Gerüchte, die im Zuge der erhitzen Debatte nahezu epidemische Formen annahmen, noch
einmal etwas genauer an. Zumal nach der Silvesternacht von
Köln prasselten sie mit Wucht auf die Bürger ein. Geflüchtete,
so geisterte es durch die sozialen Netzwerke, hatten in vielen
Fällen Kinder entführt und missbraucht; Geflüchtete hatten
massenhaft Frauen in Tiefgaragen, in Unterführungen, im
Wald vergewaltigt; Geflüchtete hatten diverse Hausmeister
von Asylunterkünften halbtot geprügelt. Und das »Schweinesystem« hielt alles unterm Deckel. Viele von denen, die man
Hilfesuchende heiße, seien zudem gar keine, Krieg und Ver-
treibung bloß erfunden, um ein Ticket ins Wirtschaftswunder-
land lösen zu können. Und dort lebten sie nun mit dreister
Anspruchshaltung wie Maden im Speck, weil es »die da oben«
so wollten. Geflüchtete dürften nicht angezeigt werden, wenn
sie im Supermarkt klauen, Geflüchtete erhielten 3000 Euro
Begrüßungsgeld und obendrein ein Gratis-Handy, Landrats-
ämter ließen für Geflüchtete ganze Mietshäuser räumen und
drohten deutschen Eigenheimbesitzern mit Zwangsvollstre-
ckung. All das, so hieß es, werde dem Volk von Politikern und
ihren medialen Cheerleadern verheimlicht. Genauso wie die

angebliche Tatsache, dass zahllose Terroristen, als Geflüchtete getarnt, ins Land gesickert seien.

Nichts von all dem entspricht der Wahrheit. Und dennoch sind all diese Meldungen »Wahrheiten«, an die eine immer größere Zahl von Menschen offenbar glauben will. Warum?

Ein Gerücht wird – wie eine Verschwörungstheorie – nur geglaubt, wenn es Anknüpfungspunkte in der Wirklichkeit hat. Und wie wir gesehen haben und wie sich aus all den Falschmeldungen einmal mehr herauslesen lässt, sieht die Wirklichkeit für viele Bundesbürger, insbesondere jene aus der Mittelschicht, derzeit so aus: Sie bangen. Um sich, um ihre Kinder, um ihr Heim. Sie haben Angst, im sich stetig verschärfenden Wettbewerb nicht mehr mithalten zu können, überrollt zu werden vom Tempo des Fortschritts. Sie wissen nicht, ob sie ihren Arbeitsplatz schon bald an einen Computer verlieren werden. Wie die Zukunft aussieht, können sie sich immer schwerer vorstellen, sie ahnen jedoch, dass sie nicht zwangsläufig schöner sein wird als das Heute. Sie ängstigen sich vor Kriminellen und mehr noch vor Terroristen, weil diese höhnen: Ihr liebt das Leben, wir lieben den Tod. Und weil Politik und Medien auf allen Kanälen senden, dass nichts gefährlicher sei als der Terror. Sie sehen, dass Deutschlands Wohlstand womöglich teuer erkauft ist. Sie wollen keine Veränderung, weil sie schon viel zu viele erlebt haben und weil die nächste gewiss keine Verbesserung bedeutet. Sie fürchten zu verlieren, was sie haben.

Und dann gibt es noch jene, die diese Ängste gerne hätten, weil das hieße, dass da etwas ist, was sie verlieren könnten. Die hören und sehen, dass die Wirtschaft wächst und der Jobmotor brummt, dass das aber offenbar nur für jene Ort gilt, an denen sie gerade nicht sind. Die unter Sicherheit etwas grundlegend anderes verstehen als die dafür zuständigen Behörden: die Sicherheit, irgendwie über die Runden zu kommen. Sie wissen, dass sie abgehängt sind und dass sich die Rücklichter des

Zuges, auf den sie gerne aufspringen würden, immer schneller entfernen. Sie können der »Willkommenskultur«, für die sich die anderen Deutschen einige ungetrübte Wochen lang feiern konnten, nichts abgewinnen, weil sie sich schon lange nicht mehr im eigenen Land willkommen fühlen. Sie wünschen sich Veränderung. Wenn die aber darin besteht, dass sie um die wenigen Chancen, die sie haben, mit noch mehr Menschen konkurrieren müssen, dann reicht es. Dann stimmen sie gegen »die da oben« mit den Füßen ab und notfalls, wenn sich eine Alternative bietet, auch mal wieder bei Wahlen.

EIN VOLK ENTLÄDT SICH

Alles Rassisten? Alles überzeugte Rechte? Man darf es bezweifeln. Eher ein »Verbitterungsmilieu«, wie es der Soziologe Heinz Bude ausdrückt. Und diese Verbitterung ist das womöglich letzte verbindende Element zweier ansonsten immer weiter auseinanderdriftender Gruppen: der ängstlichen Mitte und der Abgehängten. Die Fremden, die plötzlich in immer größerer Zahl Zuflucht in Deutschland suchten, kamen beiden Gruppen gerade recht. Anders als »die« Politik, »die« Wirtschaft, »die« Medien schienen die vielen Syrer, Iraker, Afghanen, die da auf einmal vor der Tür standen, greif- und angreifbar. Und anders auch als die Repräsentanten der genannten Institutionen hatten die hilfesuchenden Neuankömmlinge einen unschätzbaren Vorteil: Sie rangieren in der sozialen Hierarchie sogar noch hinter den Bundesbürgern, die nichts zu verlieren haben. Mit PI, Pegida, AfD und all den anderen Rechtspopulisten und Islamfeinden standen zudem die Manipulateure der Angst in großer Zahl parat, um sie weiter zu befeuern. Und dass selbst aus der etablierten Politik, allen voran der CSU, regelmäßig dumpfe Parolen zu Masseneinwanderung und Terrorgefahr in die Debatte geworfen wurden, konnte nur allzu leicht als Ermutigung zur Ausgrenzung verstanden werden. All die diffusen Ängste, welche die Menschen in den vergangenen Jahren plagten, nahmen mit den Flüchtenden endlich konkrete Gestalt an. Im Fremden, im muslimischen Fremden fanden die Bürger den ersehnten Sündenbock.

»Wenn es die Fremden nicht schon gäbe, müsste man sie angesichts der Intensität unserer Ängste erfinden«, schreibt der Soziologe Zygmunt Bauman.[24] Fremde stünden »für die Unsicherheit, unter der wir alle zu leiden haben. In einer bizarren und perversen Weise wirkt ihre Anwesenheit sogar tröstlich und beruhigend: Unsere kaum benennbaren und diffusen Einzel-Ängste erhalten in ihnen ein greifbares Objekt, auf das sie sich konzentrieren können – man weiß, woher die Gefahr kommt, und muss das Schicksal nicht länger wehrlos hinnehmen. Endlich kann man etwas dagegen tun.«[25]

Ja, mehr noch als das. Indem sich verunsicherte Bürger in Dresden und anderswo zusammentun, um in gemeinsamen Spaziergängen gegen einen gemeinsamen Feind auszuschreiten, entdecken sie etwas wieder, was ansonsten in rapider Weise erodiert: Gemeinschaft. Die Masse, schrieb Elias Canetti schon 1960, »fürchtet den Zerfall. Sie kann nur bestehen bleiben, wenn der Prozess der Entladung fortgesetzt wird, an neuen Menschen, die zu ihr stoßen.«[26] Zwar handelt es sich bei diesem Zusammenrotten gegen eine vermeintlich bedrohliche fremde Masse nur um eine Simulation von Gemeinschaft. Aber offenbar um eine ungeheuer verführerische.

Wer über Jahre hinweg das Mantra der Leistungsgesellschaft verinnerlicht hat, dass jeder sich selbst am nächsten ist und Anstrengung automatisch zum Erfolg führt, und wer trotz aller Anstrengung nicht vorankommt, der erhofft sich womöglich durch die Abwertung des Fremden die Aufwertung des Selbst. »Vielleicht sind Pegida und die AfD auch deshalb erfolgreich, weil ihr Rechtspopulismus die Verheißung verspricht, dass die Abwertung anderer nicht nur legitim sei, sondern auch zur Durchsetzung der Besten führe, zu denen man selbst gerne gehören würde.«[27]

DIE ABSCHAFFUNG DER GRAUZONE

Dabei trifft der geballte Zorn gegen die Fremden in aller Regel nicht nur die Falschen. Er verstärkt sogar eine paradoxe – und beunruhigende – Entwicklung: Er kann aus der behaupteten eine tatsächliche Gefahr für die Gesellschaft machen. Dann nämlich, wenn die nach Deutschland geflüchteten Menschen auf die andauernde Ablehnung und den andauernden Hass ihrerseits in großer Zahl mit Ablehnung und Hass reagieren sollten. Beispiele dafür gibt es bereits. Vor einem Aufschaukelungseffekt warnt Ulrich Beck: Während die Mehrheitsgesellschaft die Neubürger ausgrenze, kapselten diese sich selbst in einer immer enger werdenden Parallelwelt ein. »Man stilisiert sich mehr und mehr genau so, wie das Vorurteil der Islamophoben die Muslime sieht: Immer mehr Kopftücher, immer mehr äußerliche Zeichen des Andersseins. Man grenzt sich selbst aus. Die mediale Globalisierung macht es Einwanderern durch das Internet und Satelliten-Fernsehen leichter, gar nicht erst dort anzukommen, wo sie wohnen und leben, sondern in der virtuellen Gegenwart ihrer Herkunftsländer zu bleiben.«[28]

Wozu das in letzter Konsequenz führen kann, wiesen Wissenschaftler der Bremer Jacobs University und der University of Maryland in einer psychologischen Untersuchung nach. Ziel war es, herauszufinden, worin für junge, im Westen aufgewachsene Muslime der Reiz des Dschihad liegt. Für die Studie mit dem Titel »Der Kampf um Zugehörigkeit: Die Marginalisierung von Immigranten und das Risiko einer hausgemachten Radikalisierung« befragten die Forscher überwiegend junge und gutgebildete Muslime in den USA, den Niederlanden und Deutschland. Die hiesigen Befragten gaben zwar zu 89 Prozent an, sie fühlten sich als Teil von Deutschland; gleichzeitig beklagten mehr als drei Viertel einen erheblichen Grad an Islamophobie. Und in dem Maße, in dem sich die jungen Muslime von der Mehrheitsgesellschaft abgelehnt fühlten, neigten sie selbst zu einem fundamentalistischen Schwarzweißdenken. Umgekehrt gilt: Je mehr die Migranten sich in Deutschland und von der deutschen Mehrheitsgesellschaft respektiert fühlten, desto weniger anfällig zeigten sie sich für eine Radikalisierung. Den Befragten mangele es nicht an Bildung oder formaler Integration, sondern an Anerkennung, folgert der Co-Leiter der Studie, Klaus Boehnke. »Dies wirft sie zurück auf Lebenssichten, die in der Herkunftskultur ihrer Eltern eigentlich gar nicht mehr favorisiert werden, etwa der Überzeugung, man müsse sich am Dschihad beteiligen.«[29] So entsteht ein Teufelskreis aus Hass und Gegenhass, der »kaum zu bremsen, geschweige denn aufzuhalten ist«[30].

Für die das System bekämpfenden Salafisten sind das gute Nachrichten. Sie ködern die Randständigen, indem sie ihnen verheißen, dazuzugehören und bedeutsam zu sein. Wenn die anderen euch nicht wollen, kommt zu uns, lautet die Botschaft. Die Salafisten sind für frustrierte und ängstliche Muslime, was Pegida und AfD für den frustrierten und ängstlichen Teil der Mehrheitsgesellschaft sind: Rattenfänger mit verführerisch einfachen Melodien. Und von der radikal-islamistischen Parallelwelt bis zur Gewalt ist es dann nur noch ein kurzer Weg. So wird die Polarisierung der Gesellschaft Schritt für Schritt zu einer selbsterfüllenden Prophezeiung. Mit Religion freilich hat das alles nur am Rande zu tun.

Terrorgruppen wie der »Islamische Staat« machen sich den aufgestauten Frust der Abgelehnten schon seit langem geschickt zunutze. Entgegen der landläufigen Auffassung enthält der größte Teil der vom IS verbreiteten Videos eben nicht Szenen von Exekutionen, Köpfungen und anderen Blutbädern. Vielmehr vermitteln die hochprofessionellen Filme ein weichgezeichnetes, romantisierendes Bild vom Leben im Dschihad. Sie zeigen lachende Männer in adretten Uniformen, die in einer Gruppe von Gleichen ihre Waffen reinigen und anschließend mit dem eigenen Auto zum Basar fahren, um dort Geschenke für die Kinder und Parfüm für die Frauen zu kaufen. Ein unbeschwertes Leben. Selbstbestimmt. Respektiert. Und gemeinschaftlich. Bei uns, so das Versprechen, könnt ihr euch frei entfalten. Tausende junge Muslime aus Europa sind dem Lockruf des IS bereits nach Syrien und Irak gefolgt. Und Hunderte im Krieg gestorben.

Westliche Gesellschaften, die Muslime selbstverständlich integrieren und ihnen mit Respekt begegnen, passen nicht ins Konzept der Terrorgruppe. Solche, die den Islam generell als Teufelswerk ablehnen, sehr wohl. »Grauzonen beseitigen« nennen das die Propagandisten des »Islamischen Staates«, die in ihrem Größenwahn den Endkampf zwischen einem islamischen Kalifat und den christlichen »Kreuzrittern« des Westens herbeisehnen. Und zur traurigen Ironie der jüngeren Vergangenheit gehört, dass der Westen bei der Abschaffung dieser Grauzonen allzu willig Hilfe leistet.

WIE MAN AUS TEILEN EIN GANZES MACHT

Hat die Politik also verstanden, wenn sie die kollektive zornige Entladung so vieler Menschen allein mit einer »fehlgeleiteten Flüchtlingspolitik« erklärt? Sollten wir ganz Deutschland zu einer *gated community* machen? Grenzen dicht – Problem gelöst? Im Frühjahr 2016 jedenfalls galten fast alle Anstrengungen der regierenden Parteien dem Versuch, die letzten verbliebenen Zuzugswege nach Deutschland und Europa zu verbarrikadieren. Koste es, was es wolle. Sie setzten dabei vor allem auf die Türkei, die unter ihrem autokratischen Präsidenten Erdogan zu diesem Zeitpunkt nahezu alle »westlichen Werte« mit Füßen trat.

Mag sein, dass es mit Hilfe solcher Freunde dauerhaft gelingt, den massenhaften Zuzug von Hilfesuchenden zu bremsen oder gar zu stoppen. Mag sein, dass den Fremden- und Islamfeinden um Pegida und die AfD damit ein Teil ihrer Operationsbasis entzogen wird. Mag sein, dass damit in der aufgescheuchten Republik wieder mehr Ruhe einkehrt.

Aber selbst wenn es so käme, wäre es eine trügerische Ruhe.

Die Angst wäre immer noch da.

Das eigentliche Problem ist nicht ein womöglich zu humaner Umgang mit Fremden, ja nicht einmal in erster Linie die Fremdenfeindlichkeit. Das eigentliche Problem ist die wachsende Unsicherheit in der Bevölkerung, die längst tief hineinragt in ehemals sorgenfreie Schichten. Fast die Hälfte der sogenannten bürgerlichen Mitte neigt inzwischen zu rechtspopulistischen Ansichten[31]. Und immer weniger von ihnen scheuen sich davor, sie lautstark zu äußern. Von denjenigen, denen sie einst vertrauten, erwarten sie sich nichts mehr. Immer offensichtlicher wird, dass sich die soziale Schere in Deutschland weiter öffnet, dass die Ungleichheit zunimmt und mit ihr das Gefühl vieler, nicht mehr dazuzugehören. Viele sind, müde vom Strampeln und den dauernden Veränderungen, an ihre Grenzen gestoßen. Und manche reagieren darauf mit der simplen Parole: Grenzen dicht! »Wenn aber die Diskrepanzen zwischen Arm und Reich immer größer werden und die Mittelschicht Angst bekommt, zwischen Reich und Arm zerrieben zu werden, wenn auch den einzelnen Menschen jederzeit Prekariat und sozialer Abstieg drohen, dann sucht sich diese mit Ohnmacht gepaarte Angst eben als Blitzableiter jene Menschen, an denen sie ohne Gefahr ihre Wut abreagieren kann.«[32]

Und es ist töricht anzunehmen, dass mit den Fremden auch die Wut verschwände. Es gibt da draußen noch viele andere geeignete Blitzableiter. Wenn schon nichts anderes Identität stiftet, dann wenigstens die Konstruktion eines Feindbildes. Und die Angstmacher und Vereinfacher finden sich nicht nur in der AfD, sie sind – siehe Donald Trump in den USA oder Marie Le Pen in Frankreich – gerade in vielen Musterländern der Demokratie auf dem Vormarsch und sammeln dort das Heer der Verunsicherten hinter sich. Schon lange nicht mehr schien im Westen die Sehnsucht nach einem autoritären (Ver-) Führer größer.

Im Zuge der sogenannten Flüchtlingskrise war viel von Integration die Rede. Gemeint waren die Geflüchteten, denen – sollten sie hier bleiben dürfen – stets eine weitestgehende Anpassung an die Gepflogenheiten der deutschen Mehrheitsgesellschaft abverlangt wird. Zweifellos eine wichtige Aufgabe, die ohne Vertrauen und Respekt nicht gelingen wird. Mindestens genauso dringend jedoch ist die Frage, »wie wir eigentlich jene integrieren wollen, die hier geboren, hier sozialisiert sind und doch am Rande der Gesellschaft stehen. Was ist mit den Arbeitslosen der zweiten und dritten Generation, die keinen Migrationshintergrund haben? Was ist mit den jungen Deutschen, deren Eltern als Gastarbeiter das deutsche Wirtschaftswunder möglich machten, die sich hier aber nicht zu Hause fühlen? Was ist mit der Masse der Pegida-Anhänger? Der deutsche Salafist, der deutsche Langzeitarbeitslose, der deutsche 08/15er aus Dresden – wie kriegt man die eigentlich dazu, wieder Teil dieser Gesellschaft zu werden?«[33]

Ein Anfang wäre gemacht, ihnen ihre berechtigten Ängste zu nehmen. Und nicht solche zu schüren, die weitere Keile in eine ohnehin poröse Gesellschaft treiben.

Keine Panik

Vor ein paar Jahren bin ich mit einem guten Freund eine Woche lang durch die kanadische Wildnis gepaddelt. Es war das erste und einzige Mal, dass ich weit weg war von den Segnungen der Zivilisation: keine Häuser, kein Straßenverkehr, kein Handyempfang. Als wir unser Kanu übernahmen, drückte uns ein Ranger ein Faltblatt in die Hand. Es erklärte in Bildern und Worten, wie wir uns am besten vor den Bären in den Wäldern schützen können. Unser Essen, hieß es darin, sollten wir nachts in einem luftdichten Sack an einen mindestens vier Meter hohen Ast hängen und keinesfalls Lebensmittel mit ins Zelt nehmen. Im Fall einer Begegnung sei es ratsam, mit den Armen zu fuchteln und laute Geräusche zu machen. Greife der Bär an, sei es am besten, man stelle sich tot.

Ich hatte, außer im Zoo, noch nie einen Bären gesehen. Ich bin auch, anders als mein Kumpel, kein kerniger Naturbursche, schon handtellergroße Spinnen machen mir zu schaffen. Dennoch war ich nicht sonderlich beunruhigt. Wir hatten uns vorher informiert. Ja, es leben rund 2000 Schwarzbären im Algonquin Park. Aber nein, Angriffe auf Menschen hatte es dort schon lange nicht mehr gegeben, sie waren in hohem Maße unwahrscheinlich. Trotzdem bugsierten wir in den folgenden Nächten stets unser Essen auf einen Baum – alles andere wäre fahrlässig gewesen. Einen Bären bekamen wir nicht zu Gesicht. Dafür Millionen von Moskitos. Die hatten wir grandios unterschätzt.

Angst schärft unsere Sinne. Sie hat das Fortbestehen unserer Art erst ermöglicht. In Zeiten, in denen wir als nackte, Keulen schwingende Zweibeiner durch die Steppe zogen, half sie uns in Gefahrensituationen instinktiv zu entscheiden, ob Flucht oder Angriff unsere Überlebenschancen erhöhen. Sie hat uns zu den schöpferischsten Wesen auf dem Planeten gemacht, das Feuer, das Rad, das Messer, das Haus sind nicht zuletzt Ergebnisse unserer Vor- und Umsicht. Wir haben es weit gebracht. Wir werden zum größten Teil nicht mehr von der Wildnis bedroht. Wir bedrohen sie. »Hatte der Mensch früherer Zeiten Angst vor den Naturgewalten, denen er hilflos ausgeliefert war (…), müssen wir heute Angst vor uns selbst haben.«[1]

Aber auch heute, in der Behaglichkeit unserer vollklimatisierten Zivilisation, sind die instinktiven Mechanismen, die über Flucht oder Angriff entscheiden, noch intakt. Deswegen reagieren wir so heftig, wenn die Bilder eines kollabierenden japanischen Atomkraftwerks oder eines zerbombten irakischen Marktplatzes in unsere Wohnstuben und in unser Hirn eindringen. Sie erscheinen unserem Steinzeitinstinkt unmittelbar und bedrohlich. Und deswegen zucken wir oft mit den Schultern, wenn wir vom Klimawandel hören, von der Feinstaubbelastung unserer Städte oder der jährlichen Zahl der Verkehrstoten. Wir greifen nicht erst umständlich zu Stift und Papier, wir errechnen nicht die statistische Wahrscheinlichkeit, bevor wir Angst bekommen. Hätten unsere Vorfahren im Angesicht eines Säbelzahntigers zunächst den Rechenschieber bedient, gäbe es uns längst nicht mehr. Wir wittern Gefahr, wir kalkulieren sie nicht. Dabei vergessen wir gelegentlich, dass wir längst nicht mehr schutzlos in der Steppe leben.

Gerade weil sich unser Angstmechanismus über die Jahrtausende so wenig verändert hat, neigen wir dazu, die Risiken unseres Lebens völlig falsch einzuschätzen. Und weil sich darüber hinaus eine gewaltige Industrie entwickelt hat, deren

Geschäftsgrundlage unsere Ängste sind, wähnen wir uns zunehmend von existenziellen Bedrohungen umzingelt. Dabei ist – zumindest in den »entwickelten« Ländern des Westens – das Gegenteil der Fall. Auch wenn zuletzt in der Nachbarschaft eingebrochen wurde, auch wenn in der Ukraine Krieg geführt wird, auch wenn ein neues Virus am anderen Ende der Welt plötzlich Hunderte Säuglinge entstellt, auch wenn hassgetriebene Bombenleger in Brüssel, Paris und andernorts Terror verbreiten, leben wir in sichereren Verhältnissen als die meisten Menschen vor uns. Aber weil es sich anders *anfühlt*, bekommen wir es immer häufiger mit der Angst zu tun.

Und viele von uns machen sich gar nicht erst die Mühe, hinter die Kulissen dieser Angst zu blicken. Dabei könnte es sich lohnen. Man würde dann nämlich entdecken, dass vielfach erst unsere Art zu wirtschaften, zu arbeiten, zu leben zu den Umständen führt, vor denen sich alle fürchten. Das freilich hieße, bisweilen seinen Instinkt zu hinterfragen und nicht jeder Panikmache auf den Leim zu gehen. »Eine solche innere Revolution sorgt für mehr Aufklärung und weniger Angst im Leben.«[2]

So wie die Dinge stehen, reicht es vielen jedoch, wenn man ihnen einen Sündenbock präsentiert, auf den sie all ihre Sorgen projizieren können. Gegen ihn errichten sie mit immer größerer Verbissenheit Schutzwälle – vor ihren Grenzen, vor ihren Häusern, vor ihren Kindern und letztlich vor sich selbst. Und am Ende sind sie eingesperrt mit ihrer Angst.

Wo sich Angst breitmacht, bleibt jedoch kein Platz für Phantasie, für Ideen, für neue Lebensentwürfe. »Angst verstärkt unsere Schwächen. Sie stört und hindert unsere Fähigkeit, die Umstände zu ändern.«[3] Denn für den Ängstlichen ist jede Veränderung eine Bedrohung. Nicht von ungefähr bedeutet die indogermanische Wurzel des Wortes Angst – *anghu* – beengend. Wer von ihr beherrscht wird, hat keinen Spielraum

271

mehr. Der unterlässt alles, was seine Sicherheit bedroht, und versucht damit auch, den Zufall, die Spontaneität, die Überraschung, den Reiz des Unberechenbaren aus seinem Leben zu verbannen. Der wünscht sich aus Zukunftsangst in eine Vergangenheit zurück, die etwa von den AfD-Führern in hellbraunen Pastelltönen ausgemalt wird.

Zum Schluss noch ein Warnhinweis: Mehr noch als Passivrauchen kann Passivhandeln die Gesundheit gefährden. Wer jedem Risiko ausweicht, der verpasst am Ende – mit Sicherheit – sein Leben.

Dank

Die Idee zu diesem Buch entstand lange bevor mit Pegida und der AfD zwei Gruppen auf den Plan traten, die aus der Angst ein Geschäftsmodell gemacht haben. Je länger diese Gruppen jedoch die Ängste der Menschen befeuerten, je mehr Erfolg sie damit hatten und je hilfloser Politik und Gesellschaft darauf reagierten, desto mehr beschlich mich beim Schreiben das Gefühl, dass es einen besseren Zeitpunkt für ein solches Buch kaum geben könnte.

Ich möchte mich daher zuallererst bei Rebekka Göpfert und Volker Jarck bedanken, die mit einer gewissen Beharrlichkeit dafür gesorgt haben, dass ich mich nicht noch länger um das Thema drücke.

Ich danke – man könnte schon sagen: wie immer – Christian Bommarius, Clemens Löhr und Ulrike Rechel, die nach- und umsichtig den Lese-, Denk- und Schreibprozess begleitet haben.

Für Zuspruch, Zusendungen, Zuwendungen und wertvolle Hinweise, die zur Erfassung des Themas geführt haben bedanke ich mich bei: Maik Baumgärtner, Sven Böll, Steven Geyer, Dietmar Herbst, Bertolt Hunger, Martin Knobbe, Max Landgrebe, Sigrid Maier-Knapp-Herbst, Maximilian Popp, Knut Pries, Christoph Schwennicke, Nina und Mounir Zitouni – und ganz besonders bei Dorothee Landgrebe, die immer fehlen wird.

Herzlichen Dank an Martina Seith-Karow und allen beim

Fischer-Verlag, die das Projekt wohlwollend und professionell begleitet haben.

Ein großes Dankeschön an Stephan Leucht dafür, dass er mich unbeschadet durch die kanadische Wildnis gelotst hat.

Nicht zuletzt danke ich von Herzen meiner Familie und meiner Frau Susanne, die nicht nur als kritische Erstleserin von unschätzbarem Wert für mich ist.

Literatur

Borwin Bandelow: *Das Angstbuch. Woher Ängste kommen und wie man sie bekämpfen kann*, Rowohlt Taschenbuch Verlag, Reinbek bei Hamburg 2006

Joachim Bauer: *Schmerzgrenze. Vom Ursprung alltäglicher und globaler Gewalt*, Karl Blessing Verlag, München 2011

Zygmunt Bauman: *Gemeinschaften*, Suhrkamp Verlag, Frankfurt am Main 2009

Daniel Bax: *Angst ums Abendland. Warum wir uns nicht vor Muslimen, sondern vor den Islamfeinden fürchten sollten*, Westend Verlag, Frankfurt am Main 2015

Ulrich Beck: *Risikogesellschaft. Auf dem Weg in eine andere Moderne*, Suhrkamp Verlag, Frankfurt am Main 1986

Ulrich Beck: *Weltrisikogesellschaft. Auf der Suche nach der verlorenen Sicherheit*, Suhrkamp Verlag, Frankfurt am Main 2007

Sabine Bode: *Die deutsche Krankheit – German Angst*, Verlag Klett-Cotta, Stuttgart 2007

Christian Bommarius: *Die Angst als Gesetzgeber*, in: Blätter für deutsche und internationale Politik 1/2016, S. 29–32, Berlin 2016

Joanna Bourke: *Fear. A Cultural History*, Shoemaker & Hoard, Emeryville 2006

Heinz Bude: *Gesellschaft der Angst*, Hamburger Edition HIS, Hamburg 2014

Elias Canetti: *Masse und Macht*, Claassen Verlag, Hamburg 1984

Noam Chomsky: *The Manipulation of Fear*, in: Nirmalangshu Mukherji: *December 13. Terror Over Democracy*, Promilla & Co, Delhi 2005

Dave Eggers: *Zeitoun*, McSweeney's Books, San Francisco, 2009

Alain Ehrenberg: *Das erschöpfte Selbst. Depression und Gesellschaft in der Gegenwart*, Campus Verlag, Frankfurt am Main 2015

Adam Fletcher: *Wie man Deutscher wird in 50 einfachen Schritten*, Verlag C. H. Beck, München 2015

Marcel Fratzscher: *Verteilungskampf. Warum Deutschland immer ungleicher wird*, Carl Hanser Verlag, München 2016

Frank Furedi: *Culture Of Fear. Risk-Taking And The Morality Of Low Expectation*, Continuum International Publishing Group, London/New York 2005

Frank Furedi: *Politics Of Fear. Beyond Left And Right*, Continuum International Publishing Group, London/New York 2005

Daniel Gardner: *The Science Of Fear. How The Culture Of Fear Manipulates Your Brain*, Plume, Penguin Group USA, New York 2009

Gerd Gigerenzer: *Risiko. Wie man die richtigen Entscheidungen trifft*, C. Bertelsmann Verlag, München 2014

Barry Glassner: *The Culture of Fear. Why Americans Are Afraid Of The Wrong Things*, Basic Books, Philadelphia 2009

Marianne Gronemeyer: *Das Leben als letzte Gelegenheit. Sicherheitsbedürfnis und Zeitknappheit*, Wissenschaftliche Buchgesellschaft, Darmstadt 2014

Stephan Grünewald, *Die erschöpfte Gesellschaft. Warum Deutschland neu träumen muss*, Verlag Herder GmbH, Freiburg im Breisgau 2015

Byung-Chul Han: *Müdigkeitsgesellschaft*, Matthes & Seitz Verlagsgesellschaft, Berlin 2014

Wilhelm Heitmeyer (Hg.): *Deutsche Zustände. Folge 10*, Suhrkamp Verlag, Berlin 2012

Karl Hepfer: *Verschwörungstheorien: Eine philosophische Kritik der Unvernunft*, Transcript Verlag, Bielefeld 2015

Yvonne Hofstetter: *Sie wissen alles. Wie intelligente Maschinen in unser Leben eindringen und warum wir für unsere Freiheit kämpfen müssen*, C. Bertelsmann Verlag, München 2014

Michel Houellebecq: *Unterwerfung*, DuMont Buchverlag, Köln 2015

Gerald Hüther: *Biologie der Angst. Wie aus Stress Gefühle werden*, Vandenhoeck & Ruprecht, Göttingen 2014

Naomi Klein: *Die Schock-Strategie. Der Aufstieg des Katastrophen-Kapitalismus*, S. Fischer Verlag, Frankfurt am Main 2007

Sören Kierkegaard: *Der Begriff der Angst*, in: *Die Krankheit zum Tode*, Deutscher Taschenbuch Verlag, München 2005

Walter Krämer: *Die Angst der Woche. Warum wir uns vor den falschen Dingen fürchten*, Piper Verlag, München 2011

Meinhard Miegel/Stefanie Wahl: *Das Ende des Individualismus. Die Kultur des Westens zerstört sich selbst*, Verlag Bonn Aktuell, München/Landsberg am Lech 1993

John Mueller/Mark Stewart: *The Terrorism Delusion*, in: International Security, Summer 2012, Vol. 37, No. 1, Pages 81–110

The New York Review of Books: *President Obama & Marilynne Robinson: A Conversation*, Part II, 5. November 2015, New York

Steven Pinker: *Gewalt. Eine neue Geschichte der Menschheit*, Fischer Taschenbuch, Frankfurt am Main 2013

Heribert Prantl: *Der Terrorist als Gesetzgeber. Wie man mit Angst Politik macht*, Verlag Droemer HC, München 2008

Robert Putnam: *Bowling Alone. The Collapse And Revival Of American Community*, Simon & Schuster Paperbacks, New York 2000

Ortwin Renn: *Das Risikoparadox. Warum wir uns vor dem Falschen fürchten*, Fischer Taschenbuch, Frankfurt am Main 2014

Fritz Riemann: *Grundformen der Angst*, Ernst Reinhardt Verlag, München/Basel 2013

James Risen: *Krieg um jeden Preis. Gier, Machtmissbrauch und das Milliardengeschäft mit dem Kampf gegen den Terror*, Westend Verlag, Frankfurt am Main 2015

Hartmut Rosa: *Beschleunigung und Entfremdun*g, Suhrkamp Verlag, Berlin 2013

Olivier Roy: *Der islamische Weg nach Westen. Globalisierung, Entwurzelung und Radikalisierung*, Pantheon Verlag, München 2006

Peter Schaar: *Das Ende der Privatsphäre. Der Weg in die Überwachungsgesellschaft*, C. Bertelsmann Verlag, München 2007

Jörg Schindler: *Die Rüpel-Republik. Warum sind wir so unsozial?*, Scherz Verlag, Frankfurt am Main 2012

Jörg Schindler: *Stadt, Land, Überfluss. Warum wir weniger brauchen als wir haben.* S. Fischer Verlag, Frankfurt am Main 2014

Veith Selk: Angstpolitik. *Terrorismus als politische Strategie*, in: Zeitschrift Diskurs, November 2012

Louise Shelley: *Dirty Entanglements. Corruption, Crime and Terrorism*, Cambridge University Press, Cambridge 2014

Larry Siedentop: *Die Erfindung des Individuums. Der Liberalismus und die westliche Welt*, Verlag Klett-Cotta, Stuttgart 2015

Johano Strasser: *Gesellschaft in Angst. Zwischen Sicherheitswahn und Freiheit*, Lizenzausgabe für die Bundeszentrale für politische Bildung, Bonn 2013

Klaus Werle, *Die Perfektionierer. Warum der Optimierungswahn uns schadet – und wer wirklich davon profitiert*, Campus Verlag, Frankfurt am Main 2010

Richard Wilkinson/Kate Pickett: *Gleichheit ist Glück. Warum gerechte Gesellschaften für alle besser sind*, Tolkemitt Verlag, Berlin 2010

Andreas Zick/Anna Klein: *Fragile Mitte – Feindselige Zustände*. Rechtsextreme Einstellungen in Deutschland 2014, Verlag J.H.W.Dietz Nachf., Bonn 2014

Andreas Zick/Beate Küpper: *Wut, Verachtung, Abwertung. Rechtspopulismus in Deutschland*, Verlag J.H.W.Dietz Nachf., Bonn 2015

Andreas Zick/Beate Küpper/Andreas Hövermann (Hg.): *Die Abwertung des Anderen. Eine europäische Zustandsbeschreibung zu Intoleranz, Vorurteilen und Diskriminierung*, Friedrich-Ebert-Stiftung, Berlin 2011

Anmerkungen

ALARMZUSTAND

1 http://www.stiftungfuerzukunftsfragen.de/de/newsletter-forschung-aktuell/265.html
2 Krämer, S. 16 ff.
3 Furedi, VII
4 Pickett, S. 33 f.
5 https://www.ruv.de/presse/aengste-der-deutschen/presseinformation-aengste-der-deutschen-2015
6 Renn, S. 109
7 http://www.faz.net/aktuell/politik/inland/allensbach-umfrage-zeigt-angst-um-innere-sicherheit-steigt-14073805.html?printPagedArticle=true
8 http://de.wfp.org/hunger/hunger-statistik
9 Krämer, S. 110 f.
10 Gigerenzer, S. 22
11 https://www.bdl.aero/de/bdl-reports/luftfahrt-aktuell/luftfahrt-aktuell-2/
12 Gigerenzer, S. 24
13 Gardner, S. 10
14 Furedi, S. 10
15 Bode, S. 85
16 Bude, S. 10

TEIL I: WOHLSTANDSÄNGSTE

1 http://www.focus.de/immobilien/wohnen/kriminalitaet-umfrage-grosse-sorge-vor-einbrechern-in-deutschland_id_5176463.html
2 Bauman, S. 139

279

3   Strasser, S. 35
4   siehe: Rüpel-Republik, S. 50 f.
5   Pickett, S. 58
6   Bauman, S. 139
7   http://www.ingenieur.de/Fachbereiche/Robotik/Ueberwachungs
roboter-K5-Sicherheitsgewerbe-revolutionieren
8   Spiegel 51/2015, S. 50
9   Strasser, S. 153
10 http://www.nytimes.com/2015/03/24/opinion/angelina-jolie-pitt-
diary-of-a-surgery.html?_r=0
11 http://www.barmergek-vv.de/artikel-startseite/artikel/akf-stellungnah
me-zu-angelina-jolie-brca-gentests-und-genetisch-bedingtem-brustkrebs.
html
12 http://www.nytimes.com/2013/05/14/opinion/my-medical-choice.
html
13 Süddeutsche Zeitung, 2.3.2015, S. 11
14 Renn, S. 142
15 Krämer, S. 85
16 ebd., S. 178 f.
17 http://www.ernaehrungsberatung.rlp.de/Internet/global/themen.nsf/
2eca2af4a2290c7fc1256e8b005161c9/f83a7ef28d893717c1256faa002
93ecc?OpenDocument
18 enorm 02/2015, S. 88
19 ebd., S. 90
20 a.a.O., S. 93
21 Strasser, S. 99
22 Bauman, S. 176
23 enorm, 5/6 2015, S. 26
24 siehe: Die Zeit, 11.9.2014, S. 35
25 ebd.
26 Süddeutsche Zeitung, 3.8.2015, S. 17
27 Frankfurter Allgemeine Zeitung, 10.3.2015, S. 15
28 www.beyondverbal.com
29 a.a.O.
30 Bauman, S. 154 f.
31 Spiegel 50/2015, S. 18
32 http://www.faz.net/aktuell/feuilleton/gesundheits-apps-du-bist-zu-
fett-dafuer-zahlst-du-12993523.html

33 http://www.wissen.de/self-tracking-das-vermessene-ich
34 siehe dazu auch: Überfluss, S. 60 ff.
35 Frankfurter Rundschau, 30. 10. 2015, S. 14
36 Spiegel 51/2015, S. 120
37 http://www.freerangekids.com
38 Spiegel 21/2015, S. 112
39 Süddeutsche Zeitung, 20. 3. 2015, S. 10
40 http://europe.newsweek.com/norwegian-health-organization-uses-hitler-teddy-bear-raise-awareness-420247?rm=eu
41 Die Zeit, 20. 8. 2015, S. 29
42 http://www.nzz.ch/zuerich/aktuell/lebendig-zu-bleiben-das-waere-kein-schlechter-ansatz-ld.3177
43 Die Zeit, 20. 8. 2015, S. 29
44 siehe: Spiegel 29/2015, S. 50
45 http://www.bka.de/DE/ThemenABisZ/Vermisstensachbearbeitung/vermisstensachbearbeitung__node.html?__nnn=true
46 Furedi, S. 117
47 Spiegel 29/2015, S. 50
48 Gardner, S. 214
49 Frankfurter Allgemeine Sonntagszeitung, 27. 3. 2016, S. 13
50 https://www.mpib-berlin.mpg.de/Pisa/PISA_im_Ueberblick.pdf
51 Süddeutsche Zeitung, 18./19. 7. 2015, S. 33
52 Gigerenzer, S. 330
53 Süddeutsche Zeitung, a. a. O.
54 Spiegel 41/2015, S. 40 ff.
55 Bude, S. 78
56 Spiegel, 11/2016, S. 15
57 Frankfurter Allgemeine Sonntagszeitung, 20. 9. 2015, S. 23
58 Spiegel 41/2015, S. 40 ff.
59 a. a. O.
60 Hauch, a. a. O.
61 http://www.rheingold-marktforschung.de/veroeffentlichungen/artikel/Kinder_brauchen_Eltern.html
62 enorm 5/6 2015, S. 25

TEIL II: WURZELN DER ANGST

1 http://sounds.mercurytheatre.info/mercury/381030.mp3
2 http://www.zeithistorische-forschungen.de/2-2011/id%3D4723
3 Bourke, S. 187
4 Glassner, S. 208
5 Bandelow, S. 110
6 Bude, S. 60
7 Süddeutsche Zeitung, 12./13. 12. 2015, S. 14
8 Pickett, S. 44
9 Spiegel 11/2016, S. 16
10 Frankfurter Rundschau, 18. 11. 2016, S. 2
11 Spiegel 11/2016, S. 12
12 ebd., S. 11
13 siehe Bude, S. 70 f.
14 Bude, S. 17
15 http://www.oxfordmartin.ox.ac.uk/publications/view/1314
16 Spiegel 35/2014, S. 69 f.
17 Furedi, 87
18 http://www.nybooks.com/articles/2015/11/19/president-obama-marilynne-robinson-conversation-2/
19 Süddeutsche Zeitung, 29. 12. 2015, S. 2
20 http://www.spiegel.de/kultur/gesellschaft/gesellschaft-der-angst-heinz-bude-ueber-die-40-jaehrigen-a-994694.html
21 siehe etwa: Meinhard Miegel/Stefanie Wahl: Das Ende des Individualismus. Die Kultur des Westens zerstört sich selbst.
22 Beck, Risikogesellschaft, S. 113
23 Schindler, Rüpel, S. 82
24 Gronemeyer, S. 63
25 Miegel, S. 53 f.
26 zitiert in: Baumann, S. 30
27 Gigerenzer, S. 110 f.
28 a. a. O., S. 112
29 siehe: Rüpel-Republik, S. 73 ff.
30 Strasser, S. 98
31 siehe: Rüpel-Republik, S. 148 ff.
32 Heitmeyer, S. 34
33 Pickett, S. 52

34 Frankfurter Rundschau, 16./17. 1. 2016, S. 13

35 Hüther, S. 52 f.

36 Bauman, S. 138

37 Furedi, S. 60

38 Bauman, S. 137

39 Zick, Wut, S. 54

40 Beck, Weltrisiko, S. 93

41 http://www.deutschlandradiokultur.de/philosophiemagazin-sind-verschwoerungstheorien-vernuenftig.2162.de.html?dram:article_id=334941

42 http://www.sueddeutsche.de/politik/verschwoerungstheorien-dunkle-maechte-1.2802981

43 http://www.rp-online.de/panorama/ausland/verschwoerungstheorien-kaum-zu-glauben-aid-1.5004155

44 https://www.uni-tuebingen.de/en/news/press-releases/newsfullview-pressemitteilungen/article/neues-forschungsnetzwerk-geht-verschwoerungstheorien-auf-den-grund.html

45 https://thepsychologist.bps.org.uk/volume-23/edition-7/truth-out-there

46 a. a. O.

47 http://blog.neon.de/2015/03/die-andere-wahrheit/

48 Süddeutsche Zeitung, 21./22. 3. 2015, S. 26

49 Renn, S. 220

50 ebd., S. 245

51 ebd., S. 318

52 https://www.otto-brenner-stiftung.de/presse/pressearchiv/pressedetail//1//querfront-obs-analysiert-publizistisch-politisch-aktives-netzwerk.html

TEIL III: SPIELE MIT DER ANGST

1 Gigerenzer, S. 304

2 Gardner, S. 138

3 Renn, S. 33

4 Süddeutsche Zeitung, 4. 12. 2015, S. 17

5 Die Zeit, 8. 5. 2013, S. 15

6 siehe: Schindler, Überfluss, S. 190

7   Krämer, S. 93 f.

8   Furedi, Culture, S. XII

9   siehe: Schindler, Überfluss, S. 81 ff.

10 Süddeutsche Zeitung, 21./22. 3. 2015, S. 26

11 http://venturevillage.eu/how-to-be-german-part-1

12 http://www.zeit.de/2011/37/GS-Deutsche-Versicherung

13 http://www.focus.de/finanzen/news/titel-sind-sie-wirklich-sicher_
    id_3870363.html

14 http://www.wiwo.de/finanzen/vorsorge/ueberversicherte-deutsche-so-
    vermeiden-sie-unnoetige-versicherungen/10981166.html

15 http://www.it-finanzmagazin.de/zwischen-self-tracking-und-
    pay-as-you-live-die-herausforderungen-neuer-digitaler-geschaefts
    modelle-20726/

16 https://www.generali-deutschland.de/de/presse-und-medien/
    standpunkte/vitality-1150478

17 Süddeutsche Zeitung, 5./6. 7. 2014, S. 28

18 http://www.nytimes.com/2012/02/19/magazine/shopping-habits.
    html?pagewanted=1&_r=2&hp

19 Süddeutsche Zeitung, 23. 10. 2015, S. 13

20 siehe: Frankfurter Allgemeine Zeitung, 10. 3. 2015, S. 15

21 Frankfurter Allgemeine Zeitung, 18. 6. 2015, S. 10

22 Schaar, S. 14

23 Hofstetter, S. 9 f.

24 www.mobileterritoriallab.eu

25 Süddeutsche Zeitung, 25. 1. 2016, S. 10

26 http://www.spiegel.de/spiegel/print/d-132040367.html

27 ebd.

28 ebd.

29 a. a. O.

30 Spiegel, 10/2015, S. 22

31 Beck, Weltrisikogesellschaft, S. 28

32 Frankfurter Allgemeine Sonntagszeitung, 31. 8. 2014, S. 35

33 http://www.zeit.de/2015/26/journalismus-medienkritik-luegenpresse-
    vertrauen-ukraine-krise/komplettansicht?print«main

34 http://meedia.de/2015/06/24/politik-berichterstattung-mehrheit-der-
    deutschen-hat-kaum-vertrauen-in-medien/

35 http://www.cicero.de/berliner-republik/der-journalist-als-hirte-der-
    rezipient-als-schaf/53273

36 http://www.tagesspiegel.de/medien/gespraech-ueber-die-fuenfte-gewalt-nicht-nur-bei-pegida-jeder-findet-eine-plattform-fuer-exklusiven-irrsinn/11229712.html

37 http://de.vroniplag.wikia.com/wiki/Home

38 http://www.spiegel.de/spiegel/print/d-131147816.html

39 Furedi, Culture, S. XII

40 Glassner, S. xxx

41 Renn, S. 239

42 Krämer, S. 48

43 Renn, S. 240

44 http://www.security-informatics.de/blog/?p=425

45 Furedi, S. 53

46 Gardner, S. 160

47 ebd., S. 163

48 siehe: Renn, S. 237 f.

49 Beck, Weltrisiko, S. 135

50 www.derstandard.at/1389857918776/Wir-zeichnen-ein-falsches-Bild-von-der-Welt

51 www.derstandard.at/1389857918776/Wir-zeichnen-ein-falsches-Bild-von-der-Welt

52 https://perspective-daily.de/

53 https://www.tagesschau.de/wirtschaft/zeitungssterben100.html

54 http://www.zeit.de/2002/51/Schill-Bilanz/komplettansicht

55 siehe: Gardner, S. 202

56 http://news.bbc.co.uk/2/hi/uk_news/politics/vote_2005/wales/4434193.stm

57 http://www.nzz.ch/articleEO7SW-1.76651

58 Hamburger Abendblatt, 4.4.2011

59 http://www.bpb.de/politik/innenpolitik/gangsterlaeufer/203562/zahlen-und-fakten?p=all

60 a.a.O.

61 a.a.O.

TEIL IV: DIE TERRORISIERUNG DER GESELLSCHAFT

1 Beck, Weltrisiko, S. 132

2 Furedi, S. VII

3 siehe: Gardner, S. 249

4 Glassner, S. 235

5 Gardner, S. 263

6 Süddeutsche Zeitung, 26. 10. 2015, S. 7

7 Klein, S. 419

8 Spiegel 38/2015, S. 88

9 Glassner, S. 238

10 http://www.washingtonpost.com/wp-dyn/content/article/2007/03/23/AR2007032301613.html

11 Glassner, S. 239

12 Beck, Weltrisiko, S. 32

13 Gardner, S. 271

14 Beck, Weltrisiko, S. 34 f.

15 https://en.wikiquote.org/wiki/Michelle_Obama

16 http://www.rand.org/nsrd/terrpanel.html

17 siehe: Gardner, S. 255 f.

18 http://www.heritage.org/research/reports/2012/04/fifty-terror-plots-foiled-since-9-11-the-homegrown-threat-and-the-long-war-on-terrorism

19 http://economicsandpeace.org/research/

20 Gardner, S. 250 f.

21 Beck, Weltrisiko, S. 197

22 Bommarius, S. 30

23 Süddeutsche Zeitung, 7./8. 5. 2016, S. 6

24 Süddeutsche Zeitung, 10. 2. 2016, S. 12

25 Frankfurter Allgemeine Sonntagszeitung, 21. 2. 2016, S. 26

26 Süddeutsche Zeitung, 24. 6. 2013

27 http://www.zeit.de/2004/03/Buffalo/komplettansicht

28 http://www.theguardian.com/world/2010/mar/11/dave-eggers-zeitoun-hurricane-katrina

29 Stuttgarter Zeitung, 3. 9. 2007

30 http://www.spiegel.de/spiegel/print/d-131147808.html

31 Frankfurter Rundschau, 7. 1. 2016, S. 9

32 Bourke, S. 373

33 Frankfurter Allgemeine Sonntagszeitung, 24. 1. 2016, S. 9

34 Süddeutsche Zeitung, 28. 1. 2016, S. 2

35 Siedentop, S. 449

36 Gigerenzer, S. 23

TEIL V: DIE ENTFESSELTE ANGST

1 http://www.fr-online.de/die-neue-rechte/-politically-incorrect--im-netz-der-islamfeinde,10834438,10835026.html

2 http://www.rp-online.de/politik/die-deutsche-angst-vor-dem-islam-aid-1.4191980

3 Zick, Mitte, S. 67

4 Bude, S. 139

5 siehe: Bax, S. 13

6 www.fes.de/cgi-bin/gbv.cgi?id=07905&ty=pdf

7 Bauer, S. 190

8 Süddeutsche Zeitung, 4. 2. 2016, S. 5

9 Süddeutsche Zeitung, 17. 12. 2014, S. 11

10 http://www.mopo.de/hamburg/brandstiftung-von-escheburg-kimm---38----ich-dachte--ich-tue-etwas-gutes---1117412

11 Spiegel 6/2016, S. 22

12 http://www.nzz.ch/feuilleton/willkommensunkultur-1.18678059

13 Frankfurter Allgemeine Sonntagszeitung, 22. 5. 2016, S. 4

14 http://www.spiegel.de/kultur/gesellschaft/s-p-o-n-der-kritiker-a-1071310.html

15 http://www.spiegel.de/politik/deutschland/fluechtlinge-mehrheit-der-deutschen-fuer-grenzkontrollen-a-1078289.html

16 Die Zeit, 28. 1. 2016, S. 19

17 siehe: Frankfurter Rundschau, 13. 1. 2016, S. 11

18 Spiegel 1/2016, S. 37 ff.

19 http://archive.tehelka.com/story_main13.asp?filename=-op071605The_Manipulation.asp

20 http://www.cicero.de/berliner-republik/afd-ein-manifest-fuer-eine-alternative-fuer-europa/56894

21 Frankfurter Allgemeine Sonntagszeitung, 10. 1. 2016, S. 4

22 http://www.spiegel.de/politik/deutschland/fluechtlinge-ueber-die-haelfte-deutschen-glaubt-an-integration-unter-bedingungen-a-1079748.html

23 Frankfurter Rundschau, 15. 3. 2015, S. 4

24 Baumann, S. 141

25 ebd, S. 176

26 Canetti, S. 15

27 Zick, S. 108

28 Beck, Weltrisiko, S. 197
29 https://www.jacobs-university.de/news/respekt-verhindert-
radikalisierung
30 Bauman, S. 126
31 Zick, S. 58
32 So die Politologin Gesine Schwan, in: Die Zeit, 30. 12. 2014, S. 44
33 Frankfurter Rundschau, 5./6. 12. 2016, S. 11

KEINE PANIK

1 Riemann, S. 9
2 Gigerenzer, S. 28
3 Pickett, S. 60